U0492738

2017年第3卷　总第15期

文化发展论丛

CULTURAL DEVELOPMENT REVIEW(2017 No.3)Vol.15

湖北大学高等人文研究院
中华文化发展湖北省协同创新中心／编
湖北文化建设研究院

主　编／江　畅
执行主编／聂运伟
副主编／强以华　吴成国　周海春

社会科学文献出版社
SOCIAL SCIENCES ACADEMIC PRESS (CHINA)

《文化发展论丛》编辑委员会

卷首语

本卷以湖北文化为主题，撰稿者多来自湖北高校和文化单位。各位作者在横跨古今的话题论辩、五彩缤纷的研究视野、生动活泼的现象扫描里，对湖北区域文化的格外关注和长时段的追踪探寻，或参与当下文化建设的亲力亲为，是一大特点。

以“发掘思想文化的区域个性”为题，本刊编辑部再次访谈了武汉大学资深教授冯天瑜先生。作为湖北本土成长起来的学问大家，冯先生对于桑梓的养育之恩，铭记于心。数十年来，他积极参与湖北及武汉地方文献和方志的修撰工作，关于湖北区域文化研究的学术著作主要有《辛亥武昌首义史》《张之洞评传》等，为服务于家乡的文化事业、社会发展，付出了艰辛的劳作。冯先生指出，在文化史的研究中彰显思想文化的地域特征，发掘区域个性，对于推进整个中国思想史的研究是非常必要的。从古到今，人类文化总是地方性、区域性的存在，但个性中有共性，这是无法否认的文化史的规律。两者间的关系，即历史和文化发展的统一性与多样性，文化的地域分布所体现出来的独特性、多样性又具统一性的发展态势，不断给文化增添活力，推动其前进。

冯先生关于中国文化、湖北区域文化的诸多研究心得和创见，实为本刊编辑理念的学术支撑点。我们连续三次刊载对冯先生的访谈，一是为了求教解惑，二是以此向冯先生致以最诚挚的敬意。

荆楚文化博大精深、源远流长，荆楚文化研究也是一个永恒的无可穷尽的话题。孟修祥先生是致力于荆楚文化研究的著名学者，编辑部请卢川博士对其进行了访谈，并写出《荆楚文化的求解与构建——孟修祥先生访谈录》一文。孟修祥先生认为，荆楚文化研究者所做的全部工作的价值与意义在于对其进行求解与构建，而求解与构建是荆楚文化研究者全部工作不可分割的两个方面。研究荆楚文化是历史的必然，是现实与未来生活的需要，在对古今中外文化的批判、继承、兼蓄并收的创新过程中，荆楚文化的求解与构建任重道远。江柳先生的《屈原三论》提出，《离骚》中最有价值的文化基因就是“吾将上下而求索”。屈原求索什么，对我们并不重要，重要的是他不畏艰险、不屈不挠的探求究竟、索取真理的精神。屈原的求索不是关在室内的冥思苦索，不是俯首向权贵低头的乞怜乞讨，也不是求神拜鬼以求得护佑与恩赐，而是理直气壮地去寻觅文化和生命的真谛。任继昉先生《〈离骚〉“香草”典故的流变》一文在浩瀚典籍里辨析了“香草美人”典故的各种变体，认为其作为一个独立并且典型的意象，常常被用来比喻人品德和人格的高洁，它已经深深地印在了文人墨客的心里，并得到广泛灵活的运用。余静贵先生的《巫文化视域下的先秦楚绘画审美探析》提出，在战国末期神巫意识逐渐理性化以后，楚人的巫性思维虽逐渐演变为艺术思维，但充满浪漫主义精神的楚绘画风格仍一直得以延续与发展，并对中国传统绘画产生了重要影响。后三篇文章，对孟修祥先生呼吁的“荆楚文化的求解与构建”，做出了具体的学术呼应。

区域文化的个性有其恒常性，也有变异性。郭彧、单怡先生在《鄂南民间殉情诗的历史语境与生成逻辑》一文里，从鄂南民间殉情诗生成的历史语境中发掘出鄂南人性格醇厚而又激烈、反抗性强、性子急躁而容易走极端的文化成因，即苗、越、楚的多元文化混合结构所导致的文化性格，使得他们在面对情感的压迫时有可能采取极为激烈的方式进行。近代以来，中国区域文化共同面临着现代性的压力，既有的文化形态、文化心理都面临着巨大的挑战。魏天无、魏天真先生的《诗歌与城市漫谈》，从武汉历届诗歌节的变迁入手，为我们细致入微地分析了文化心理的嬗变。城市生活碾压着诗意，并且把它沉重的履带延伸到了乡村。国家的城镇化、都市化、国际化进程似乎在一点点驱逐抒情诗，现代生活与抒情诗构成悖论。所以，无论是在乡村还是城市，诗人都要去发现无法逆转的现代化进程为他所提供的新的诗歌灵感，改造诗歌语言和抒情方式，创造一种与现代人生存境况相应和的诗歌类型。戴义德先生在《文化形态学视域中的戏曲兴衰》一文里，以传统戏曲的兴衰为例，指出：任何一种文化形态都会经历从成熟到兴盛、从兴盛到衰落、从衰落到消亡的过程；在未来的审美格局中，传统戏曲的生命机制或许会丧失再生的活力，古典形式的新剧目创造停止了，但它将同古希腊的史诗、神话、我国的古典格律诗词等文艺品种一样，以文化遗产的姿态存在，继续散发着审美的光芒，滋润着现代人的心灵。

正因为此，非物质文化遗产保护运动在全球范围内蔚然大观，本卷特地编发了一组文章，展现湖北有关“非遗”工作的面貌。柳倩月先生在《文化空间的类型及其活态保护——以武陵山鄂西南片区为例》中提出，原生态文化空间是当前非物质文化遗产保护工作的重心。因为随着国际非物质文化遗产保护运动开展的深入，作为非物质文化遗产中的特殊类别的“文化空间”，其内涵实质上发生了一定程度的扩大。结合中国非物质文化遗产保护工作的实际以及武陵山区土苗文化生态保护实验区鄂西南片区相关工作推进的典型案例，可将“文化空间”划分为原生态文化空间、衍生态文化空间和创生态文化空间三种基本类型，它们都有存在的合法性和合理性。文化空间的保护与建设，宗旨在于通过对文化与自然遗产实施整体性保护，彰显生态观念，促进人与自然、人与社会的和谐共生。张昕、王潇曼的《论鄂东蕲春竹编工艺审美特征》，把“过渡、折中、对冲”视为鄂东蕲春地区竹编工艺审美特征的关键词。鄂东地区作为我国中部重要的“文化走廊”，其文化多元性在全国而言都属罕见。基于多元文化，鄂东蕲春地区的竹编工艺拥有了融合东西、综合南北的包容特征；因为折中，鄂东蕲春地区的竹编工艺拥有了似而不同的艺术基调；因为对冲，鄂东蕲春地区的竹编工艺拥有了多变的艺术风格和审美形态。这些饱含蕲春地区居民智慧的传统技艺，用它们独特的美，展现着长江中游鄂东地区的独特文化和人们的精神气质，它们同我国众多造型文化遗产一道，组成了我国韵味悠长的文化脉络，表现出中国独有的东方美学意蕴。庄桂成、张贝先生的《交互媒体下的湖北大鼓发展》认为，尽管面对文化多元化和文艺发展的现代化的转变，曲艺艺术的生态格局面临着危机和挑战。但湖北大鼓从传统的剧院、广播电视，到如今进军到网络平台与新媒体和自媒体有机结合，这些交互媒体将青少年重新拉回到湖北大鼓的受众之中。凭借媒介交互生态下的技术优势，湖北大鼓从业者借助微信、微博、直播平台等形式，使得新的受众被激活，新的观演被激活。抢救史料是“非遗”工作中的当务之急，黄斌、柯琦先生的《汉剧艺术表演家贾振南访谈录》，便是这样值得尊敬的工作。鄢维新先生长期从事湖北民间文化的抢救与保护的工作，对民间传统文化艺术可谓情深意笃，他在《先天不足　后天失调——“非遗”工程乱象“乱说”》一文里说到，“非遗”工程十余年，极大地扩大了民族民间文化遗产及其传承人的社会影响力，提升了民族民间文化遗产及其传承人的社会地位，激发了传承人传承民族民间文化遗产的积极性，增强了他们保护、传承民族民间文化遗产的自觉性，吸引了更多的社会力量和资金投入“非遗”项目的生产性保护与开发性保护。“非遗”工程对传承优秀传统文化起到了一定的积极作用。但因为缺乏事前的调查研究、试点和中期的经验总结，加之某些政府职能部门的不良工作习惯，缺乏自我纠偏动力，个别地方“护短”心态颇重，致使一些不应该出现的现象逐年积累，渐成痈疽，严重背离了“非遗”工程的“初心”。该文梳理了历年来“非遗”工作中的一些不足，指出其成因，并提出了自己的建议，以求“非遗”工程健康前行。此乃金玉良言，值得深思。

为反映湖北区域文化的当下建设，本卷约请数位资深文化人，述说他们不凡的工作经历和业绩，同时展现出湖北中心城市武汉的多样化的生动面向。彭建新先生的《汉口码头与码头汉口——汉口老码头回眸》一文，从武汉三镇得以形成的地理沿革说起，认为在汉口城市化进程中，以汉水码头为基础的经济活动，是重要的动力，而由码头经济为圆心形成的汉口文化，常被称为“码头文化”。何谓码头文化、码头文化形成的缘由及要素等，一向是学界的话题之一。在汉口老码头大都消失、原沿江码头旧址化茧成蝶以美丽江滩展示于世的今天，翻检汉口老码头生态，检索其间的文化原味，可望直面汉口文化的昨天，有助于解析武汉文化的多元。叶大春先生《笑洒江城——〈都市茶座〉18 年漫谈》一文，全面、生动地介绍了武汉市民热爱的《都市茶座》节目的发展过程。武汉电视台方言喜剧栏目《都市茶座》2000 年由著名艺术家夏雨田、著名湖北评书表演家何祚欢、著名独角戏演员田克兢与著名导演马昌桥创办，经过 18 年来全体演员、栏目组坚持不懈的努力，拍摄综艺节目与栏目剧总计 3000 多集（期），创造了武汉的艺术传奇与屏幕佳话。《都市茶座》始终坚持雅俗共赏的艺术趣味，注重了喜剧性、故事性与新闻性，贴近生活与市民，叙说江城故事，展现百姓情怀，获得了口碑与奖杯，先后获得全国电视文艺“星光奖”（优秀栏目奖），还连续多年被评为“武汉市广播电视十佳栏目”，被誉为武汉的文化名片与市民的乐园。李炳钦先生在《用镜头为武汉立传》里说，武汉是一座有故事的城市。它不仅拥有 3500 年的悠久历史，也有着一大批著名的人文景观、独特的风土人情和厚实的文化底蕴，而在其山水街市之间还产生了无尽的故事和传说。大型电视系列片《话说武汉》、《武汉百年》和《武汉三千五百年》致力于讲述武汉故事，用镜头为武汉立传。《话说武汉》精心遴选 100 个选题，说历史，讲景观，道风情，被誉为“乡土教材”；《武汉百年》全景式讲述武汉自汉口开埠以来 140 年间的城市变迁史，获得较多奖誉；《武汉三千五百年》则纵向梳理了武汉自盘龙城以来 3500 年的发展脉络。刘春阳、江艾婧先生《基于地域文化视角的地方美术馆定位问题——以武汉美术馆为例》一文强调，武汉美术馆作为地域性美术馆，其使命就在于梳理所在城市的地域文化，寻找城市的文化记忆，脱离地域文化而存在的美术馆相对于所在城市而言是没有价值的。张琦先生的《机遇与挑战——基于比较视阈中的湖北出版产业的发展战略研究》认为，出版业在危机与机遇并存的时代，如何在新的发展机遇期，转型升级抢占先机至关重要。该文以湖北长江出版传媒集团为例，对标分析全国领先出版集团发展状况，对湖北出版产业在发展过程中存在的危机，以及产生的成因进行剖析，并提出针对性的发展建议。

《文化发展论丛》编辑部所在的湖北大学坐落在充满诗情画意的沙

湖之滨，本卷特刊发两篇稽古思幽、话说沙湖古今的文章，一是彭忠德先生的《沙湖古今谭》，一是任汉中先生的《追溯武昌沙湖园林建设的文化渊源——从任桐对武昌沙湖的历史贡献谈起》。于自然风光、传说佳话里寻觅人文内涵，此乃文心文事，读来不亦快哉？

编　者

2017 年 8 月

高端访谈

人文思潮

经典阐释

症候分析

热点聚焦

七纵八横

沙湖古今

Spotlight Interview

Thoughts on Humanity

The Interpretation of Classics

Cultural Phenomena and Symptoms

Hot Cultural Topics

Cultural Issues

Shahu Lake in the Past and Present

高端访谈

彰显地域特征　发掘区域个性

——冯天瑜先生访谈录

冯天瑜　聂运伟*

【摘　要】 中国古代经济与文化重心由北而南、由西而东的迁徙，是一个明显的趋势，也是中国文化地域上全方位展开的历史过程。文化中心的位移既具有文化时代性演进的时间维度，又有文化地域性的空间向度，前者是文化史学的研究对象，后者为文化地理学所关注。时代性与地域性是文化发展中两种相互依存的属性，只有全面观照这两种属性，并考察其互动关系，方能实在地把握人类创造的文化的纵深度和广阔度。挖掘思想文化的区域个性，对于推进整个中国思想史的研究是非常必要的。从古到今，人类文化总是地方性、区域性的存在，但个性中有共性，这是无法否认的文化史的规律。两者间的关系即历史和文化发展的统一性与多样性，文化的地域分布

---

* 冯天瑜（1942～），武汉大学人文社会科学资深教授，武汉大学中国传统文化研究中心主任。著有《明清文化史散论》《辛亥武昌首义史》《张之洞评传》《晚清经世实学》《解构专制——明末清初"新民本"思想研究》《"千岁丸"上海行——日本人1862年的中国观察》《新语探源——中西日文化互动与近代术语生成》《中华元典精神》《"封建"考论》《中国文化生成史》等著作。论著曾获中国图书奖、教育部人文社会科学优秀成果奖、湖北省哲学社会科学优秀成果奖，多种论著译为英文、日文、西班牙文、韩文。电子邮箱：tyfeng@ whu. edu. cn。

聂运伟（1955～），湖北大学文学院教授，研究方向：美学、文学理论、思想史。著有《爱因斯坦传》《思想的力量》等。电子邮箱：nieyw_55@ 126. com。

所体现出来的独特性、多样性又具统一性的发展态势，不断给文化增添活力，推动其前进。

【关键词】 文化史 整体性 区域性

聂运伟：冯老师，您曾对我说过，除了几次东渡日本做研究工作外，您一生基本上就是在武汉学习、生活和工作的。我注意到，在您诸多的研究领域里，有相当一部分内容都与地域性文化相关，如荆楚文化研究、湖北地方志研究等。何晓明先生在《冯天瑜先生学术小传》里说："冯天瑜先生一向认为，文化史研究理当用心于彰显地域特征。作为湖北本土成长起来的学问大家，冯先生对于桑梓的养育之恩，铭记于心，其最好的回报则是潜心研究湖北地方史志，以服务于家乡的文化事业、社会发展、时代进步。数十年来，他积极参与湖北及武汉地方志的修撰工作，付出了艰辛的劳作。先后担任湖北省地方志副总纂、武汉市地方志编纂委员会副主任，出任《湖北省志・人物志》《武汉市志・人物志》《黄鹤楼志》的主编。而在学术著作方面，这一领域的代表作有《辛亥武昌首义史》（湖北人民出版社，1985）、《张之洞评传》（南京大学出版社，1991）、《辛亥首义史》（湖北人民出版社，2011）。"我个人认为，在您的辛亥首义研究、张之洞研究的著述里，都有着浓厚的地域性文化解读的特点。1980 年代我读您写的《民国初年湖北党人挽救革命的斗争》一文时，就有了这种很特别的感受。在这篇文章里，您洞幽掘微，从大量地方性文献里钩稽深广，细密而全面地展现了民国初年的政治乱象，生动解释了作为"首义之区"的湖北为何"不仅始终未能掀起大的波澜"，反而"成为北洋军镇压二次革命的前进基地"。（冯天瑜，1986）当时我正在读研究生，觉得此文的写法很别致，特别是对地方性文献资料的运用，给我很深的印象。现在重新回顾几十年前的阅读感受，倒从中悟到您治史的一个特点：既索解中国思想文化史的整体性特征，又关注思想文化的区域个性。

冯天瑜：是啊，我们多次聊到过我这一生的活动轨迹。1945 年抗战结束后，我就随父母从红安来到武汉生活，一直至今。离开武汉较长的时间就是先后在日本待了近5年的时间：1998年~2001年，受聘于爱知大学做中国文化史研究；2004年~2005年，又到京都国际日本文化研究中心做了一年的短期研究。在中国文化的传统里，大凡有成就的学者无不关心自己家乡的文化事业和方志修撰，甚至认为修志难于修史。受此传统影响，我对荆楚文化的传播延续，对湖北省、武汉市区域文化的研究，还有对各种地方志的修撰及地方档案文献的整理研究，确实倾注了大量的时间和精力，所谓家乡情结是一个方面。今日治史者对地方性文献的整理和研究，与古代修志的目的有诸多不同，如元代冯福京在《乐清县志·序》中主张修志是"备天子史官之采录，乃臣子职分之当然"，今日治史，当然已不是为了一家一姓的历史而尽"臣子职分"，就文化史研究而言，我对地方文献的关注，考虑更多的是如何摆脱公式化、概念化的史学书写方式，尽可能地用史实还原中国文化史生成过程中的区域性场景。所以，我认为：

> 我们研究中国思想文化史，一定要结合历史上的思想家的个人经历作具体分析。否则就会失之笼统，使人感到思想家千人一面，其思想也是从某几个模型中铸造出来的。因此，结合地区条件和人物经历进行思想文化史研究，这是从事思想发展史研究的一个极为有价值的课题。这种研究以地区为背景，人物为中心，志人述史，史以人传，较为乡土气息、具体生动，有利于挖掘思想文化的区域个性。这对于推进整个中国思想史的研究也是非常必要的。（冯天瑜，1993）

聂运伟：20世纪60年代以来，西方学术界的知识观念发生了较大的变革，"地方性知识"（local knowledge）正是这一变革的产物之一。所谓地方性知识这个说法是从人类学研究那里来的。在人类学研究中，一直面临着普遍性和特殊性的纠缠。一些人类学家热衷于在不同民族、部落和文明类型那里发现共同性，找到共同的结构和规律；而另一些人类学家则坚持寻找差异，他们认为在不同民族、部落和文明那里，存在各自非常独特的文化差异，这些差异就属于地方性知识。在整个现代化的过程中，地方性知识不应该被同化、被掩盖，它可以体现自身的价值，发挥自己独特的作用。

冯天瑜：从古到今，人类文化总是地方性、区域性的存在，但个性中有共性，这是无法否认的文化史的规律。谈到两者间的关系，我想，《易经》所言“天下同归而殊途，一致而百虑”的道理，就辩证地揭示了历史和文化发展的统一性与多样性这两个彼此矛盾又互为补充的倾向。中华文化在漫长的发展历程中，因其腹地开阔，域内各区段间的文化互补发挥过颇大作用，3000年间，有南北东西各路文化的相激相荡，中华文化故能保持相当程度的活力。如学术上，北方的孔墨与南方的老庄既相批判又相汲纳，西部的商韩与东部的管邹则互为应援；文学上，“燕赵多慷慨悲歌之士，吴楚多放诞纤丽之文”，所谓“长城饮马，河梁携手，北人之气概也；江南草长，洞庭始波，南人之情怀也”。所以，文化的地域分布所体现出来的独特性，并不排斥地域和学派之间的互相联系和彼此渗透。而正是这种既具多样性，又具统一性的发展态势，不断给文化增添活力，推动其前进。

聂运伟：对文化区域性存在的关注，对“地方性知识”价值的探究，不仅使我们具体深入地体察到历史和文化发展的统一性与多样性的精微之处，而且激活了历史学与地理学两个学科之间内在的人文脉息。在国际历史地理学界享有盛誉的英国著名历史地理学家阿兰·雷金那德·哈罗德·贝克（Alan Reginald Harold Baker），在《地理学与历史学——跨越楚河汉界》（*Geography and History*：*Bridging the Divide*）中说：“历史具有场所维度，地理具有时间维度（History takes place，and geography takes time）。”我自己很喜欢这句话，觉得耐人寻味。以前的历史学家只关注自然景观，诸如环境、河流、地形、山脉，认为这些都是历史事件发生的自然舞台，或者说，地理只是附属。现在学界的取向开始有所转化，历史地理学的诞生便是积极的成果。顾颉刚和谭其骧早在1934年2月22日成文的《禹贡半月刊》发刊词中就生动地比喻过：历史好比演剧，地理就是舞台；如果找不到舞台，哪里看得到戏剧！

冯天瑜：历史学与地理学的联姻势在必行，文化地理的观照理当纳入文化生成史考察范围：

> 作为人类物质文明和精神文明创造总和的文化，因时间向度的演进而具有时代性，又因空间向度的展开而具有地域性。人们把研讨文化时代性演进的学科称之文化史学，把研讨文化空间性分布的学科称之文化地理学，这两门学科都有独立存在的价值和独立发展的历史。然而，时间和空间又是运动着的物质的两种密不可分的存在形式，时代性与地域性当然也是文化的两种相互依存的属性，我们只有全面观照这两种属性，并考察其互动关系，方能实在地把握人类创造的文化的纵深度和广阔度。（冯天瑜，2013：207）

比如：佛教思想进入中国后为什么能够在湖北迅速传播，并出现一批著名的佛学家呢？除了政治、经济方面的原因以外，人文传统和地理条件也是重要的原因。先秦时期，湖北是楚国的中心，故道家思想流行。汉初，以道家思想为基础的黄老之学在全国占据统治地位。魏晋玄学也发端于湖北的荆州新学。佛教思想在不少地方与道家思想、玄学思想相近，故入华初依附于道、玄。湖北的文化传统使佛教在那里很容易找到结合点。从地理条件看，湖北地处中国中部，从西北入华的佛学和从海南入华的佛学常在湖北碰撞、交流，这就使湖北聚集了一大批著名佛僧，佛学极一时之盛也就事非偶然了。所以，以地理标识划分的文化区并非静态、凝固的空间存在，而是因时演变的。一般而言，构成文化区的自然因素变化较慢，社会、人文因素迁衍较快。王夫之常用“天气南移”“地气南徙”诸说法，而他所谓的“天气”“地气”，并非专指自然之气，而是自然、社会、人文的综合，更多地包蕴社会、人文因素。事实上，自从具有理性的人类介入，造成文化世界，我们这个星球上的变化往往不再是单纯的自然运动，即不再只以各地土壤肥瘠的变迁而论，而是深深打上人类活动印记。曾被《禹贡》（反映周秦之际状况）列为下中、下下的长江流域，至近古已成上上之地，如宋人王应麟说：“今之沃壤，莫如吴越闽蜀。”至于各地风俗、学术的异动，更是古今起伏，时有更迭。这是在做区域研究时应予注意的。

聂运伟：去欧洲旅游，有个很直观的感受，就是欧洲各国的面积毕竟有限，受历史、文化、政治、经济、交通、军事诸因素的影响，欧洲各国的首都都有悠久的历史，一旦形成，便成为政治文化的中心，延续至今，很少发生变化。特别是作为文化中心，其地位和影响显然具有永恒性。罗马、巴黎、伦敦、柏林、布鲁塞尔、华沙等等，莫不如此。罗马的别称“永恒之城”，记录了罗马城从罗马帝国到今天的意大利长时间里雄踞首都席位的荣光，但更重要的是，罗马城里无所不在的文化遗存告诉人们：这里，才是承接希腊的罗马文化的根基之所在，是亚平宁半岛文明的集散中心，是意大利人的精神家园。文艺复兴时期，佛罗伦萨一度异军突起，引领了欧洲文化的近代变革，还曾是意大利的临时首都，可短短几年之后，一旦时机成熟，定都罗马便是意大利人的不二选择。探寻但丁、达·芬奇、米开朗琪罗的心路历程，这些文艺复兴时代的巨人，虽都是佛罗伦萨的城市公民，但个个都对罗马心存敬畏，都有着去罗马的朝圣之旅。相比较而言，中国历史上的首都多有变异，对此，您有什么看法呢？

冯天瑜：与多数外国拥有较稳定、单一的首都不同，中国的京城多次转移。几千年来，中国文化的中心，大体沿着自东向西，继之又由西北而东南的方向转移。这从各朝代文明的中心——首都的迁徙轨迹中，可略见端倪。七大古都散布于中华大地的中、西、南、北、东，然其位置的更替，隐含着文化生态的规则与意义深远的历史机缘。殷商以来，黄河中下游，也即中原一带，是全国最富饶的区域，又接近王朝版图的中心，是兵家必争之地；把握中原，意味着把握住天下，因此，从殷周至隋唐，国都始终在中原徘徊。安阳、西安、洛阳一带被多次选为国都，原因盖出于此。汉唐以降，由于西北游牧民族的军事威胁和东部地区富庶程度提升，都城有东移倾向，如西汉都长安，东汉都洛阳；唐代武则天从长安迁都洛阳；北宋更进一步将京师东移开封（称东京），以靠近运河干道。唐宋之际中国古都在东西轴线上，有一种自西向东迁移的明显态势。从北宋开始，东北契丹、女真等半农半牧民族兴起，农耕民族与游牧民族冲突交往的重点区段已由长城西段转至长城东段。再加之运河淤废，黄河泛滥，无论是政治、经济，还是军事、交通，关中、河洛已丧失控扼天下的地位，自宋室南渡以后，长安、洛阳、开封都已不具备昔日制内御外的强劲功能，以至元、明、清三朝，国都与黄河中下游无缘。长安更名安西、西安，形象地表明它已由全国雄都变为一方重镇。以宋代分界，此前中国都城主要在东西轴线上流转，此后主要在南北轴线上移动。南宋立都临安；金朝立都燕京；崛起于北方草原的蒙元以大都（今北京）为京师；成帝业于东南的朱元璋又建都南京；燕王朱棣从侄儿建文帝手中夺权，是为明成祖，他把首都迁到自己的根据地北平，升北平为北京，借天子之威，震慑北方游牧民族，自此，北京成为明清两代国都。作为政治、军事中心的北京，经济上主要仰赖东南财赋，凭借京杭运河源源不绝的粮食、衣被等种种物资补给，因而北京有“飘来的都城”之名。而兴兵南方的太平天国和中华民国又相继定都南京，更昭显南方已然成为国家重心。上下3000余年间，从安阳殷墟到北京紫禁城，中国古都此消彼长，大体沿着东西、南北两条轴线移位，这正透露出中国经济重心的转移、诸政治集团的更迭、民族关系的弛张。

聂运伟：中国历史上京城的多次转移起因于战乱，战乱推动了人口向南大迁移。“东汉末年至三国期间，由于北方黄河流域长期的战乱和自然灾害，而南方长江领域则相对平静，大批北方人南下避难，以北方移民为统治集团的蜀国和吴国的建立，使多数难民在南方定居。……以后又出现了三次黄河流域的汉人南迁的高潮：从4世纪初的西晋永嘉年间（307～312年）到5世纪中叶南朝宋元嘉年间（424～453年）、唐天宝十四载（755年）安史之乱爆发后至唐末五代、从北宋靖康元年（1126年）至南宋后期。这几次南迁几乎遍及整个黄河中下游地区，时间持续百年以上，移民总数都在百万以上。其中第三次南迁的余波一直延续到元朝，在蒙古、元灭金和南宋的过程以及元统一政权建立后，逃避战乱和赋役的人还在源源不断流向南方。”（葛剑雄等，1997：55）由此观之，中国历史上的京师屡迁，虽往往迫于政治、经济、军事的原因，但京师屡迁又促成了中国文化在地域上的全方位展开，只不过这种展开多有被动性，以至中国人的文化心理中，对文化中心在地理空间上的移动，似乎司空见惯，至多发出几声惆怅的凭吊和无奈的反讽：暖风熏得游人醉，直把杭州作汴州。从文化学的角度看，这里涉及区域文化与文化中心之间的关系，是否值得一说？

冯天瑜：中国近古及近代文化中心向东南转移，是一个明显的趋势。如何解释近古文化中心的转移，中国近代以来的思想家有许多评说。王夫之在讨论“华夷之别”时，提出一个深刻的见解：华夷不同，在乎文野。而一个地区可以由野变文，也即由夷变夏；反之，一个地区又可能由文变野，也即由夏变夷。他说：“吴、楚、闽、越，汉以前夷也，而今为文教之薮；齐、晋、燕、赵，唐、隋以前之中夏也，而今之椎钝戾者，十九而抱禽心矣。”（王夫之，1996：486）王夫之用唐以来先进的北方渐趋落后，蛮荒的南方则长足进步的事实，证明华夷可以易位。王夫之还具体指明中国文化中心转移的总趋势是“由北而南”：“三代以上，淑气聚于北，而南为蛮夷。汉高祖起于丰、沛，因楚以定天下，而天气移于南。郡县封建易于人，而南北移于天，天人合符之几也。天气南徙，而匈奴始强，渐与幽、并、冀、雍之地气相得。故三代以上，华夷之分在燕山，三代以后在大河，非其地而阑入之，地之所不宜，天之所不佑，人之所不服也。”（王夫之，1975：卷一二）又以明朝之例说明文化中心南移的具体情形：“洪、永以来，学术、节义、事功、文章皆出荆、扬之产，而贪忍无良、弑君卖国、结宫禁、附宦寺、事仇雠者，北人为尤酷焉。……今且两粤、滇、黔渐向文明；而徐、豫以北，风俗人心益不忍问。”（王夫之，1996：486）黄宗羲也有近似的观察和论述。他指出，由于经济重心已经南移，明代“都燕”（设首都于北京），是“始谋之不善”，不仅京师屡遭蒙古、满洲的军事威胁，而且仰赖江南漕运，“大府之金钱靡于河道”。有鉴于此，黄氏力主，后起之王者建都金陵（今南京），他从古今文化中心变迁大势论证金陵设都的合理性：“秦汉之时，关中风气会聚，田野开辟，人物殷盛；吴、楚方脱蛮夷之号，风气朴略，故金陵不能与之争胜，今关中人物不及吴会久矣，……而东南粟帛，灌输天下，天下有吴、会，犹富室之有仓库匮箧也。”（黄宗羲，1985：21）王夫之、黄宗羲关于中国文化中心南移的描述，是“征之以可闻之实”做出的判断，符合历史真情。王夫之在此基础上更做出范围广大的推测：“地气南徙，在近小间有如此者。推之荒远，此混沌而彼文明，又何怪乎！”（王夫之，1996：486）

聂运伟：钱穆在《国史大纲》里亦说：“大体上可以说，北方是中国史上前方一个冲激之区（因强寇大敌常在其外），而南方则是中国史上的后方，为退遁之所。因此北方受祸常烈于南方。安史乱后，中国国力日见南移，则北方受外祸亦益烈。而且自唐以下，社会日趋平等，贵族门第以次消灭，其聪明优秀及在社会上稍有地位的，既不断因避难南迁；留者平铺散漫，无组织，无领导，对于恶政治兵祸天灾种种，无力抵抗；于是情况日坏。事久之后，亦淡焉忘之，若谓此等情形，自古已然。汉唐的黄金时代，因此不复在他们心神中活跃。”（钱穆，2007：769）

冯天瑜：中国古代文化中心由北向南转移的总体趋势说明，文化中心与区域文化的关系是相对的、变易的。就近代中国社会变革而论，文化中心进一步向东南转移。东南沿海成为中国近代文化的能量发射中心。引发近代社会变革的思潮多发难于东南沿海，而收实功于华中腹地，进而又推向华北、西北，又由华北、西北、东北推及全国，呈现一种东方不亮西方亮、此伏彼起的不平衡发展状态。中国接受西方工业文明的影响，跨入近代社会门槛，是从东南沿海开始的。“得风气之先”的地区是广东，随后是福建和江浙。东南沿海诸省最先涌现一批“睁眼看世界”并进而“向西方求真理”的人物，如福建林则徐、严复，广东洪仁玕、郑观应、康有为、梁启超、孙中山，江浙冯桂芬、王韬、马建忠、张謇、章太炎、鲁迅，等等。与这些先进人物的出现互为因果，近代工商业、近代新学和近代政治运动也由东南诸省和海外华侨社会发轫。上海的江南制造总局开中国机器工业的先河，其翻译馆译介西书，沾溉晚清新学者；康有为在广州创办的“万木草堂”成为维新派养成所，梁启超在上海主笔的《时务报》是变法喉舌；广东更成为孙中山领导的革命运动首先活跃的省份。而近代新学、近代政治运动连同近代工商业在东南诸省兴起后，以锐不可当之势，向内地延伸、发展，形成由南而北、由东而西的运动方向，这与中国古代经济文化重心由北而南、由西而东的迁徙方向恰好相反。这正是一个幅员辽阔、地理环境繁复多样、经济文化发展不平衡的东方大国的特色所在。

聂运伟：辛亥首义为何发生于革命党人力量并不特别强大的湖北武昌，研究者们常常感到困惑，但从您对中国近代文化中心迁移的观点看，这一问题其实也有着内在的必然性。关于这一点，前人曾论说道："辛亥革命曷为成功于武昌乎？论者以武昌地处上游，控扼九省，地据形胜，故一举而全国响应，斯固然矣，抑知武汉所以成为重镇，实公（指张之洞——引者注）二十年缔造之力也。其时工厂林立，江汉殷赈，一隅之地，足以耸动中外之视听。有官钱局，铸币厂，控制全省之金融，则起事不虞军用之缺乏。有枪炮厂可供战事之源源供给。成立新军，多富于知识思想，能了解革命之旨趣。而领导革命者，又多素所培植之学生也。精神上，物质上，皆比较彼时他省为优。以是之故，能成大功，虽为公所不及料，而事机凑泊，种豆得瓜。"（张继煦，1947：7）

冯天瑜：同东南沿海相比，近代中国的北方和西北较为落后、保守，在一个长时间内，"北洋势力"是近现代中国反动阵营的代名词。而长江中游诸省，尤其是湖北、湖南，正处在较开化的东南与较封闭的西北的中间地带，借用气象学语言来说，长江中游处在湿而暖的东南风与干而冷的西北风相交汇的"锋面"，因而气象因素繁复多变，乍暖乍寒，忽晴忽雨。如果说，整个近现代中国都卷入了"古今一大变革之会"——古今中西的大交战，那么，两湖地区更处在这种风云际会的旋涡中心。正因为如此，湖北成为中国近代政治运动的中心舞台，经济上也是近代工业在内地较发达的区域，文化上则是新旧思想大交战、东西学术大融汇的地区，熊十力一类的大思想家出现在湖北，就绝非偶然了。诚如晚清鄂籍留日学生所说，近代湖北是"吾国最重最要之地，必为竞争最剧最烈之场"，而"竞争最剧最烈之场，将为文明最盛最著之地"。这并非虚夸的惊世之论，而是有远见的预测。湖南在 19 世纪后半叶与 20 世纪上半叶对中国社会变革发挥的巨大作用，是举世皆知的；湖北则在20世纪初叶崛起为仅次于上海的工商业基地，继而成为辛亥革命首义之区、大革命心脏地带、土地革命的主战场之一。

聂运伟：1923年，蒋方震在《中国五十年来军事变迁史》中也对辛亥首义爆发在武昌作过评述："历次革命皆自外烁，其势不坚，而武昌革命则其势由内而外，由下而上，其成功也，非偶然也。"（蒋方震，2015：282～289）我以为"由内而外，由下而上"是一个饶有兴味的概括，但缺少历史的陈述，您对此有何见解？

冯天瑜：蒋方震不仅是民国时期著名的军事家，而且是五四新文化运动的一员战将。"由内而外，由下而上"确实是对武昌首义的一个精辟概述。先说"由内而外"，黄兴等人在两广、云南一带多次通过输入武装人员的方式发难，但镇南关起义、钦廉上思起义、云南河口起义等均遭败北，而武昌起义一举成功，原因在于湖北党人在当地军队和社会有扎实的根基，将工作做到了瓜熟蒂落、水到渠成的程度。湖北党人并未产生著名的政治领袖和思想家，但他们有一个显著的特色，就是脚踏实地、埋头苦干，即所谓"鄂省党人，耻声华，厌标榜，木讷质直"。他们不企求以壮烈的一死去耸动视听，认为那种"十步之内，血火红飞"的"暗杀主义"不足以成大事；他们不以华丽的言谈文字去博取虚名；也没有像同盟会的某些领导人那样急于求成。而是走着一条更加艰苦踏实的道路：长期深入下层，运动会党，发动新军，默默无闻地从事具体的组织与教育群众的工作。他们不像留学生中的党人那样具有号召力，却有着更可贵的"不竞声华"的实干精神。湖北党人这种"埋头苦干，不以外观夸耀"的风格，渗透着楚地"三年不鸣，一鸣惊人"的文化品性。光绪三十三年（1907年），端方由湖北巡抚调任直隶总督，入京晋见时，慈禧对端方说："造就人才的是湖北，我所虑的也在湖北。"4年后辛亥首义在武昌爆发，其组织者和骨干多出自湖北各新式学堂和湖北留日学生，这证明了慈禧的嗅觉是十分敏锐的。辛亥首义在新教育的中心武昌爆发，有力地表明，近代教育的出现，同近代经济的诞生相联系，无论其主持者的主观愿望如何，其结果都将是造就专制制度的掘墓人。再说"由下而上"，武昌首义后，瑞徵电告清廷称"武汉军民同变”，也就是说，武昌首义得到了武汉三镇市民的热烈支持，故革命士气十分高昂。如在汉口争夺战中，“给养不及时，战士忍饥一、二日继续抵抗，受伤者忍痛不肯下火线，经红十字会抬入医院后，神经错乱中尚不忘战争；枪伤未愈者，力请再上火线，因之伤口复发，终至不治。市民则自动煮饭、蒸馍向火线输送，不怕危险，民气之盛，由此可见”（辜仁发，1979：184）。此情此景，在武昌首义之前的历次革命党人的武装起义里，殊难见到。

聂运伟：武昌首义在中国文化史上为湖北文化写下了惊天动地的一笔，可在清末之前，湖北好像并非人文兴盛之区。据学者们考据，民国初年编修《夏口县志》时，编纂者曾惊奇地发现湖北学者很少见于历代史籍。考诸清代学术史籍：约在嘉庆后期成书的《国朝汉学师承记》著录汉学家 40 余人，湖北学者无一人入选；《清史稿》之《儒林传》堪称清代学者大全，然湖北除熊赐履够资格但因入选《大臣传》而未列《儒林传》以外，亦仅有天门胡承诺、黄冈曹本荣被著录；徐世昌主持修撰的《清儒学案》凡二百零八卷，为湖北学者列专案者唯有记熊赐履的卷三十八《孝感学案》，入合传者亦仅有三人。故梁启超在《近代学风之地理的分布》一文中有言：“湖北为交通最便之区，而学者无闻。”又说：“湖北为四战之区，商旅之所辐集，学者希焉。”对于梁启超的判断，湖北籍的学者常有微言。我看过一则趣闻，说是光绪末年，一群学生随章太炎在日本东京求学。一日，章太炎办的《民报》报馆来了一位年轻人，报名陈仲甫。章陈在谈清朝汉学的状况，说到戴、段、王诸人，多出自安徽和江苏。陈独秀不知怎么就说到湖北，他说：“湖北就没有出现大学者。”章太炎表示同意：“说的是，好像没有出过什么像样的人才。”此时，在里屋的“湖北佬”黄侃闻此言大怒，跳将出来，对外屋主客吼道：“好个湖北没人才！湖北虽无大学者，然而这不就是区区？安徽固然出了不少学者，然而这未必就是足下！”

冯天瑜：（笑）我想，梁启超的说法是对清末之前湖北人才情况的概括。历史地看，湖北人才涌现有两个高潮，一个是在楚八百年。此后，直到清中叶，湖北人才的密度在漫长的历史中应该说是处于中下等。第二个高峰是在晚清到民国，这段时间成为湖北大量人才涌现的时代。如地质学家李四光、哲学家熊十力、政治史兼经济学家王亚南（黄冈人），语言文字学家黄侃、文学家胡风（蕲春人），诗人闻一多（浠水人），书法家兼文史学家张裕钊、逻辑学家汪奠基（鄂州人），历史学家汤用彤（黄梅人），方志学家王葆心（罗田人），他们是湖北人，而且都是鄂东人，都堪称某一文化门类领风骚的一代巨子。鄂东于半个世纪间涌现出如此众多的全国性乃至世界性文化名人，可谓一种罕见现象。鄂东以外的湖北近世文化名人，还有历史地理学家杨守敬（枝江人），京剧须生泰斗谭鑫培、谭富英（黄陂人），文史学家张国淦（蒲圻人），法学家张知本（江陵人），化学家张子高（枝江人），考古学家黄文弼（汉川人），剧作家曹禺（潜江人），政论家胡秋原（黄陂人），等等。然而，时至清末民初，湖北，特别是鄂东，骤然人才辈出，这一现象颇值得穷原竟委，推究因缘。章太炎在论及学术发生发展的缘由时讲道："视天之郁苍苍，立学术者无所因，各因地齐、政治、材性发舒，而名一家。"（章太炎，2000：37）他认为地理环境、政教风俗、人才素质是影响学术成长的三大因素，鄂东近世人才辈出，与其特定的地理方位和政教风俗颇有干系。近年，我一直在思考这个问题：为什么从晚清开始，鄂东这个地方会出现包括鄂州张裕钊先生在内的这些大师级人物？这是文化学及其他领域应该关注的一个课题。这个问题如果从文化地理学的角度来看，是不是这样一种情况，就是在近代，一个新的学术的发生，一位大师级人物的产生，从背景上看，它往往有两个原因或其中之一。从时间这个维度讲，它处在一个历史转折点，如晚周是一个转折点，春秋、魏晋、明清也都是转折点。这个时候，新的思想与旧的思想冲突、融会，就会产生大的思想家，产生大师级人物。而鄂东，恰好在从东面沿海登陆向内地推进的近代文化也即西方文化，与从中原地带一直沿袭的传统文化的交叉点上。近代变革的风云际会孕育了近世湖北学子真切的忧患意识和深沉哲思。熊十力早年投身辛亥革命，又目睹辛亥后政治的腐败，遂退而论学，穷究天人，制作整合儒释的哲学大建构。又如闻一多兼涉文史，其新诗蕴含格律诗韵致，其楚辞、诗经研究借助芝加哥社会学派方法，融铸古今、会通中西，展现了转型时代学人的风范，昭示了现代荆楚文化的特殊魅力。徐复观中青年时代参与政治颇深，后转入学术领域，潜心著述。他们的文化业绩，可谓艰难玉成，时代孕育。

聂运伟：前不久闲走蛇山，在“抱冰堂”前默然良久。1907年夏，张之洞任湖广总督19年后，奉旨进京，离开武汉。这一年他71岁了。武昌官民为纪念张之洞在汉政绩，而建了这座纪念性楼堂。湖北近代学术的崛起，“抱冰老人”实在是居功至伟。

冯天瑜：对，作为湖北人，我们应该对“抱冰老人”致以最崇高的敬意。湖北乃至鄂东近世人文荟萃，直接的动因就是张之洞督鄂期间开端的文教兴革，使湖北的文化教育水平居于晚清各省前列，鄂籍学人出国留学人数也名列各省前茅。清末民初湖北文化名人大都是张之洞督鄂期间兴办的新式学堂或改制书院培养出来的，或由其派遣出国留学。如王葆心曾就学两湖书院；张知本曾就读两湖书院，又以官费赴日本留学；黄侃由张之洞亲自指示，资助官费留学日本早稻田大学；张子高曾就学武昌文普通中学堂，后赴美留学，入麻省理工学院；李四光曾就读五路高等小学堂，又被选送日本东京弘文学院学习；黄文弼就学汉阳府中学堂；闻一多曾就读武昌两湖师范附属小学，后留学美国。如果说，曾国藩及其湘军把湖南山乡的农家子弟带上全中国舞台，为近世湖湘人文之盛奠定基石，那么，张之洞开端的文教兴革及大规模留学生派遣，则使湖北学子走上中国乃至世界文化殿堂。作为政治家，张之洞并非完人，但作为教育家，以越王勾践“冬常抱冰，夏还握火”的句意刻苦自砺，彰显出创造性的文化胸怀和超人的胆识。今天中国文化的发展，湖北文化的发展，都可从他身上获得珍贵的教益。

聂运伟：谢谢冯老师！祝您身体健康！

冯天瑜：谢谢《文化发展论丛》编辑部的多次访谈，也希望你们为湖北文化的发展做出更多、更扎扎实实的工作。

参考文献

冯天瑜，1986，《民国初年湖北党人挽救革命的斗争》，《湖北大学学报》第5期。

冯天瑜，1993，《重视区域思想史的研究——兼论湖北历史思想发展的轨迹和特点》，《湖北社会科学》第12期。

冯天瑜，2013，《中国文化生成史》上册，武汉大学出版社。

葛剑雄等，1997，《中国移民史》第一卷，福建人民出版社。

辜仁发，1979，《辛亥革命阳夏战争述略》，载《辛亥首义回忆录》第一辑，湖北人民出版社。

黄宗羲，1985，《明夷待访录·建都》，见《黄宗羲全集》，浙江古籍出版社。

蒋方震，2015，《中国五十年来军事变迁史》，载《最近之五十年（1872～1922）：申报馆五十周年纪念》，上海书店出版社。

钱穆，2007，《国史大纲》下册，商务印书馆。

王夫之，1975，《读通鉴论》，中华书局。

王夫之，1996，《思问录·外篇》，见《船山全书》第12册，岳麓书社。

张继煦，1947，《张文襄公治鄂记》，湖北通志馆。

章太炎，2000，《原学》，载《訄书详注》，徐复注，上海古籍出版社。

Displaying Regional Features and Exploring Regional Characteristics: An Interview with Prof. Feng Tianyu

Feng Tianyu　Nie Yunwei

Abstract: The transition of ancient China's economic and cultural center from the North to the South and from the West to the East is a pretty clear trend as well as a historical process to show the all-round regional development of Chinese culture. The transition of the cultural center includes both the time dimension featuring the cultural evolution with epochal traits and the spatial dimension featuring regional cultures. While the former dimension is the research focus of cultural history study, the latter dimension is emphasized by cultural geography. Epochal and regional traits are the two relevant qualities with mutual interdependence during the development of culture. Only by comprehensively considering both two qualities and exploring the interaction between them can we understand the depth and width of human creation culture. It is necessary to explore the regional characteristics of ideological culture for the study of Chinese ideological history. From ancient times to the present, human culture has always been a kind of regional culture. It cannot be denied that individuality can reveal general character, which is the rule of cultural history. The relations between the two qualities are the unity and diversity of historical and cultural development. The uniqueness, diversity and unity of cultural regional distribution consistently add vigor to the culture to stimulate its development.

Keywords: Cultural History; Integrity; Regionality

About the Author: Feng Tianyu (1942 –), Senior Professor of Humanity and Social Sciences in Wuhan University, Head of Research Center of Traditional Chinese Cultural Studies in Wuhan University. Magnum opuses: *The Cultural History of Ming and Qing Dynasty*, *The History of Wuchang Revolt in the* 1911 *Revolution*, *Critical Biography of Zhang Zhidong*, *Practical Ideology in Late Qing Dynasty*, *Deconstructing Autarchy: A Study of the "New People – first" Idea in Late Ming and Early Qing Dynasty*, *Qian Suiwan's Tour in Shanghai: Observing China in* 1962 *from Japanese's Eyes*, *The Origins of the New Expressions: the Cultural Interaction among China, Japan and Western Countries and the Terminology in Modern Times*, *The Spirits of Chinese Ancient Classics*, *A Study on Feudalism*, *Outline of Chinese Cultural History*, etc. The published works have been awarded China's National Book Award, Outstanding Achievement Award of Humanity and Social Sciences by the Ministry of Education, Outstanding Achievement Award of Philosophy and Social Sciences by Hubei Provincial Department of Education. Besides, many his published works have been translated into English, Japanese, Spanish and Korean. E – mail: tyfeng@ whu. edu. cn.

Nie Yunwei (1955 –), Professor of Chinese Language and Literature, Hubei University. Research interests and specialties: aesthetics, literature theory, and ideological history. Magnum opuses: *Biography of Einstein*, *The Power of Ideas*, etc. E – mail: nieyw_55@ 126. com.

人文思潮

荆楚文化的求解与构建

——孟修祥先生访谈录

孟修祥　卢　川*

【摘　要】 荆楚文化博大精深，源远流长。荆楚文化研究是当前的热门话题，也是一个永恒的无可穷尽的话题，荆楚文化研究者所做的全部工作的价值与意义在于为其求解与构建，而求解与构建是荆楚文化研究者全部工作不可分割的两个方面。荆楚文化活跃于我们的现实生活实践之中与意识形态之内，研究荆楚文化是历史的必然，是现实与未来生活的需要，也是一种文化心理的需求。求解与构建需要在文化的某一层面或某一领域进行精细研究工作，需要司马迁“穷天人之际，通古今之变”的史家精神，同时也需要研究者的现代意识。因为荆楚文化的发展历程既是一个从器物、制度到行为、观念变异的过程，也是一个曲折而又积极向前发展的历史过程，有其历时与共时的延续性与变异性。在人文学者之间的多元文化交流变得日益频繁的信息化时代，同时也是文化现代转型的时代，作为我国地域文化之一的荆楚文化的求解与构建，已经日益凸现并介入社会文

* 孟修祥（1956～），长江大学教授，主要从事中国古代文学、荆楚文化研究，主要学术著作有《楚辞影响史论》《中国古代文学与文化研究》《楚歌研究》《隋唐五代湖北文化史》等。电子邮箱：mengxiuxiang@163.com。

卢川（1981～），长江大学讲师、武汉理工大学在读博士研究生。主要从事楚史、楚文化研究。电子邮箱：luc_1981@qq.com。

化之中，彰显着它的独特性和重要性。在对古今中外文化的批判、继承、兼收并蓄的创新过程中，荆楚文化的求解与构建任重道远。

【关键词】 荆楚文化　求解　构建　现代转型　现代意识

卢　川：孟老师，您好！我受《文化发展论丛》编辑的委托，就荆楚文化研究的有些话题来采访您。您长期从事这方面的研究，您的相关著作和论文我也读过，并且给我留下深刻的印象，您主编出版的“荆楚文化研究丛书”在学界产生过很大的影响。作为一位长期从事荆楚文化研究的学者，我想请您对当今我国地域文化研究热潮中的荆楚文化研究的现状与未来谈谈您的看法。

孟修祥：谢谢你来采访！自二十世纪八十年代以来，从事荆楚文化研究的学者们已经做出了卓有成效的研究工作。张正明先生主编的“楚学文库”、刘玉堂先生主编的《世纪楚学》、章开沅先生等主编的《湖北通史》、我们长江大学荆楚文化研究中心主编的“荆楚文化研究丛书”、湖北人民出版社出版的“湖北地方古籍文献丛书”以及湖北省荆楚文化研究会成立以来出版的“荆楚文化普及丛书”等就是其中具有代表性的成果，还有有关荆楚文化的各种学术研讨会，以各种形式发表的相关论文与出版的著作，等等，都说明了学者们在荆楚文化研究领域所做出的不懈努力，彰显出他们的执着精神。

荆楚文化博大精深，源远流长，无论从哪个层面来研究，都是无法穷尽的。研究方法的改进、理论视角的转换，已经给以往的一些“成论”带来冲击，大量出土实物与传世文献的互证，正在修正或改写以往的社会史、学术史、思想史、艺术史……仅以考古学界为例，几乎每一批新的出土实物的出现，都会产生一次新的研究热潮，仅从郭店简、上博简、清华简的出现引起国内外学者的高度关注并形成研究热潮，成果连续不断地大量问世，即可见一斑。荆楚文化研究仍然是当前的热门话题，也是一个永恒的无可穷尽的话题，不仅仅因这一区域内从古到今的所有文化现象之无法穷尽，更因为学者们所做的全部工作的价值与意义在于为荆楚文化求解与构建。不管学者们的学术见解多么精辟明澈，研究方式方法多么科学、高明，也都不过是求解与构建过程中的一个环节而已，我们永远都在为荆楚文化求解与构建的路上。

卢　川：我非常赞同您的看法。记得您在“荆楚文化研究丛书”的“序言”中说过：“荆楚文化研究方兴未艾，并不仅仅因为博物馆里多不胜数的具有鲜明地域文化特色的精美文物显现着它无穷的魅力，也不仅仅因为图书馆里珍藏的厚重典籍承载着丰富的文化意蕴，更因为荆楚文化活跃于我们的现实生活实践之中，活跃于我们的意识形态之内。谁也无法割裂历史与现实、历史与未来的关系，研究荆楚文化是历史的必然，是现实与未来生活的需要，也是一种文化心理的需求。”

这应该是您对荆楚文化研究求解与构建的最为简明的文字表述。

孟修祥：我的确是这样认为的。当我们审视迄今已有的荆楚文化研究成果的时候，不难感受到，这些成果显现出我们对荆楚大地上所产生的辉煌灿烂的历史文化成就的敬重与依恋，在最为冷峻理性的学者们的著论中，也并不难感受到那种发自内心深处的情感流露。回顾与赞叹历史文化的辉煌，仿佛是在回顾与赞叹一个失去的乐园，严肃的学术研究中却有着无意识的心理显现。即使是那些做着严谨“还原”工作的学者，也在为构建时代与未来的荆楚文化奠定坚实的基础。考古发现与古代文献整理，就是如此。特别是正在进行编撰的大型文献丛书“荆楚全书”，就是继“湖湘文库”之后，在荆楚文化研究中应时代之运而生的一项可谓功在当代、利在千秋的宏大文化工程。“荆楚全书"由著名历史学家章开沅先生担任首席专家，全面调查研究历史上荆楚文献的存佚状况，精选有较大社会影响和较高学术价值的荆楚文献稿本、钞本、刻本等，也包括当代学者的部分著作，予以点校、整理、编纂，并建立与之配套的资料齐全、使用方便的荆楚文献数据库，为荆楚文化研究提供了“四库全书”式的文献资料。

卢　川：湖北学者在这一领域所取得的研究成就举世瞩目，但对于个体的研究者而言，受知识积累程度与理论视阈的限制，对荆楚文化的求解自然难免产生误解、歧义，甚至认知上的矛盾与冲突。如关于荆楚文化的特质问题，有的学者就总结出五大精神特质：一是“筚路蓝缕”

的创业精神；二是“抚夷属夏”的开放精神；三是“一鸣惊人”的创新精神；四是“深固难徙”的爱国精神；五是“止戈为武”的和谐精神。前些年，很多人都在讲荆楚文化的五大精神特质，似乎已成定论，但后来您发表了《荆楚文化特质平议》一文，否定了五种精神特质说。文章令人耳目一新，我也深受启发。

孟修祥：特质是一事物区别于他事物的特别显著的标志。我认为荆楚文化区别于燕赵、齐鲁、秦晋、巴蜀、吴越等地域文化的显著标志不应该是上述五个方面。且不说创业精神、开放精神、创新精神、爱国精神、和谐精神这些现代人总结的概念同样可以套用到燕赵、齐鲁、秦晋、巴蜀、吴越等地域的文化上，这一点翻阅史书而浏览先秦诸侯各国的历史进程，就十分清楚。可以说，“春秋五霸”“战国七雄”在自己的发展历程中，都有从小到大、从弱到强的创业、发展，然后逐渐强大的过程。开放、求新、求变等，是当时诸侯各国都具有的并付诸实践的精神特征。仅就第五点而论，完全与历史事实不合，因为从春秋无义战，到战国大兼并，本来就是战争的时代，各诸侯国之间，讲的只是如何以势相争，以智相夺而已，何谈和谐精神？《左传·宣公十二年》所记载的楚庄王“止戈为武”之说，在当时不过是政治家的一种策略，就在他讲过此话之后的四年内，伐陈而定其乱，伐郑而降其君，伐萧而灭其国，伐宋而使其唯命是从，从而达到他霸业的巅峰。至于说到爱国精神，在楚国虽有身为囚徒而不忘故国的钟仪，国难当头挺身而出而功高不受赏的申包胥、屠羊说、蒙谷，以橘言志“深固难徙”的伟大爱国诗人屈原等无数爱国的志士仁人；但还要看到一大批“楚材晋用”者。以为吴所用的伍子胥而论，他为强烈的个人复仇意识所驱动，不惜引吴兵入郢，“以班处宫”，“辱平王之墓”，以至于他本人都承认所作所为是倒行逆施，自古至今许多人都仍对其不以为是。如果拿这些“楚材晋用”者的行为与郑国商人弦高犒劳秦师以救郑国、齐国名相晏婴出使楚国不辱使命、蔺相如完璧归赵的事迹相比，将如何论证爱国精神一定是荆楚文化的特质呢？春秋战国时代是社会大动荡、大变革的时代，在这一时代所形成的诸多精神文化现象，已构成中华民族文化精神的有机组成部分，包括中华民族所崇尚的爱国精神、和谐精神。因此，不能将“深固难徙”“止戈为武”之类的说法作为某一地域文化区别于另一地域文化的特质。

卢　川：但是，无论历史如何演变，社会如何进化，即或是在当今，交通、通信极为方便，思想文化趋向空前统一的情况下，由于社会文化与自然地理环境的作用，我国不同地域的语言、习俗、民间艺术等许多方面仍旧存在明显的不同之处。何况在两千多年前的先秦时代，各个地域的文化特质更加鲜明。从楚地出土的具有代表性的青铜器、漆器、刺绣等作品来看，那种浪漫、抽象、奇幻的造型与富艳繁丽的色彩，变形、夸张似乎自由无序而又无不合目的的组合，对生命力的张扬与对运动美的追求，所呈现的独特的艺术魅力，是中原之地的同类之作无可企及的。当秦人还在“叩瓮击缶，弹筝搏髀”的时候，楚人已经是金、石、土、革、丝、木、匏、竹“八音”俱全，并且在当时可以演奏大型“交响乐”了。先秦时代的社会文化与自然地理环境交互作用，成就了楚人的艺术气质与浪漫精神，并且一直延续下来。

孟修祥：你说得不错。德国哲学家卡尔·雅斯贝尔斯在《历史的起源与目标》中把公元前800年到公元前200年称为人类文明的轴心时代。轴心时代的古希腊、以色列、古印度与中国的先哲们提出的思想原则塑造了不同的文化传统，也一直影响着不同地域的人类生活。这也正是中国各地域文化特质形成的时代。于公元前221年前的先秦时代所形成的荆楚文化，与齐鲁文化、燕赵文化、秦晋文化相比，更富有一种想象、思辨、浪漫的气度，它突出表现的是人的内在主体自觉与强盛的生命力，是卓尔不群、大气磅礴的独特精神。楚人奉行一种于主流之外，标新立异、大胆怀疑、敢说敢当的哲学品格。从屈原《天问》一连提出170多个问题，对社会、人生、历史、宇宙自然提出全面的追问；到唐代禅宗兴起于黄梅；至明代心学的兴盛，如陆九渊主政讲学于荆门，李贽思考著述于黄安、麻城，三袁兄弟倡言性灵于公安。楚地文化往往于主流思想之外，自创新说，对于中国哲学在不同时期的创新起过重要的推动作用，其间蕴含了一种独立创造的精神，一种敢说敢当的风骨，一种敢为天下先的气度。对此，刘师培、熊十力、钱基博等许多学界前辈已有很精辟的论述。如果说两千多年前，北方的孔夫子把实践理性引导贯彻到日常现实生活、伦常情感和政治观念之中，从而形成了“礼乐”文化，那么，受南方水乡泽国、丛林山峦自然氤氲之气而自然物产丰饶的地理环境与巫觋文化的影响，楚人形成了“剽轻”的风俗习性，“宏识孤怀”“一意孤行”的思维方式，以及“劲质而多怼，峭急而多露”的性格情感。荆楚文化的特质应该是与艺术文化紧密联系在一起的，所以，张啸虎先生在《楚风补校注》的“前言”中曾明确指出：“在我国古代文化发展最繁荣的春秋战国时期，各主要地区，各放异彩。如齐鲁之国为经学，晋是史学发祥地，而楚则是文学艺术，……这种传统可谓历久不衰。”荆楚文化产生、发展的历程，正好验证了雅斯贝尔斯的观点：

> 人类一直靠轴心时期所产生的思考和创造的一切而生存，每一次新的飞跃都回顾这一时期，并被它重燃火焰……轴心期潜力的苏醒和对轴心期潜力的回归，或者说复兴，总是提供了精神的动力。

在轴心时代产生的中国各地域文化对后世的影响也呈现出相同的特点。

卢　川：我已经关注到现在不再有人以上述五种精神作为荆楚文化的特质了，虽然就荆楚文化的特质学界还不能形成统一的看法，但您的观点与依据至少给我们提供了新的思考，包括对思维方式的思考。如果把某一领域的微观研究与“穷天人之际，通古今之变”的宏观视野、现代意识结合起来，“成一家之言”的“言”就是荆楚文化研究所要努力的一个方向。

孟修祥：“求解”既需要在文化的某一层面或某一领域进行精细研究工作，更需要司马迁“穷天人之际，通古今之变”的史家精神。如果不把对荆楚文化的研究放在历史文化演进过程中进行全方位考察，“一家之言”就会囿于很小的学术范围之内。许多专家习惯于在自己熟悉的领地精耕细作，显现出难能够可贵的执着探索精神，然而，仅此不够。从古到今在荆楚地区发生的所有文化现象并不是静态的，荆楚文化既经历了一个活生生的从器物、制度、行为、观念变异的过程，也经历了一个曲折而又积极向前发展的历史过程。这一过程既源于其内部的发展基因，也深受社会与各类外来文化的影响，所以，生长生活于斯的每个人都能通过自己的人生经历，深刻地体验到对荆楚文化认识的多重声音。在历史演变过程中，荆楚文化的传承、发展、变异，受制于自然环境与各种社会因素，自然呈现出历时与共时的延续性与变异性。古代的荆楚文化与周边的巴蜀、吴越、秦晋、中原、齐鲁等地的文化既互相渗透、吸收，异同互见，又仍然呈现出各自特有的文化风貌。秦汉大一统格局形成，各地域文化的传承、融合与发展、变异现象为一些学术大家高度重视，如冯天瑜先生在其《中华文化史》的“结语”中指出：

> 文化并非诸成分的机械拼接，而是各要素有机组合的生命体，是不断进行物质交换、能量转换、信息传递的动态开放系统。文化除有共时态的综合特征外，还有历时态的积淀特征，兼具延续性和变异性双重品格。

准确把握文化的历时与共时的延续性与变异性，的确需要有“穷天人之际，通古今之变”的宏观视野。以唐代黄梅禅宗的产生为例，就这一具体的宗教现象而论，黄梅禅宗的产生固然与当时贵族僧侣奔竞利禄、生活腐化，渐渐丧失在民众中的“牧师”形象有关，更与当时佛教宗派林立、体系庞大、理论烦琐，从而丧失了作为人们精神安慰的吸引力有关。而禅宗以革新的面目，把老庄哲学以及玄学思想融入佛教，又将儒学思想体系渗入其中，从而赢得了当时以及后世人们的普遍赞同与接受。唐宋时代，禅宗风靡士林。拒绝偶像崇拜，以生命的直觉体验，追求内心的适意生活，成了文人士大夫最为显明的人生方式表现形态。明代市民思潮兴起，禅宗又成了当时离经叛道的异端思想与放任纵欲的非道德主义生活方式的一股推力，同时也助推了“独抒性灵，不拘格套”公安派文学的产生。直至当代，禅宗对中华民族的心理、性格、思维方式与思想观念的影响也仍然存在。如果没有“通古今之变”的宏观视野，就很难解释清楚发生在荆楚大地上而深远影响后世的禅宗这一文化现象。就荆楚文化整体现象而言，在当代多元繁杂的文化语境中，既需要在某一领地独领风骚的专家，更需要将研究视野放在更为深广的领域，以独立不倚的思想与独特的视角，敢于突破老生常谈的观念与范式，以自己独特的语言揭示文化真相的大家，这是时代对研究者提出的必然要求。

卢　川：在人文学者之间的多元文化交流变得日益频繁的信息时代，一种对话的生态文化语境业已形成，那么，研究文化的专家学者必须具有现代意识与宏观视野，因为他们承担着我们这个时代文化求解的任务，同时承担着我们这个时代文化构建的责任，或者说求解和构建是文化研究者全部工作不可分割的两个方面。因为文化从它产生之日起，就存在于人类在懂得利用环境提供的条件上所进行的有组织的开发之中，随着新时代的快速发展，人们在期盼中华民族文化复兴的同时，作为我国地域文化之一的荆楚文化的求解与构建的重要性，已经日益凸显并介入社会文化之中，彰显着它的独特性和重要性。

孟修祥：我非常赞同你的看法，在多元文化交流变得日益频繁的信息时代，对任何一种文化形态的求解与构建两个方面都是相互联动而不可绝然分开的，即或是最具有“还原”意义的考古工作，也需要将挖掘出来的文物陈列于各式各样的博物馆内，以博取现代人的观赏与认知，将精美的文物展示于声光电等科技元素组合的氛围中，以获取效果最好、印象最深的观赏效应。而最具有二十一世纪现代艺术情结的艺术家们，在饱受了西方现代艺术的浸染之后，也开始撷取传统文化的积极内核与合理元素进行融合重组，在艺术上表现出了积极有为的探索精神。近些年来，湖北省十分活跃的荆楚画派的形成，就是充分吸纳荆楚绘画与相关艺术元素以及现代形式的综合表现的结果。我们从历届荆楚画派的画展中不难看出，艺术家们依托荆楚文脉，把荆楚艺术的浪漫、抽象、奇幻的造型与富艳繁丽的色彩，变形、夸张、似乎自由无序而又无不合目的的组合，对生命力的张扬与对运动美的追求等，融进极富时代感的现代艺术创作之中。无论人们怎么评价它已有的艺术成就，荆楚画派所做的接受、传承与探索，正体现出文化求解与构建的价值与意义。从表面上看，地域性文化拒绝现代社会里的许多文化思潮是不可能的，尤其是那些所谓的“强势”文化，似乎在以间接的、潜移默化的形式挤压着地域文化的生存空间，消解着其活力。但事实上，许多热衷于传统文化的人在实际生活中研究如何构建现代化的命题时，既没有完全拒绝，也没有完全接受，而是在做尽可能合理的选择。无论在近现代史上人们对中西文化有着多么大的争议与分歧，而当代绝大部分学者都认识到，要实现对现实的改造必须利用好的文化传统，于是，重新研究与构建中国的地域文化成为客观现实与主观心理上的自然需求。这些年来，繁荣于当代文坛的“地域文化小说”也同样能说明这一点。“地域文化小说”在重新认识和阐释地域文化资源的同时，发掘其积极的文化内核，感悟传统文化遗风，寻找激发生命能量的源泉，同时包括对民族文化心理的深层结构的深入挖掘，对现实丑陋的文化因素的直面与批判。樊星教授在他的《当代文学与地域文化》的“序言”中说：

——当现代化大潮正在冲刷着传统文化记忆时，文学却捍卫着记忆的尊严。

——当种种脱离实际的空论在迷惑着人们时，文学却显示了理性的力量。

——从此，在谈论“中国文化”、“中国民族性”、“中国文学的民族特色”这些话题时，我们便不会再迷失在空论的云雾中——因为绚丽多彩的地域文化给了我们无比丰富的启迪。

卢　川：您从荆楚画派的形成到“地域文化小说”的繁荣来谈文化的“构建”，的确具有代表性。尤其是就荆楚地域文化小说的创作而言，从30年代的沈从文湘西小说对荆楚文化的精神体认与审美趋同，到80年代韩少功“寻根文学”中对“楚辞中那种神秘、奇丽、狂欢、孤愤境界”的向往，荆楚文化本身就张扬着楚人执着、坚韧、奋进的个性，从而让文学释放出荆楚之魂灼人的文化能量与艺术魅力。但是，对荆楚文化的构建并不只是在绘画与文学等艺术领域，也应体现在其他方面，比如建筑。但我们今天就很难见到具有荆楚文化风格的建筑，这是否也说明构建当代荆楚文化的不平衡性呢？

孟修祥：的确如此。文化的构成与发展不平衡也历来如此。事实上，由于政治格局、地理环境、经济发展、交通状况、文化基础等各种因素的不同，在历史演变过程中，荆楚不同地区的文化发展也不平衡，差异现象也很明显。历史上最具有荆楚文化风格的建筑应该是干栏式建筑，这与荆楚之地的自然环境有着密切关系。自古以来，荆楚处水乡泽国，具有潮湿多雨、夏热冬冷等生态特点，因此，建造具有典型生态适应性特征的干栏式建筑，成为古代荆楚之地的一种普遍的建筑形式，直到唐宋时代，也仍然保存着它特有的建筑风格。但今天，除鄂西南与湘西的山区还有一些存留外，其他地方则很少见到了。与之相对的是粉墙黛瓦的徽派建筑，却至今彰显着徽州文化的特性。徽州文化发源于宋代，繁荣于明清，被誉为中国封建社会后期商人文化的典型标本，是徽商以其雄厚的财力而建立起的为自己的经济利益服务并体现其自身价值观和审美观的商人文化。徽商群体熔铸理学并杂糅宗族文化与通俗文化，包括习俗、艺术乃至饮食、建筑等等。其所表现出的封建伦理性、社会生活的实用性等方面的特点，把中国早期启蒙思想推到新的高度并汇入资产阶级启蒙思潮的历史洪流。虽然先天缺乏独立的品格，但它具有显明的商人文化特质，而见到以宏村、西递、婺源为代表的古村落那种典型的徽派建筑群，就会使我们联想到徽商，仿佛使我们能一下子感受到徽州文化的特质。

面对当今城乡林立的钢筋水泥组成的混合物，人们不无感慨，许多有识之士呼唤具有荆楚文化风格的建筑艺术。但情感不能改变现状，真正的改变需要进一步挖掘荆楚文化的内涵，探寻荆楚文化在现代建筑设计中的运用与推广的价值。如何将当代建筑注入文化基因与文化记忆，将建筑技术、功能空间、自然环境、生活习俗与历史文脉巧妙地结合为一体，仍然是值得深入研究的课题。

卢　川：当代一些建筑设计师对构建荆楚文化风格的建筑的确作了一些探索，但即或是被设计者认为具有荆楚风格、自我感觉良好的代表性作品，也并非尽如人意。当下新农村建设，文化小镇与相关文化旅游景点的打造等这些时代文化的兴奋点，都需要建筑以荆楚风格的具体符号凸显出来，这无疑是对热衷于荆楚建筑风格的研究者、设计师们提出的一种严峻挑战。您以绘画、小说、建筑等方面的一些现象为例，谈到了如何构建现代荆楚文化以及文化发展不平衡的问题，有着很强的现实感与针对性。我还想就文化的另外一些层面上的话题听听您的看法，比如说人生礼俗、年节习俗等民俗方面。

孟修祥：我对荆楚年节习俗一直葆有浓厚的兴趣，因为它是荆楚文化的重要组成部分，蕴含人们对神圣的敬畏之心、对和谐的崇尚之意、对亲人的眷恋之情、对乐感的追求之需等丰厚的文化内涵，关联着人们的人生记忆与社会阅历。受兴趣的驱使，我也曾写过一些相关文章，以表达我个人的一些看法。

在“文明的冲突”中争取中华民族“文化复兴”的大背景下，作为学者们的不倦努力与相关的文化权力层面上反复运作的成果，春节、清明、端午、中秋成为法定节日，这是以法律的形式满足人民群众的心理需求与社会文化需求的一种强力举措。以其中最具有荆楚文化因子的端午节为例，年节习俗中所具有的时间、意义与仪式三要素中，端午节是中国节日中要素最为完整典型的。区别于韩国江陵的端午祭对“山神”的祭祀，中国的端午节纪念的是一个自古至今令知道他的人都为之崇敬的文化伟人。端午节在历史演变过程中，有自己独特的演变轨迹。从远古时代原始初民对龙的图腾崇拜，到对人体疾病的预防，再到春秋战国直至汉代对历史人物的文化精神的推崇，最后逐渐淘汰掉越王勾践、伍子胥、介子推、曹娥等纪念对象，至初唐时代让屈原独占鳌头。这一演变是因为屈原承载了中华民族的政治理性、道德精神和诗性智慧等最为宝贵的精神品格。后来由于宋元时期最高统治者对屈原的推崇，使节日的内容得到进一步加强与充实，成为举国上下共享的重大节日。其中非常重要的一点，就是对祭祀仪式的重视，从明末杨嗣昌的《武陵竞渡略》的记载来看，当时的端午节就有了一组完整的仪式过程。插菖蒲、挂艾蒿、吃粽子、划龙船时聘巫亮船、船人顶佩厌胜之物等就是其中的重要内容。在历史嬗变中这些仪式的宗教性并没有得到加强，反而越来越淡化，最终变成社会性的世俗活动。这与中国文化中缺乏严格意义上的宗教不无关系，社会世俗性取代宗教的神圣性也就成为历史发展的必然结果，而屈原的文化精神所具有的最广泛的社会性却始终为仪式提供强有力的背景支撑，因此，如何让传统节日具有文化意义，就给我们留下了很大的思考空间。

当西方的洋节在中国肆意流行，而许多国人悲叹中国的传统节日逐渐被淡化的时候，春节、清明、端午、中秋四大传统节日被定为法定节日，并得到各种媒体的广泛宣传与民众的广泛认同。然而，四大传统节日成为法定节日本是无可非议的事情，却被一些人认为是对西方洋节在中国肆意流行的抗争与反击，这使我自然联想到荆州马山出土丝绸上的“龙凤斗”图案，这是否也可以视为中西文化冲突之一斑呢？在这种情况下，一味责怪当代人对中国传统文化的遗忘和忽视，显然过于简单粗暴。如何让产生于农业社会的端午节等传统节日，在现代社会背景下，适应于人们生活与心理的需求，仍然需要继续探索。虽然在尊重传统节日活动规律的前提下，许多地区已寻找到一些适宜于现代生活的合理要素，不同的地方已形成不同的文化色彩，但仅从法定的几个节日的形式到内容来看，还不能说已臻完善。无论是在当下还是在将来，当人们不再把“繁荣经济”当作目的，不再以“文化搭台”而将“文化”视为经济的垫脚石之时，或许就是包括端午节在内的我们的许多民族传统节日按照它自身的发展规律，还归其本应有的适宜于现代文化背景的生命形态之日。以纪念屈原为主要内容的端午节等传统节日将来会遭遇怎样的命运，紧密关联着当下的文化境遇，政府与民间、行政领导与学者们的合作以及相关人士的参与所做出的种种努力是否合规律、合目的地进行，直接关系到包括端午节在内的传统节日的未来历史走向。

卢　川：您所列举的几个方面都是围绕着荆楚文化的“现代性”构建来谈的，这是一个涉及器物文化、制度文化、行为文化，到观念文化诸层面的系统工程，它有赖于我们对这一地区几千年来历史文化的认知、诠释程度。即如何在当文化语境中使荆楚文化获得相应的提升和发展，需要我们对其地域性、复杂性以及在历史演进过程中受各种文化影响的传承与变异性的正确读解，这是构建现代荆楚文化的基础。在此基础之上，才能构建并确立现代荆楚文化在中国乃至世界上自己的文化位置，彰显自己最为鲜明最具个性的文化特征。

孟修祥：历史文化就像一座古老的建筑物，高明的改造者，会合理地借助于它的许多元素，包括对它的外部形象的保护性装饰与内部的各种设施进行合理的改造翻新。伴随着我国社会进入现代转型期，关于包括区域文化在内的传统文化的现代化、全球化问题是一个会持续时间很长的热门话题，这一话题的实质是传统文化各个层面与现代化、全球化之间的关系问题。目前，亟需文化体制的转化来作为各区域文化现代化的重要条件和制度保障。否则，在构建现代区域文化这一复杂工程中，将会增加更大的艰难与曲折。所有生活于这块土地上的人们都与荆楚文化有着不同程度的联系，而处在市场经济背景下，人们的动机并非完全一致。已经出现过的有些现象，如撷取荆楚历史中最具有经典性的文化成果使之成为一种自我陶醉的“文化资本”，或为了将“文化资本”转化为获取名利、权力的资本而扭曲甚至破坏文化的价值，消解甚至颠覆文化的意义，这是需要引起我们高度警觉的。因此，在对古今中外文化的批判、继承、兼收并蓄的创新过程中，首先需要建立新的文化体制，以促进新的荆楚文化生成机制转换的过程；其次才是在文化各层面上合规律合目的的渐进式的构建。虽然对荆楚文化的求解与构建任重道远，但我对它的前景仍然保持乐观的态度，荆楚文化研究应该向世人展示其最持久的意义和永恒的魅力。今天，虽然我们谈论的是一个关涉区域性文化却远超出区域文化范围的古老而常新又无可言尽的话题，那么，我们就暂时说到这里吧！

卢　川：好的。谢谢孟老师，祝您身体健康！

孟修祥：谢谢你的采访！并代我向《文化发展论丛》的编辑致谢。

The Deconstruction and Construction of Jingchu Culture

——An Interview with Mr. Meng Xiuxiang

Meng Xiuxiang, Lu Chuan

Abstract: Jingchu Culture is profound and runs a long history. Jingchu Cultural study is not only among the most popular academic topics currently, but also a topic valuable and explorable forever. The value and significance of scholars doing studies on Jingchu culture can lie in the deconstruction and construction for Jingchu culture. Jingchu culture exists and prospers in both our daily practices and ideological fields. In this way, doing studies on Jingchu culture is an historically inevitable trend, and is necessary for current and future life, and can meet the need of cultural psychology. The deconstruction and construction of Jingchu culture is a detailed study on certained levels or areas of culture, which needs the historical spirit of Sima Qian as "deeply studying nature and human beings, knowing the changes of past and current", and the scholars' modern conciousness. Because Jingchu culture is a process changing on different aspects including implements, systems, actions, and opinions, as well as a historical process both circuitous and forward, it has continuity and variability both diachronically and synchronically. In this information age in which diversified cultural communication among scholars becomes more and more frequent, and also in which the culture is modernized in many ways, the deconstruction and construction of Jingchu culture which is one of the most important territorial culture, is daily participating in modern social culture and manifesting its uniqueness and importance. In this process of innovation, including criticizing, inheriting and incorporating cultural elements from the past to this days, the deconstruction and construction of Jingchu culture still has a long way to go.

Keywords: Jingchu Culture; Deconstruction; Construction; Modern

Transition; Modern Conciousness

About the Author: Meng Xiuxiang (1956 –), Professor of Yangtze University. Research interests and specialties: pre – modern Chinese history and Jingchu cultural study. Magnum opuses: *The Influences of the Songs of Chu*, *Pre – modern Chinese Literature and Culture*, *Study on The Songs of Chu*, *The Cultural History of Hubei in Sui Tang and the Five Dynasties*, etc. Email: mengxiuxiang@163. com.

Lu Chuan (1981 –), Lecturer of Yangtze University, Ph. D. Candidate at Wuhan University of Technology. Research interests and specialties: Chu history and Chu cultural study. Email: luc_1981@ qq. com.

基于地域文化视角的地方美术馆定位问题

——以武汉美术馆为例

刘春阳　江艾婧*

【摘　要】 美术馆特别是地方美术馆作为一个公共文化空间，其建设发展与地域文化之间有着密切的关联。本文以武汉美术馆为例，根据其历年的展览活动数据，立足于“自主性”“知识性”和“公共性”这三个维度，从美术馆的职能出发，试图探究美术馆的建设发展和“地域文化”之间的关系，并重点分析地方美术馆选择地域性作为其文化定位的原因之所在。

【关键词】 地域文化　武汉美术馆　自主性　知识性　公共性

美术馆作为一个公共文化空间，已经引起了越来越多研究者的注意，他们从美术馆的功能、职责、定位等方面，都对其做了较为深入的探讨。[①]

---

* 刘春阳（1981～），博士，武汉大学文学院副教授，研究方向为美学原理、艺术社会学等，著有《审美与救赎：奥古斯丁的美学思想研究》等，电子邮箱：lcybjdx@ hotmail. com。
江艾婧（1993～），武汉大学文学院文艺学专业 2016 级硕士研究生，电子邮箱：623858418 @ qq. com。

① 比较有代表性的成果如下。诸静静，2015，《中国美术馆陈列与展览研究》，《大舞台》第 11 期；王璜生，2003，《艺术模式与美术馆机制——王璜生访谈录》，《美术学报》第 1 期；王璜生，2008，《自觉自主，十年一剑——10 年馆庆谈广东美术馆的运作理念和经验》，《美术》第 3 期；张子康，2015，《从创作到艺术史——论美术馆的知识生产》，（转下页注）

然而，将美术馆作为一种地方性的知识生产空间与“地域文化”联系起来的研究，还比较少见。

以2008年建成的武汉美术馆为例，它作为一所地方性公益美术馆，自开馆起就非常关注其与地域文化之间的关系。这从其所关注的问题就可以得到印证，比如美术馆运营团队所提出的“如何记录城市发展”“如何反映城市与艺术的关系”“如何让更多的人通过艺术来了解这个城市”等，都是其中较为具有代表性的问题。基于这样的问题意识，武汉美术馆在发展的过程中逐渐树立起了“艺术，美丽一座城市”的办馆理念，并通过展览、收藏、学术研究、公共教育等美术馆职能的履行，清晰地呈现出了其立足地方性和本土化，致力于记录、呈现武汉独具魅力的城市文化的“地域性”定位。然而，对于武汉美术馆的定位及其问题意识的研究，尚未得到充分展开。

展览是美术馆的五大职能之一，同时也是美术馆的主业，它反映着美术馆的价值取向，是美术馆文化定位的外在表征。武汉美术馆历年的展览数据便反映出了其以“地域文化”梳理作为主要发展方向的趋势。

从图1可以看出，在2009年到2017年这9年间，武汉美术馆的展览基本维持在每年30场左右的频次，而每年地域文化展的数量则达到甚至超过该年份展览总数的一半。虽然从发展趋势来看，地域文化梳理展相较于展览总数所占比重随年份变化不大，但偶有上升趋势。这些数据清晰地说明，地域文化展作为展览的主线，架构起了武汉美术馆展览的基本框架，同时指引着美术馆的发展方向。

(接上页注①)《美术观察》第5期；王静、王宏州，2013，《美术馆，知识产出与互动的试验场》，《东方艺术》第1期；马锋辉，2014，《美术馆展览的文化坐标及其实践——以浙江美术馆为例》，博士学位论文，中国美术学院；张颉，2006，《当代艺术展览的公共性研究—以深圳何香凝美术馆的“当代雕塑艺术展”为例》，硕士学位论文，中央美术学院；张苗苗，2014，《美术馆展览：在美术史叙事与当代文化建构之间》，博士学位论文，中国艺术研究院；王少杰，2014，《美术馆与区域文化关系研究——以广东美术馆为案例》，硕士学位论文，中央美术学院；赵轶，2010，《中国民营当代美术馆策展机制分析——以北京今日美术馆为例》，硕士学位论文，中央民族大学；朱琰，2012，《美术馆竞争力研究》，博士学位论文，南京艺术学院；唐斌，2011，《美术馆与知识生产》，湖南美术出版社；等。

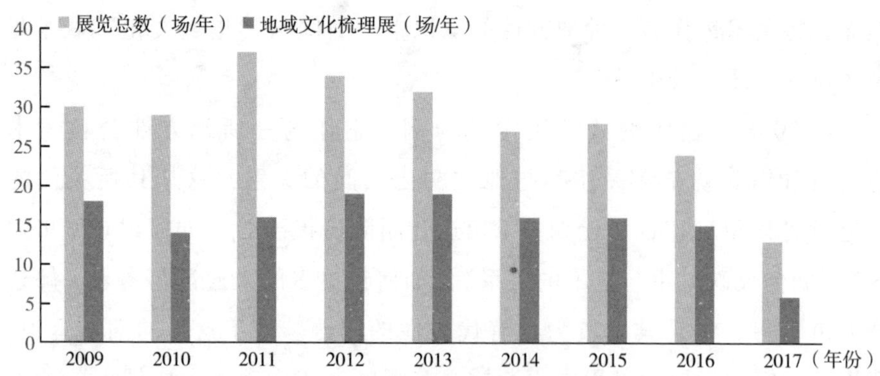

图1　2009～2017年展览概况

资料来源：《武汉美术馆年鉴》（2008～2013）、武汉美术馆官网（http：//www. wuhanam. com/）以及武汉美术馆微信公众平台。

注：这些数据不包括2008年的4场开馆展览。

那么，武汉美术馆为何会将“地域性”作为其文化定位？为了更好地理解“美术馆”与“地域文化”之间的关系，我们对武汉美术馆历年的地域文化梳理展进行了大致分类，具体分类见表1。

表1　地域文化梳理展览类型

学术品牌展	江汉繁星计划 水墨文章——当代水墨研究系列展 墨攻——首届武汉水墨双年展
地域文化品牌展	武汉印象 意绘——武汉八人美术作品展 书画武汉22人联展 武汉美术作品年展 “楚天墨妙”——武汉市人民政府参事室馆员中国画展 书写大武汉 怀城——樊枫作品巡回展
个人展（湖北籍/曾在湖北生活工作过/对湖北艺术发展产生影响的个体） 群体展（湖北籍/曾在湖北生活工作过/对湖北艺术发展产生影响的个体） 纪念展/特展/巡回展/邀请展/提名展/双年展 文献陈列展、学术研究展（与地域文化相关） 馆藏作品展（与地域文化相关） 国际交流展（与地域文化相关）	

由表1，图2可见，武汉美术馆的地域文化梳理展作为展览主线，主要由学术品牌展、地域文化品牌展、个展、群展等构成。不同于其他处于初创期的美术馆，武汉美术馆自建馆初期便形成了“立足本土，着眼未来；学术领先，品牌为上”的展览理念（洪镁，2016），主动走出“借展”的樊篱，树立起了自主策划的品牌意识，形成了一定的展览“自主性”。除此之外，根据图2也可以看出，地域文化梳理展不仅将展现地域文化作为主要目的，它与提名展、纪念展、国际交流展、学术研究展、公共教育推广活动等形成了交叉展览，将展现地域文化的主要任务与推介本土优秀青年艺术家、纪念重要历史事件、增强国际影响、书写当代美术史、推广公共教育和学术研究等目的有机地结合在一起，使展览在“地域性”的基础上，同时维持着美术馆作为公共服务机构和知识生产机构的“公共性”和“知识性”特征。

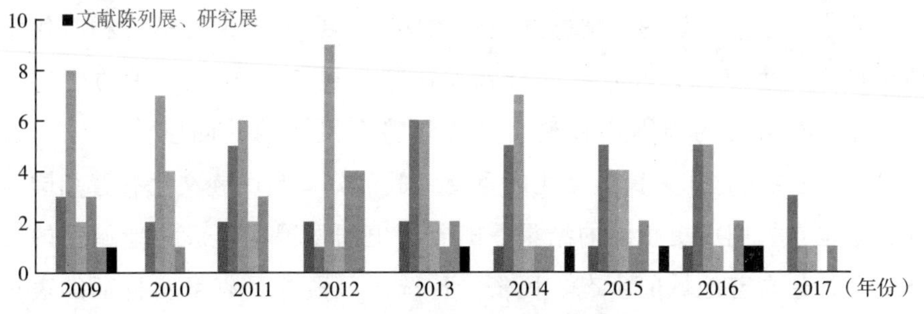

图2 地域文化展览分类明细

资料来源：《武汉美术馆年鉴》（2008～2013）、武汉美术馆官网（http：//www. wuhanam. com/）以及武汉美术馆微信公众平台。

鉴于此，我们立足于美术馆的职能，以美术馆的“自主性”、“公共性”和“知识性”作为切入点，通过分析美术馆与地域文化之间的关系，对武汉美术馆选择“地域性”作为其文化定位的现象做出解读。

一 美术馆的“公共性”与“地域文化”

美术馆作为公益性文化事业机构，是公共文化服务体系中的重要一环。随着全国美术馆陆续实行“免费开放”，美术馆已从一个传统意义上以“物”为本，以“展览”为目的的机构过渡为一个以“人”为本，“从公众的期待和需求出发，积极引导不同观众进行自我塑造、自我教育与自我完善”（王璜生，2011：65）的机构，具有很强的“公共性”。但美术馆“公共性”的实质并非是指公众获得了免费进入美术馆的通行证，更为重要的是，“美术馆所呈现的文化的特质，包括知识的公共性、公众的参与性、情感的共构性、思想的多元性等”（王璜生，2011：1～2），是“作为文化主体的公众走进美术馆之后对美术馆文化的诉求和表达”（王璜生，2011：1～2）愿望的达成。因此，美术馆“公共性”的实现有赖于展览内容与公众之间产生的情感共鸣，公众只有借由展览满足其情感的需求和表达，才愿意走进美术馆。

艺术史家丹纳认为，情感共鸣性的实现源自艺术家对民族和时代集体记忆的表达，一个艺术家“只有表达整个民族和整个时代的生存方式，才能在自己的周围招致整个时代和整个民族的共同感情”（齐立，1981）。地域文化作为民族文化的重要组成部分，与民族文化有着相同属性，它也是长期历史积淀的结果，随着历史的发展构筑成为地域性的集体记忆，包含着地域的生态、民俗、传统、习惯等具有鲜明特征的表现形态。由丹纳的观点可以推知，地域文化作为某一区域内共同的文化背景，能将孤立的个体联结在一起，构建起个体元语言背景中最基础的部分，使得相互独立的个体在打开地域文化大门的同时，获得情感上的相通性和由共同记忆联结的亲切感。因此，美术馆积极地推行地域文化梳理展，实质上就是利用自身权力的运作为该地域的个体或群体构建或追溯一份集体记忆，促使个体在参与展览的过程中产生情感共鸣，找到情感诉求的通道，从而在潜移默化中有效地建构起个体的地域身份认同，使个体对地域文化或者所处的地域产生情感上的认同与归属。这正是美术馆作为一种公益性文化事业机构，对履行其服务公众的职能，实现其“公共性”的期待。

就武汉美术馆来说，馆长樊枫曾经在接受雅昌艺术网的采访时着重强调：武汉美术馆作为地域性美术馆，其使命就在于梳理所在城市的地域文化，寻找城市的文化记忆。他认为脱离地域文化而存在的美术馆相对于所在城市而言是没有价值的，“围绕着一个城市做文章，在展览和收藏方面都注重本地艺术的梳理，关注本地艺术家；……一个城市美术馆不可能去做像中国美术馆所做的事情，而最重要的应该是把身边的事情做好”（洪镁，2016）。在樊枫看来，武汉这座城市经历了太多的历史，辛亥革命、武汉保卫战、抗日战争等丰厚的历史记忆，为生活在这座城市的公众打上了共同的文化烙印。但是在文化和艺术上发生过的事件却逐渐消失了，一个城市美术馆的作用在这方面有着非常深远的意义，它能够将城市的历史或文化特色通过艺术媒介呈现给公众。例如，武汉美术馆在2014年就推出“为工农兵服务——武汉美术馆藏麻建雄捐赠武汉老橱窗照片展”，此次展览系统呈现了麻建雄收集和拍摄的300余幅橱窗照片，这些照片记录了20世纪50～80年代武汉橱窗的样貌，展现了自新中国成立初期到改革开放后武汉商业的发展变化，是武汉时代演进过程中的生动记忆。“缝缝补补手艺好，勤俭安排生活好”“为革命节约用电”……这些在20世纪50～80年代耳熟能详的标语同武汉牌手表、大桥牌缝纫机等一起构成了这一代武汉人独特的城市记忆。而这次展览一经亮相便引起了公众的积极参与和社会讨论，最终被文化部评为“2014全国美术馆馆藏精品季”的入选项目。图3、图4为展出的部分照片。

总体而言，美术馆的艺术展览与地域文化共同构成了一个符号系统，艺术展览作为能指，指向其背后由一系列文献汇合而成的地域文化观念。艺术展览作为一种美学符号，它与地域文化观念之间的关系，用罗伯特·戈德华特的话来讲，“它们是原始的文献，不是已经获得运用的观念的显现，而是正在一个由许多其他（同样原始的）文献所汇合的集成之中寻求一个重要地位的观念本身”（格尔茨，2014：116）。因此，艺术展览对公众的吸引力，并非指向展览的具体内容，而是指向由展览表

图3 麻建雄《历史车轮不容倒退》1976年3月
10.8cm×5cm 明胶银盐照片武汉美术馆藏

图4 佚名《海棠牌收音机》1950年代~1960年代
11cm×6.5cm 明胶银盐照片武汉美术馆藏

征的地域文化观念本身。即，由一系列在历史中积累沉淀的原始地域文献构筑起的地域文化观念以及由这种地域文化观念创生出的个体归属感和文化认同感。

二 美术馆的“知识性”与“地域文化”

美术馆的“知识性”是指美术馆以“知识生产”为出发点，借由收藏、展览、公共教育等职能的履行，有目的性地开展“知识制造、传播、交流、保护、再生产的一系列工作，形成有效的知识生产机制”（王璜生，2011：12）。“知识生产”是美术馆的核心动力，它构成了美术馆的整个运作系统，正如王璜生所说："美术馆应该以'知识'的生产为出发点，而成为美术馆的意义所在。"（王璜生，2011：12）知识生产作为美术馆实践其学术定位的途径，与美术馆未来的可持续发展联系紧密。

纵观美术馆的发展历史，从最初的陈列展览到现代以独立策展人引导的展览机制，都是围绕"知识生产"这一目标展开的，在某种意义上也是对美术馆知识生产体系的建构和发展。近年来，随着美术馆职能向"公共服务"的倾斜，建立以公众为核心的知识生产体系，满足公众的文化需求和审美需要成为现代美术馆的必由之路。美术馆作为地域性的文化机构，在文化全球化以及满足公众文化需求和情感需求的背景下，其知识生产也呈现出本土化的趋势。作为地方具有特殊性的文化载体和文化形象，美术馆通过知识生产的方式参与到了地域文化的建构之中。

武汉美术馆则主要通过展览来表现其建构地域文化的知识生产能力。展览作为美术馆与公众进行交流对话的主要空间，肩负着知识生产和知识传播的重任。在现代性的背景下，展览不再是简单的知识梳理的僵化生产模式——对知识资源的平面化呈现。随着策展机制的转变，美术馆经由展览进行的知识生产，具有了明显的主题倾向性和公众引导性。武汉美术馆利用自身合法权威的艺术界地位，通过筛选机制——展览主题的选择、展览对象的选择、展览空间的设计等，有目的性地进行知识生产。按照乔治·迪基的"授予说"理论，一件艺术品一旦通过筛选进入展览，就意味着艺术品被美术馆授予了合法性地位，并获得了进入地域文化建构中的资格。比如武汉美术馆为扶持年轻的本土艺术家，在2011年推出"江汉繁星计划"学术研究品牌展，该计划作为美术馆一项延续性的活动，至今已举办六届，使大批优秀的湖北青年艺术家得到艺术界的关注，也使他们的作品有机会参与到地域美术史的建构中。图5为第三届"江汉繁星计划"海报，图6为第四届"江汉繁星计划"海报。

图 5 第三届“江汉繁星计划”海报（2013）

图 6 第四届“江汉繁星计划”海报（2014）

事实上，“江汉繁星计划”就是美术馆利用其知识生产的筛选机制对是否有资格参与地域文化建构的艺术家进行的筛选。从理论上而言，美术馆的筛选机制是对原有的知识资源进行重新配置、组合。资源的重组是后现代语境下进行知识创新的重要方式，也是美术馆对原有知识资源的重新解读和阐释，（唐斌，2011：47）它打破了展览观众对知识本身的认知模式和思维模式。通过筛选，美术馆得以建立起自己的价值体系和学术定位，从而确保了生产知识的有效性，这种知识生产不是生产一般性的知识，而是对原有知识的升华。通过这种重组资源，美术馆的知识生产就“有可能是对藏品研究成果的发现，有可能是对艺术发展现状的回应和挑战，更重要的是基于展览主题的知识再造”（陈履生，2015）。

对美术馆而言，知识生产的关键不在于证明已有知识的价值，而是通过知识生产发现新价值，传播新价值，扩大美术馆的影响力。地域文化作为处于“进行时”状态的文化形态，与其相应的地域文化史或艺术史自然也处在不断地更新中。对当代的关注，意味着对新知识的挖掘和传播，因此武汉美术馆在进行知识生产时，更倾向于关注当代艺术，建构当代的地域艺术史。美术馆于2011年推出的“水墨文章——当代水墨研究系列展”，也是将本土艺术史的书写从古代转向现当代，关注湖北水墨画在当代的发展变化的一次重要尝试。

综合展览的数据可以发现，武汉美术馆在关注本地青年艺术家成长的同时，也关注当代艺术史，关注充满时代精神的本土艺术，它以多向度的知识生产方式参与到了地域文化的建构之中。

三　美术馆的“自主性”与“地域文化”

所谓美术馆的“自主性”，是指美术馆能够摆脱外在话语权的制约，充分掌握了美术馆运营的权力，有能力选择自己履行职能的方式，坚持自己的办馆理念。在展览上主要体现为自由自主的策展能力。武汉美术馆“地域性”的展览定位正是文化全球化背景下积极争取美术馆“自主性”地位的结果，也是当前“美术馆时代”下，通过个性化和独特化的文化呈现来增强自身竞争力的最优选择。

首先，从中国美术馆的发展史来看，其建立和发展的时代背景都是西方现代文化全球化扩张的结果。早期文化全球化的内涵是文化的同质化或趋同化，它象征着霸权国家对弱势国家的文化入侵。体现在美术馆上就是对霸权国家的文化认同和由此引发的频繁借展。但在今天的许多学者看来，文化全球化作为一把双刃剑，是“一种同质化与异质化并举的过程和现象”（唐斌，2011：22），它更多地导致人类社会对独特性和差异性的关注，而非完全走向文化趋同化的“绝路”。因此在文化全球化的背景下，落后于西方美术馆100年左右的中国美术馆，必然更加关注具有独特性的民族文化，这是本土化的美术馆作为一种弱势文化的代表与强势文化争夺话语权，并与其抗衡的体现。因此，展览的本土性，也是实现美术馆自主性的必然选择。而对于中国这样一个多民族国家而言，地域文化作为民族文化的重要组成部分，也就成为地方美术馆在建立和发展中迫切需要表现的主题之一。

不过，处于全球化背景下的地域性美术馆，由于“同质性”和“异质性”并举的趋向，使得美术馆不仅通过自身独特的地域文化彰显其个性和自主性，同时也关注与之相异的地域文化对本土文化的观察和影响。武汉美术馆馆长樊枫曾提到，对地域文化的呈现应该是“互动性”的，既要通过本土艺术家由内向外展现地域文化，同时也要通过异域的艺术家由外向内去呈现地域文化，这样对某一地域文化的呈现才是充分的（洪镁，2016）。越是通过不同的展览，从而多视角地呈现地域文化，越是能表现美术馆在全球化背景下的文化自信和对“自主性”的掌控。在武汉美术馆地域文化展的“个展”和“群展”中，有相当一部分艺术家就是非湖北籍人士，他们或在武汉短暂生活过，或师从于湖北的艺术家进行艺术学习，他们关于武汉的艺术创作就从不同视角呈现出了武汉本土人无法觉察的情绪和体验。例如 2015 年初，武汉美术馆与法国驻武汉总领事馆策划了一场以拍摄武汉为主题的摄影展，即“彼城——贝特朗·莫尼埃和田飞摄影艺术展”，此次展览邀请了法国的摄影师贝朗特·莫尼埃和来自武汉本地的摄影师田飞，两位摄影师以十天为期分别对武汉这座城市进行了拍摄。这两位拥有不同文化背景的摄影师的拍摄便为公众呈现出了不同视野下的武汉。图 7 为此次展览的海报。

图 7 “彼城——贝特朗·莫尼埃和田飞摄影艺术展”海报

其次，武汉美术馆的“地域性”定位是“中国美术馆时代”到来的必然选择。随着全国各地乃至全世界各地美术馆数量的增长和质量的提高，美术馆作为地方艺术文化集大成之地，其发展水平逐渐成为城市和地方文化竞争力的主要体现，是城市文化的一张重要“名片”。要想在美术馆林立的时代保持自己长期的可持续发展，就要与城市合作，参与到地域文化的建构中，努力塑造自己鲜明的文化特色和个性。车尔尼雪夫斯基认为，没有生活就没有艺术创作的源头和灵感。因而来源于日常生活的地域文化凭借其自身的丰富性和独特性可以为美术馆提供不竭的展览来源。因此地方性美术馆往往会在发展中聚焦于地域文化，例如广州美术馆致力于沿海艺术和海外华侨艺术作品，上海美术馆致力于国际交流，武汉美术馆则以荆楚文化、荆楚艺术家作为其关注重点。地方美术馆通过取借地域文化资源，得以在“美术馆林”中树立其“自主性”地位，同时与地域文化的合作，也使其获得了地方文化生产的合法性地位，从而推动了地方美术馆的长期可持续发展。

作为公共文化服务体系中的重要机构，美术馆特别是地方性美术馆，在服务公众、生产知识、呈现地域文化的同时，要保证其自身的自主性，这是一个非常重大的课题。就武汉美术馆的经验来看，自 2008 年开馆至今，它一直致力于将自己打造成为大武汉的“艺术之岛”，并在不足 10 年的时间内，凭借其准确的“地域性”文化定位以及专业性的艺术知识生产，从 60 多家提出申请的美术馆中脱颖而出，成为第二批全国重点美术馆。这是武汉美术馆在当前普遍浮躁、追逐功利的社会文化氛围中，自觉实践其文化定位的必然结果，体现了武汉美术馆作为公益性美术馆所具备的学术判断力和历史责任感，也为诸多地方性美术馆的长期可持续发展提供了可资借鉴的经验和启示。

参考文献

〔美〕格尔茨，克里福德，2014，《地方知识——阐释人类学论文集》，杨德睿译，商务印书馆。

陈履生，2015，《美术馆的知识生产以公众为核心》，《美术观察》第 5 期。

洪镁，《樊枫：把武汉美术馆建成一座“可以比赛的球场”?》，http：//huanan. artron. net/20160110/n808721. html。

齐立，1981，《论文艺的共鸣问题》，《文学评论》第2期。

唐斌，2011，《美术馆与知识生产》，湖南美术出版社。

王璜生，2011，《大学与美术——作为知识生产与文明体制的美术馆》，同济大学出版社。

The Orientation of Art Museums from the Perspective of Regional Culture: A Case Study of Wuhan Art Museum

Liu Chunyang　Jiang Aijing

Abstract: The art museums, the local art museum in particular, as a public cultural space whose construction and development is closely associated with its regional culture. In this paper, Wuhan Art Museum is taken as an example. Based on its annual exhibition data and its functions, this paper explores the relationship between the construction and development of an art museum and the regional culture it locates in, and analyzes the motives behind choosing regionality as a decisive component of its cultural positioning from the dimensions of "autonomy", "knowledge" and "publicity".

Keywords: Regional Culture; Wuhan Art Museum; Autonomy; Knowledge; Publicity

About the Author: Liu Chunyang (1981 -), Ph. D., Associate Professor at School of Chinese Language and Literature, Wuhan University. Research interests and specialties: aesthetic theory, sociology of art, etc. Magnum opuses: *Aesthetics and Revelation: Investigation on St. Augustine's Aesthetics*, etc. E - mail: lcybjdx@ hotmail. com.

Jiang Aijing (1993 -) M. A. Candidate at School of Chinese Language and Literature, Wuhan University. E - mail: 623858418@ qq. com.

巫文化视域下的先秦楚绘画审美探析*

余静贵**

【摘　要】楚绘画是先秦绘画的重要组成部分，也是中国古代绘画发展的早期形态。其独树一帜的绘画风格萌生于楚国的原始巫文化体系。在楚人的巫学体系中，以魂魄意识为基础的生命观形成了楚人以招魂、引魂等题材为主的巫术活动。巫文化孕育了楚人充满想象力的原始思维，楚绘画也表现出形式抽象、线条飞扬和赤黑对比的浪漫主义风格。在战国末期神巫意识逐渐理性化以后，楚人的巫性思维虽逐渐演变为艺术思维，充满浪漫主义精神的楚绘画风格仍一直得以延续与发展，对中国传统绘画产生了重要影响。

【关键词】楚绘画　巫文化　魂魄　巫术　浪漫主义　审美

楚绘画主要是指运用毛笔在相关介质上进行绘画的一种艺术形式，也是中国传统绘画的早期形态①。楚绘画类型主要分为帛画与漆画，前

---

* 本文是教育部人文社科一般项目“明式家具传统美学的符号内涵及其国际影响研究”（15YJC760080）及湖北荆楚文化研究中心项目“楚漆器图案的审美研究”（CWH201403）的阶段性成果。

** 余静贵（1982～），博士，长江大学工业设计系讲师，主要研究方向为艺术史与艺术美学。电子邮箱：290761721@ qq. com。

① 中国上古时期的绘画或许可以追溯到原始时期的岩石壁画和陶器装饰画，然而，中国画的主要特征是以毛笔为作画工具，所以说，现存最早的中国画应属长沙出土的帛画和楚地广泛出土的漆画，它们都是楚绘画的基本类型。（参阅〔美〕高居翰，1984，《中国绘画史》，李渝译，雄狮美术编辑部，第15页。）

者指涂染于丝织品上的绘画形式，后者主要指以天然大漆为原料而用毛笔蘸涂于楚漆器表面的绘画类型，楚漆画广泛地存在于楚墓中漆棺、生活器皿等物件的表面装饰上，因而构成了楚绘画的一个重要类型。楚帛画与楚漆画虽材质不同，却都是运用毛笔进行作画的艺术形式，一致呈现出恣意飞扬而充满浪漫主义[①]的绘画风格。

探究楚绘画的发展和审美可以丰富先秦艺术史的内容，也可为厘清中国绘画史的发展脉络奠定基础。学界对中国绘画的研究多集中于魏晋南北朝以后的人物画、山水画和花鸟画等画科，因为它们具备了丰富的研究基础，包括文献考据与绘画实物遗存。然而，楚绘画作为先秦时期广泛存在的典型绘画类型，却没有引起中国画史学界足够的研究关注。即便偶有对楚帛画进行考古意义上的个案研究，而对楚墓中大量遗存的漆画等艺术类型的研究被忽视，也没有系统地从风格学、图像学的角度阐述楚绘画的形式规律与风格成因。本文将以大量楚绘画遗迹为研究对象，结合当时的先秦文献、简帛资料，探究楚绘画的基本类型、文化背景、绘画主题与审美风格等因素，为厘清中国绘画的发展脉络和艺术精神奠定研究基础。

一 楚绘画缘起：原始巫文化

楚绘画独树一帜的艺术风格，与其所处的地域环境和文化背景密切相关，即南方楚地“信巫鬼，重淫祀”的原始巫文化。《汉书·地理志》曰：“楚地信巫鬼，重淫祀。”朱熹在《楚辞集注》中也说道：“昔楚南郢之邑，沅湘之间，其俗信鬼而好祀。其祀必使巫觋作乐，歌舞以娱神。”所谓“信鬼”，也即信仰祖先，楚人在宗祠祭祀祖先时，巫师常扮演着“降神”和“娱神”的角色。可见，楚宗教是一种融合了楚巫术的宗教体系。楚巫不仅具有中原北方巫师常司职的功能，还掌握了一些楚

① 浪漫主义是一种兴起于 18 世纪末至 19 世纪初的西方文艺思潮，与现实主义相比较，浪漫主义侧重从艺术创作者的内心世界出发，常用奔放的语言、瑰丽的想象和夸张的手法来塑造形象，对当时的文学和艺术产生了深远的影响。

地特有的巫术形式，如招魂、驭鬼和神巫恋爱等。（宋公文、张君，1995：380）在此基础之上，楚人还形成了一套迥异于中原北方的巫学体系，还赋予巫师以独特的称号："灵"。在《楚辞》[①] 中，"灵"共出现58次，如"灵氛既告余以吉占兮"（《离骚》），"灵皇皇兮既降"（《九歌·云中君》）。《诗经》中仅出现6次，且《诗经》中"灵"多以"灵台""灵囿"的词组形式出现，早已丧失了楚地语境中的神性意义。这足以说明楚人尚"灵"的巫学思想在先秦各国中是独树一帜的。基本上，"灵"就是指巫师或神灵的概念，这也就形成了楚人特有的以"灵"为核心的巫文化体系。

楚地的原始巫文化印染了浓厚的楚宗教色彩，它直接孕育和发展了楚绘画艺术。就楚绘画而言，艺术审美性并不是它表现的全部，在一定程度上，基于巫术活动的实用性功能成为楚绘画的表现核心。以长沙楚墓出土的《人物龙凤图》和《人物御龙图》为例，学界认为帛画主要覆于棺盖之上，是招魂巫术中的魂幡。（陈锽，2005：114～115）也就是说，正是基于巫术的需要，才有了早期楚绘画的产生，它是作为一种巫术活动中的道具而产生的。楚人的巫术活动越兴盛，也就越有利于楚绘画的繁荣与发展。同时期的中原北方的绘画艺术没有获得巫术或宗教文化的刺激，仍停留于对西周时期圣贤礼教的表现，艺术风格拘谨而呆板。

纵观古今中外的绘画发展史，原始巫术或宗教兴盛的时期，都会伴随着艺术的高度繁荣发展，其绘画艺术也都是服务于巫术或宗教的现实意义。在一定程度上，巫术与艺术存在本质的关联性。第一，巫术与艺术都是情感的表现。马林诺夫斯基就认为，巫术和宗教仪式最根本的特征就是强烈情感的体验。（马林诺夫斯基，1987：87）同样，艺术也是基于情感的表现，白居易在《与元九书》中说道："感人心者，莫先乎情。"情感表现是沟通巫术与艺术的桥梁。第二，巫术与艺术都诉诸形象。巫术的仪式感就是通过形象来传达巫术的神秘感，同样，艺术离不开形象，形象是情感的形式承载。第三，巫术与艺术都须借助于想象。

① 本文所引《楚辞》文本均见《楚辞章句补注》（王逸、洪兴祖：2005）。

在巫术活动中，无论是占卜还是招魂等行为，这些事物都不存在时间或空间上的因果律，而是基于巫师们的丰富想象，将这些事物的因与果神秘地联系在一起。同样，艺术也离不开想象，刘勰在《文心雕龙·神思》中所说的“神与物游”，即是强调艺术思维过程中自由想象的重要性。可见，艺术常作为巫术的道具而出现，巫术直接促进了艺术的繁荣与发展。西方学界盛行的“艺术起源于巫术”之学说，充分说明了艺术与原始巫术的内在关系。西方中世纪乃至文艺复兴时期的绘画艺术几乎都是以基督教为表现题材，中国的飞天艺术也是中国佛教的产物，可以说，艺术与宗教或巫术一直以来都存在本质的关联性。可见，正是基于楚地的原始巫文化，才孕育和发展了充满浪漫主义精神的楚绘画艺术。

二　楚绘画主题：以魂魄意识为基础的巫学

楚绘画源起于南方楚地的原始巫文化，其题材更是充满了魑魅魍魉的巫觋形象。有些是巫师在祖先祭祀中降神、娱神的场景，或者是手持法器作法术的情形，也或者是巫师引导墓主的灵魂升天的场景，等等。在这些绘画题材中，巫师形象或巫术情景构成了绘画的中心主题。

在湖北随州曾侯乙墓出土了一件鸳鸯形盒，其前后绘制了两幅人物栩栩如生的漆画：击鼓图（图 1）与撞钟图（图 2）。（随县擂鼓墩一号墓考古发掘队，1979：11）在击鼓图中，两个类似人物形象均头戴高冠，

图 1　击鼓图

图 2　撞钟图

一人腰佩长剑且翩翩起舞，显然，这一形象与《楚辞·九歌》中描绘的巫师形象不谋而合。（余静贵，2017：114）两个人物中间立一建鼓，建鼓的底座为一兽形，这一乐鼓形象在河南信阳长台关楚墓的锦瑟漆画上也有出现，充分表现了建鼓舞在楚民间的盛行。撞钟图中描绘了一个人身兽首的形象，学界一般认为其是乐师（祝建华、汤池，1991：165），然而，这种人兽混合的形象在《山海经》中随处可见，根据文献上下文的理解，它身上往往具有一种神性的力量，它很有可能就是灵巫的化身，也与击鼓图中的巫师形象相吻合。在河南信阳长台关楚墓出土的彩绘漆画中，就绘有多幅关于巫师形象的图画：巫师图、巫师持法器图、巫师戏蛇图和巫师戏龙图。（河南省文物研究所，1986：30～31）在巫师持法器图（见图3）中，人物头戴高冠，与击鼓图中的巫师形象如出一辙，同时手持法器做巫术状，画面栩栩如生。这些漆画均采用线描的手法勾勒出人物的细节轮廓，再辅以填涂的手法，表现出了人物的动作神韵。色彩基本以红黑为主体，偶尔填涂金色、银色等色调，表现出神秘而艳丽的审美感。此外，湖南长沙还出土了两件帛画：人物龙凤图（图4）和人物御龙图（图5）。两幅帛画性质极为相似，画中都以人物形象为主体，分别为一男一女，人物旁边都紧密围绕着龙、凤等形象。根据张光直的观点，龙、凤等形象都是协助巫师沟通天地神人的动物精灵。（张光直，1988：46）再结合《九歌·东皇太一》谓："驷玉虬以椉鷖

图3　彩绘漆瑟残片

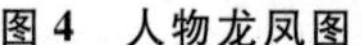

图 4　人物龙凤图

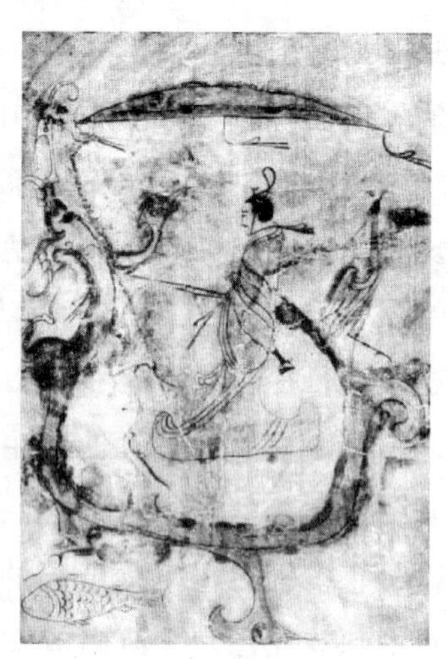

图 5　人物御龙图

兮，磕埃风余上征。驾八龙之婉婉兮，载云旗之委蛇。”可见，龙、凤具有导引的作用，在这两幅帛画中，其作用就是导引亡人的灵魂升天成神，而这一切显然与巫师的作用紧密相关。两幅帛画明显的不同之处在于《人物御龙图》中绘有舟和鱼的形象，似乎与引魂升天的概念存在矛盾。萧兵认为很多神山在海中，引魂升天要经过海上，所以才会出现鱼和舟的形象，乘坐的舟即是“魂舟”。（萧兵，1987：13 ~ 45）无论是魂舟，还是龙凤，它们都起着引导墓主灵魂升天的作用，都是巫师巫术活动中的灵物。在艺术表现手法上，两幅帛画都大量运用了线描的手法，将人物在风中疾驰的动感表现得淋漓尽致。同时，人物的刻画均为侧面描绘，突出了人物的典型特征。这种艺术手法在楚绘画中经常看到，这种基于特征的艺术表现风格也被古埃及人常常采用，如埃及的人物绘画，人脸常常是描写侧面，躯干表现正面，而脚的形状又采用侧面的刻画方式。这种基于特征的表现手法印染有浓厚的原始艺术特征。同时，在其他楚墓中还出土了很多早期的楚绘画，如子弹库楚墓出土的帛书十二月神图，曾侯乙墓衣箱上的二十八星宿图、弋射图等，题材都与楚人的巫学内容紧密相关。总之楚人特有的巫学系统构成楚绘画的基本主题。

楚绘画题材中巫风炽盛，归根到底还是为了实现楚人对生命的超越和永恒追求，这一生命境界是建立在楚人的魂魄生命观基础之上的。以南北方文学两座巅峰《楚辞》和《诗经》为例，《诗经》记录的是中原十五国的诗歌总集，《楚辞》主要描述南方楚国的文化、生活、民俗场景。《楚辞》中出现“魂”“魄”二字计 71 次，而《诗经》中根本没有相关记录。[①] 这种巨大的差异性充分表明南方楚人对魂魄的认识更为普遍和具体，由此形成了楚人特有的基于魂魄意识的生命观。《说文解字》曰：“魂，阳气也”，“魄，阴气也”。生命的本质都是气，阴阳二气交合而形成生命。《楚辞·招魂》曰：“魂魄离散，汝筮予之。”魂与魄分开了，意味着生命进入了衰微，这时候就需要巫师行法术招魂，将人的生魂招附回来归依于体魄。同时，魄也可意指灵魂，如《楚辞·远游》谓：“载营魄而登霞兮，掩浮云而上征。”这里，魄即是灵魂之意。（王逸、洪兴祖，2005：170）魂与魄的这种自由用法是在战国后期才出现的，人们已经形成了对生命系统的成熟认知。或许对先秦楚人而言，魂与魄的差异认知并非那么重要，而引起他们重视的是对灵魂自由的渴求。既然魂与魄都是气的具体表现，那么人的生命能像气一样逍遥自由地遨游于天际则成为楚人的生命追求。就“魂”字的字源上来看，它本作云，本义就是云的概念。闻一多说：“云又做[illegible]，像烟云之气袅袅浮动之貌。……人之灵魂不可状，以烟云之气状之，故曰魂。”（闻一多，2008：152）从魂的字形上来看，它就形象地表现了一种理想的生命状态，那就是无拘无束地遨游于天地之间。无论是在楚绘画中，还是在《楚辞》文本中，随处可见楚人对生命基于魂魄二元观的认识。楚绘画中的招魂、引魂和降神等题材无不折射出楚人生命意识中对灵魂的独特理解，《楚辞》中巫觋能够与诸神灵遨游天际，都是巫师在迷狂状态下实现的灵魂飞升。中原北方虽含有基于魂魄的生命理论，但与南方楚国相比，显然多了些理性色彩，少了楚人宗教影响下的浪漫情感。

① 本文所引《诗经》均见《诗经注析》（程俊英、蒋见元，1991）。

三 楚绘画风格：基于原始思维的浪漫主义

在原始巫文化影响下，楚人的思维呈现出基于原始的巫性思维特征，列维·布留尔称之为“前逻辑思维”。（布留尔，1981：71）在这种重形象、重整体的思维影响下，楚绘画表现出基于原始思维的浪漫主义风格特质，即大胆突破北方严谨而理性的艺术风格，通过简化、夸张、变形和互渗等艺术手段创造出独树一帜的绘画风格。

（一）楚绘画的审美形式

在审美形式上，楚绘画大胆采用简化、夸张、变形和互渗等手法表现出神巫题材的非现实性特征，它同西方20世纪以来盛行的抽象画有异曲同工之妙，都强调艺术想象的力量和情感的表现，在审美形式上营造出抽象和怪诞的视觉效果。

在楚绘画的意象构成上，简化是一种重要的艺术手段，它主要表现为对大量细节的删减，而只留下突出的意象特征。虽然细节特征被大大简化了，它的审美表现力却没有随之而减弱，反而因突出了局部特征更加强化了艺术的精神意蕴。如击鼓图中人物的冠冕、袖袍和人物面部形象都被简化处理，甚至脸部的眼睛、鼻子等要素都被删减，仅留下人物手、足等要素的基本轮廓。其中，击鼓者的形象更是被简化到难以辨认的地步，尖尖的嘴巴，眼睛被简化为一圆点，脑后似乎还竖一耳朵，是人是兽似乎难以定论。建鼓的底座是一兽形，然而由于细节上删减太多，很难分辨具体是何种兽类。总之，简化的目的就是为了突出局部特征。

夸张与变形手法常常互为共存而出现在楚绘画的意象构成中。夸张意指将局部细节夸大化处理，变形则在夸张基础之上实现整个意象的变异，完全偏离原本的视觉意象。如曾侯乙墓漆棺上的羽人、方相氏、神兽等意象，大多都是人身或兽形不断变形后的产物。它们不是吐着长长的舌头，就是长着一对巨大的双耳，身形比例完全超乎现代人们的想象。彩绘衣箱的弋射图中，只见后羿手持弯弓射下一只巨型神鸟，显然，神鸟经过了夸张处理，现实生活中不可能出现身形还要大于人身几倍的鸟类，这都是楚人艺术想象的产物。鸳鸯形盒、彩绘漆瑟上的巫师形象也都经过了夸张和变形的艺术处理，弯曲到极致的木棍，飞扬的袖袍无一不是运用了夸张的手段，表现出艺术形象运动的效果。很显然，这种艺术手法用得恰到好处，它很好地塑造出了形象的动势感，这也是楚绘画典型的审美特征。

此外，互渗的艺术手法在楚绘画中也常常见到，如撞钟图中的人物形象，它是兽首人身的造型，这种不同意象的互渗也是自然宗教的产物，它广泛地应用于楚绘画艺术中。所谓审美意象的互渗，是指多种不同意象整体或局部间组合，营造出远离现实的效果。在长沙子弹库楚墓出土的《帛书十二月神图》中，帛画四周的十二神图就广泛运用了互渗的表现手法，塑造出了充满神秘感的神灵世界。在表 1 中清晰可见十二神图像的意象构成，最常见的是人与凤鸟、蛇和兽的互渗构成，偶尔也采用一种意象的重复排列（如二月、五月神），塑造出神灵形象的怪诞感。所谓的意象互渗手法，其实就是一种艺术发生的心理机制，它所反映的

表 1　十二月神图像

月神	正月神	二月神	三月神	四月神	五月神	六月神
图像						
简介	鸟蛇合体	人首鸟身	人形怪神	双蛇缠绕	三首人形	人形怪神
月神	七月神	八月神	九月神	十月神	十一月神	十二月神
图像						
简介	人首鸟身	兽首鸟身	蛇首鸟身	鸟首兽体	牛首人身	人口衔蛇

就是在进行艺术创作或艺术欣赏时的一种心、物之间的活动。雕塑家李维祀用一个所谓的“四不象”的术语恰如其分地表明这种艺术现象的特征。所谓“四不象”，就是指艺术家构造的审美意象要脱离现实，由“四不象”而构成的艺术意象比起一般的现实物象更能起到传情表意的作用。（郭勇健，2007：169）

在楚绘画的色彩表现上，黑与赤构成了绘画的主色调。漆器表面一般在外壁施以黑色，内壁涂以红色（朱色），或偶尔通身施以黑色或红色。在图案装饰方面，一般是黑漆作底，然后于其上用毛笔蘸涂红色颜料，也偶尔在红底上绘制黑色纹饰。两种颜色在漆器表面上的交错处理，通过对比、节奏与韵律的铺陈方式构成了极富有美感的色彩韵味。楚人在漆器装饰中常使用这两种颜色，一方面，它与先秦时期的五色观念紧密联系，另一方面，黑色与赤色本就是原始漆器用色的传承。《韩非子》中说新石器时期的漆器色彩是“墨染其外，而朱画其内”，就阐释了黑色与朱色的对比早已成为人们在漆器上的设色传统。

此外，楚人尚“赤”还与古人对血液的神秘幻想有关。原始部族在激烈的战争和祭祀活动中都会见到大量的鲜血，在他们的意识中，血液的流失就代表着生命的离去，血液的鲜红就意味着生命的兴盛。格罗塞就认为，红色是代表生命强与弱的重要标志。（格罗塞，2008：44）在世界各地的很多部族中都会看到，很多人在死者的身上用红色的铁矿石涂上颜色，因为这些部族相信人的死去是由于血液的丧失，故而在身上涂上红色代表让死去的肢体重新充满血液，从而让死者起死回生，这是土著人的一种极为原始、强烈的情感诉求。有些北美的印第安人部落认为，人不能饮用动物的鲜血，因为动物的血液中含有该动物的生命和灵魂。犹太人狩完猎以后会将动物的血液埋进土里，因为血液就代表着生命灵魂的存在。（弗雷泽，1987：339）根据弗雷泽的交感巫术原理，楚人将大量红色的漆器或丝织刺绣带入棺木中，或许就表达了让死去人的生命获得重生的期望。楚地流行的招魂巫术活动，常采用这些朱色的道具和纹饰，一定是想让死者的灵魂能够在灵物的引导下升天，而这种色彩就是楚人重获生命的中介。（刘吾香，2012：43）

楚人对于黑色的喜好无疑也是一种原始巫术意识的表现，黑色所隐喻的黑暗世界也是楚先民生存世界的真实展现。正是在对黑色的观照和体悟中，让他们感觉到生命所具有的一种天生与自然相斗争的精神。实际上，与黑色一致的颜色还有“玄”与“幽”，这两个词似乎比“黑”被赋予了更多的形象意义，因为玄色与幽色都是一种纯黑中掺杂了赤色的黑色。（许慎，2006：159）赤色本就是一种象征生命的颜色，之所以与纯黑混合而形成一种叫作“玄”或“幽”的颜色，是因为黑色与红色一样都具有生命孕育的功能。何谓“玄”?《老子·六章》说道：“谷神不死，是谓玄牝。玄牝之门，是谓天地根。”玄牝，就是一种微妙的母性。（陈鼓应，2003：99）古人对生命的认识是玄之又玄的，是一种神秘的、难以言说的情感，而这种生命情感就体现了原始时期人类的情感特征。黑色代表古人对生命的一种复杂的、朦胧的认识，楚漆器中红色纹饰在黑底上的蜿蜒流转，正很好地表征了生命的意象在黑暗中的翩翩起舞。那种红、黑二色的交替变化，不正蕴含着生命的节奏与韵律吗?所以说，楚漆器中的红黑二色是一种原始的设色方式，在一定程度上也是基于原始巫术的实用性目的而流传下来的。

（二）巫性思维到艺术思维

受到原始巫文化的影响，楚绘画呈现出神奇、怪诞的浪漫主义风格，而这种艺术风格是由楚人特定的思维特征所决定的，列维·布留尔称之为原始思维或前逻辑思维。显然，这种思维形式与我们今天所崇尚的逻辑思维存在巨大的差异性，要充分理解楚绘画的形式规律和审美内涵，离不开对楚人思维特征的探究与分析。

先秦楚人深受地方土著文化的影响，他们的思维形式在一定程度上表现出原始思维的特征。他们和现代人用同样的感官去感知客观世界，但他们看到或听到的世界与我们的感知却是不一样的，因为在他们的感知世界中，一切实物都被赋予了神秘的属性，这一属性被列维·布留尔称为事物的“表象”。（布留尔，1981：26）被表象覆盖的事物或多或少是抽象或变形了的事物，如楚人心中的凤鸟形象，它不是真实存在于客观世界中的鸟类，而是将现实中的鸟的形象进行表象化以后得到的实际存在于楚人意识中的形象。这种凤鸟意象有时被诠释为鹤的形象，偶尔呈现为鸡的形态，都是通过夸张、变形或互渗等抽象手段重新塑造的全新意象。而且，在楚人的思维意识中，这种抽象化的凤鸟意象是客观存在的，所以我们才会在楚绘画中看到如此之多在现代人看来荒诞不经的审美形象。在楚人的思维形式里面，客观存在的实物常常是超时间性和空间性的，如原本地处不同空间位置的两事物却能跨时空地相互作用，这在楚人的巫术活动中屡见不鲜。这种超越时间和空间的相互作用，充分说明楚巫思考事物的时候不是遵守因果律的，而是通过迷狂状态下的情感力量，将处于不同时间和空间的事物连接为一个整体。所以，在楚绘画的审美意象中，我们才会看到鹿角会与凤鸟拼接在一起，翅膀与人身会结合在一起，这都是巫性思维影响下的楚人对客观世界的“真实”认识，而这一点在现代人看来是不可思议的。可见，楚人意识中的巫性思维决定了楚绘画的浪漫主义风格，而楚绘画在巫性思维的推动下，艺术风格日趋成熟并形成统一而独树一帜的绘画风格。

在北方儒家理性思想不断冲击南方楚地相对封闭的土著文化时，楚地的神巫思想逐渐走向没落，取而代之的是仍蕴含神巫因子的老庄哲学。神巫活动逐渐转为艺术活动，存在于楚人意识中的巫性思维也逐渐转为艺术思维。虽然重占卜、祭祀的巫术活动大大减少了，而楚人的思维特质却不会快速消失，而是以艺术思维的形式长期存在。在战国末期的楚绘画中可以发现，少了很多魑魅魍魉的神巫形象，而表现世俗生活题材的绘画却逐渐多了起来。如湖北荆门包山楚墓出土的漆奁，上面绘制了一幅车马人物出行的漆画（图6、图7为局部图）。整幅漆画描绘了一队车马人物出行、行人跪拜等候以及狗豕相逐的世俗场景。若说以神巫题材为主的楚绘画属于抽象主义，车马人物出行图则表现的是现实主义。后一种绘画虽少了以前的神巫色彩，绘画题材发生了变化，然而画面中的神韵却与前期的画风是自成一体的，而且绘画的技法更加成熟了。在车马人物出行图中可以发现，绘画仍然采用线型的构成方式，采用简练而流畅的线条勾勒人物和车马的轮廓，忽略形象的细节刻画，善于表现人物等形象的运动感，如画面中摇曳的柳叶、动物奔袭的瞬时动作等，都是运用线条表现画面的动势感，这与撞钟图、击鼓图的绘画风格是一致的。在色彩运用上，同样是以红黑二色为基本色，奠定了漆画的神秘基调，再充分结合金色、银色、褐色、蓝色等色彩进行细节的涂饰，形成调和而艳丽的色彩感觉。这种色彩的表现感与河南信阳出土漆瑟上彩绘漆画的颜色基调是完全一致的。可以说，在艺术思维的影响下，世俗画的出现并没有在根本上改变楚绘画的内在基因，而是在删去巫性题材基础之上延续了其流畅而灵动的形式风格，让这种自由、浪漫的画风逐渐成熟和沉淀下来，为开启汉代绘画浪漫而雄劲的画风奠定了现实基础。

图6 车马人物出行图（局部）

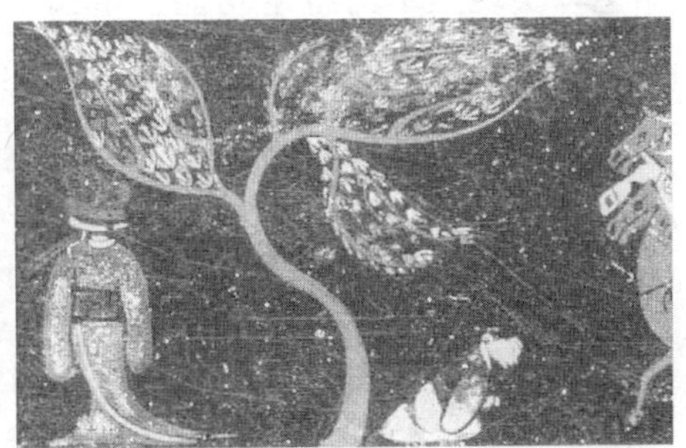

图7 车马人物出行图（局部）

法国人类学家列维－斯特劳斯（Lévi－Strauss）认为，巫术思维与今天的科学思维没有高低之分，它们是人类历史上始终存在的两种职能不同的思维形式。（列维－斯特劳斯，1987：18～19）现代人们意识中仍存在我们老祖宗遗留下来的巫性思维，暂不论现在民间仍保留有很多的古代巫术，现代时期与科学并驾齐驱的另一文化分支——艺术仍在不断向前发展，其艺术思维就是原始巫性思维的“后裔”。楚绘画的浪漫形式风格，是楚人巫性思维不断影响的结果，而这一绘画风格将继续在汉代绘画中得以流传与变革，滥觞于原始遗存的巫性思维也将逐渐蜕变为融合儒家理性的艺术思维。

四 总结

楚绘画是楚国八百年内创造的一种区域性艺术形式，深受原始巫文化的影响，楚绘画被巫术作为功能性的道具使用而逐渐兴盛起来。简言之，是原始巫文化孕育和发展了楚绘画艺术。楚绘画的内容多为魑魅魍魉的巫师形象，在其背后是楚人基于魂魄意识的生命观之表现。楚绘画的形式风格，受到原始思维的影响，审美意象多以抽象的形式表现出绘画的荒诞和神秘感。绘画构成多以线条的方式勾勒出人和物的轮廓，表现出形象的神韵和画面的动势感。在楚绘画的色彩上，楚人多采用红黑二色以实现巫术的特定功能，增添了画面的神秘感。基于楚绘画的浪漫主义风格，其审美心理上表现为巫性思维的存在，战国末期这种思维形式逐渐演变为理性思潮影响下的艺术思维，两种思维都是重形象、重直觉的思维形式，本质上有着内在的关联性，二者实际上是浪漫主义在不同历史时期的不同表现。

在楚人的原始思维影响下，楚绘画的浪漫主义风格对先秦以降的绘画艺术产生了深远的影响，这种艺术风格在汉代漆画、帛画和壁画等艺术形式中都有具体的表现，乃至对中国传统绘画重线条、重写意的艺术风格都有深远的影响。就漆画而言，先秦楚漆画与汉代漆画是一脉相承的，若能对两者之间进行深入的比较研究，或许能对先秦楚绘画的审美进行更为准确的判断与定位，这也是后续研究亟待深化的内容。同样，研究楚绘画艺术，不仅可以丰富中国绘画史的研究内容，也能为现当代的艺术和设计提供重要的理论依据和现实借鉴。

参考文献

〔法〕布留尔，列维，1981，《原始思维》，丁由译，商务印书馆。

〔英〕弗雷泽，詹·乔，1987，《金枝：巫术与宗教之研究》，徐育新等译，中国民间文艺出版社。

〔德〕格罗塞，2008，《艺术的起源》，蔡慕晖译，商务印书馆。

〔法〕列维－斯特劳斯，1987，《野性的思维》，李幼蒸译，商务印书馆。

〔英〕马林诺夫斯基，1987，《文化论》，费孝通译，中国民间文艺出版社。

〔美〕张光直，1988，《美术、神话与祭祀》，郭净、陈星译，辽宁教育出版社。

陈鼓应，2003，《老子今注今译》，商务印书馆。

陈锽，2005，《古代帛画》，文物出版社。

郭勇健，2007，《创造的奥秘——李维祀雕塑艺术研究》，岳麓书社。

河南省文物研究所，1986，《信阳楚墓》，文物出版社。

刘吾香，2012，《红与黑——楚漆器的色彩意象构成》，《美术大观》第 12 期。

随县擂鼓墩一号墓考古发掘队，1979，《湖北随县曾侯乙墓发掘简报》，《文物》第 7 期。

宋公文、张君，1995，《楚国风俗志》，湖北教育出版社。

（汉）王逸、（宋）洪兴祖，2005，《楚辞章句补注》，吉林人民出版社。

闻一多，2008，《神话与诗》，天津古籍出版社。

萧兵，1987，《楚辞与神话》，江苏古籍出版社。

（汉）许慎，2006，《说文解字注》，段玉裁注，中州古籍出版社。

余静贵，2017，《论先秦楚漆画的审美特质及其生命精神》，《美术观察》第 2 期。

祝建华、汤池，1991，《曾侯墓漆画初探》，载湖北省文联图书编辑部理论研究室编《楚艺术研究》，湖北美术出版社。

〔美〕高居翰，1984，《中国绘画史》，李渝译，雄狮美术编辑部。

程俊英、蒋见元，1991，《诗经注析》，中华书局。

Analysis on Aesthetics of Chu Paintings in Pre – Qin Period from the Perspective of Wichery Culture

Yu Jinggui

Abstract: Chu paintings are an important part of Pre – Qin paintings, as well as the early stage of Chinese ancient paintings. The unique painting style is originated from the original system of witchery culture in Chu. According to the system, the life value based on soul consciousness makes Chu people carry out witchery activities such as calling back the spirit of the dead and attracting the spirit of the dead. Witchery culture cultivates Chu people's primitive thinking which is full of imagination. Therefore, Chu paintings show romantic style featuring abstract form, flying lines and comparison between red and black. After the rationalization of witchery consciousness at the end of Warring States, Chu people's witchery thinking gradually became artistic thinking. The romantic spirit of Chu paintings keeps developing, which makes an important impact on Chinese traditional paintings.

Keywords: Chu Paintings; Witchery Culture; Soul; Witchery; Romanticism; Aesthetics

About the Author: Yu Jinggui, Ph. D., Lecturer in Department of Industrial Design, Yangtze University. Research interests and specialties: art history and art aesthetics. E-mail: 290761721@qq.com.

鄂南民间殉情诗的历史语境与生成逻辑*

郭 彧 单 怡**

【摘 要】 殉情叙事是鄂南民间叙事长诗的一大特色，鄂南民间殉情诗因此成为鄂南文化中值得关注一大现象。造成这一现象的原因可从历史语境和文化心理结构两个方面进行分析。殉情诗产生于清朝中后期这一传统意识形态遭遇挑战，现代社会开始逐步到来的时期，儒家思想的意识形态规训日渐失效使得悲剧叙事具备了新的合法性。鄂南地区文化结构多元，苗、越、楚等文化潜在造就了当地人醇厚而激烈，易走极端的文化性格，直接表现为对于殉情叙事的欣赏、认同与创作。

【关键词】 鄂南民间殉情诗 悲剧 历史语境 文化心理结构

作为一种文化存在，鄂南民间叙事长诗的一大特色在于其原创之作多为表现爱情悲剧的殉情叙事。据《咸宁长篇叙事山歌》（第一卷）的主编万立煌统计，爱情题材类的鄂南民间叙事长诗共11部（其中2部为

* 本文为湖北省教育厅人文社科项目“鄂南民间殉情诗的发生学研究”（16Q250）阶段性成果。

** 郭彧（1980～），博士，湖北科技学院人文与传媒学院副教授，主要从事文学理论和地方文化研究。电子邮箱：673363746@ qq. com。

单怡（1982～），湖北科技学院人文与传媒学院讲师，主要从事古代文学研究。

异文），分别是《双合莲》、《海棠花》、《小樱桃》、《花手巾》、《梅花》、《放牛记》、《陆英姐》、《陆英姐》（异文）、《要情记》、《要情记》（异文）、《熬川记》，这 11 部叙事长诗中，可称为殉情诗的分别是《双合莲》、《海棠花》、《陆英姐》、《要情记》、《要情记》（异文）、《熬川记》这 6 部叙事长诗。这其中：《双合莲》的女主角郑秀英因爱情不果，最终“一根丝带梁上悬”，男主角胡道先因此事入狱，出狱不久即痛苦而死；《海棠花》的女主角因相思成疾而死。《陆英姐》的女主角陆英最终的结局是悬梁自尽而死；《要情记》虽然结局是男女双方爱情得到了实现，但这一结局借助了一个死而复活的突兀结局，整篇诗歌的基调还是悲剧性的，而且故事的高潮是女主角因相思而死及男主角为爱殉情自杀；至于《要情记》（异文）则是完全的悲剧，诗中的女主角月英因相思成疾，吐血而死，男主角飞龙因此成了疯子；《熬川记》的男女主角在无法结合的情况下，双双引爆炸药殉情而死。

这一特点与我国文学传统截然不同。王国维先生曾总结：“吾国人之精神，世间的也，乐天的也。故代表其精神之戏曲小说，无往而不著此乐天之色彩：始于悲者终于欢，始于离者终于合，始于困者终于亨；非是而欲餍阅者之心，难矣！”（王国维，1987：10）然而，鄂南殉情诗歌却是悲剧的，它以殉情的结局将有价值的事物毁灭给人看，让人受到冲击，产生“悲悯”之情。而鉴于这一特色，我们完全可以把鄂南民间叙事诗中的殉情诗从鄂南民间叙事诗的大类中独立出来作为一个小类进行研究，这种分类更能抓住鄂南民间叙事诗的自有特色，更能启发人们对鄂南民间文化的深入思考。

于是，问题自然而然地摆到了人们面前：鄂南民间殉情诗何以能形成这样的特色？即它背后的历史语境和生成逻辑是怎样的？

一 历史语境：清末的时代思潮冲击

殉情是一种悲剧性的情节，它使得鄂南殉情诗直接拥有了不同于文学传统的特色。然而，如果我们客观看待中国叙事文学的话，会发现缺少悲剧这一文学传统本身是一种规训生成，而非历史本然。在先秦时期的神话故事中，悲剧并不缺乏，填海的精卫、怒撞不周山的共工、与黄帝争斗至死的蚩尤、逐日而走最终渴死的夸父、以乳为眼以脐为嘴的刑天，每一个故事可以说都拥有悲剧的气息，其中所蕴藏的也是悲剧所特有的崇高、悲壮之美。

然而，自宋元以降，随着中国通俗叙事文学的兴起，悲剧反而渐渐泯灭，大团圆式喜剧成为主流，且为了迎合这一审美需求，不惜直接改变故事的原本形态。以几部著名的戏曲经典为例，不难看出这一特征。如王实甫的《西厢记》，故事来源于元稹的小说《莺莺传》，本有一个男子负心的悲情结局，后来却硬是以张生中状元，放弃成为丞相女婿的荣耀，回来娶了莺莺，同时惩治了作乱的小人为结局。还有高明的《琵琶记》，其前身本是宋代戏文《赵贞女蔡二郎》，戏中所写固为民间传说，但反映的却是在宋代科举制度下的实情。当时书生中举进入仕途需要靠山，权门也需拉拢新进之士以扩充势力，于是“榜下捉婿”便成为一时风气，而书生攀上高枝之日，便是抛弃糟糠之妻之时，所引发的往往是一个个家庭悲剧。但《琵琶记》却将其改成了孝义夫妻最终在皇帝、丞相的共同体谅下团圆，并得旌表。就算是一直被认为是悲剧的《窦娥冤》，虽说窦娥含冤而死，但鬼魂却找到了已当官的父亲，最终在其帮助下昭雪冤情，实现了“善恶终究有报”。

可见，中国文学中缺少悲剧叙事并非一种必然，而是后期因素影响的结果。鲁迅曾把中国缺少悲剧的原因理解为中国的国民性具有“瞒”和“骗”的特色，但是，国民性只可能是在长期的历史中被主观规训而成，而非中国人的固有天性。问题在于，导致中国国民性具有“瞒”和“骗”的特色的原因——那种改变了叙事文学自由发展的因素又是什么？

这种因素其实就是儒家思想，而儒家思想导致中国叙事文学悲剧性的缺乏有其更为深广的内在原因。早在两千多年前的秦汉之时，中国便建立了大一统的封建政权并使之成为政权构建之正统。然而，封建生产方式是先天缺乏整合力的自给自足的小农经济、自然经济，为了能配合、延续这种大一统的政权形态，一种强调忠君敬上、严格等级的意识形态不可或缺，儒家思想因此成为中国古代政府的必然选择。而在这样的意识形态规约下，文学的功能当然被局限在道德教化和伦理规训方面，正如《毛诗序》中所认识的那样："正得失，动天地，感鬼神，莫近于诗。先王以是经夫妇，成孝敬，厚人伦，美教化，移风俗。"这种对文学的认识使得人们在创作文学作品的时候，往往不惜以修改现实为代价实现文学功能的张扬，于是不自觉地形成了鲁迅所言的"瞒"与"骗"，且政权越是专制这一表现越是明显。中国的叙事文学成熟于唐，却于明清这一封建专制到达高峰的年代时得到普及，并自然地出现悲剧消隐，团圆登场的局面。

以此观点来看鄂南民间殉情诗，我们不难发现儒家思想的规训其实已经在其中留下了痕迹。如前文所提到的《耍情记》和《耍情记》（异文），后者是完全意义上的悲剧——女主角吐血而死，男主角发疯。前者则是男女主人公死亡后，最终死而复活，得以成亲，换言之，有了一个突兀的团圆结局。其实，从传统叙事文学由悲剧转向大团圆的发展看，被认为是异文的可能才是正文，而被认为是正文的才是异文，虽然被认为是正文的版本可能更成熟完满。幸运的是，就目前已有的文本来看，仍以悲剧式的殉情诗为主流，它没有走向中国戏曲常走的道路，而是保留了自身的特色。

这一状况的形成与鄂南民间殉情诗发生的历史环境紧密相关。从当前资料来看，鄂南民间叙事长诗现存最早的文字记载资料为乾隆五十三年的《小樱桃》，代表作《双合莲》则来自清末道光年间一个真实的爱情悲剧故事，由时人陈瑞兆进行了创作，最近的则是《熬川记》，创作于20世纪80年代。可见，鄂南民间殉情诗作为一种民间长歌，兴起于清朝中后期，并在其后的近两百多年的历史中传承不绝，创作不断。而这一历史阶段也正是封建社会开始落幕，传统意识形态遭遇挑战，现代社会逐步到来的时期。

清朝末年，由于西方社会思想的冲击，人们开始认识到，传统的思想有问题，由这种思想塑造出来的国民性有问题。人们发现，"中国人最重三纲，而西人首倡平等；中国人亲亲，而西人尚贤；中国人以孝治天下，而西人以公治天下；中国人尊主，而西人隆民”。1895 年，严复在天津《直报》发表《原强》一文，认为：“今日要政，统于三端：‘一曰鼓民力，二曰开民智，三曰新民德’，三者又以‘开民智’为最急。”（尤育号，2006）而这种情况的出现，使得儒家思想的影响力于无形中降低了，表现在叙事作品的创作中，就是人们不再有意识地去修改发生于现实中的故事，而是将其进行真实的再现。换言之，生活中的悲剧在去掉了儒家思想所带来的歪曲之后，就得到了最真实的展现。

以几乎与鄂南殉情诗同一时期产生的《红楼梦》为例，在曹雪芹的笔下，整个故事最终的结局是彻底的悲剧——“好一片白茫茫大地真干净”。与之相应是曹雪芹对整个儒学思想的怀疑，如他所塑造的贾宝玉将那些“读书上进之人”视之为“禄蠹”，而且认为除“明明德”外无书，后世所谓的儒家经典无非是人们不能理解圣人之意，另出己意混编纂出来的。显然，当人们对以往一种信仰发生怀疑，那这种虚伪的信仰的崩溃就立刻开始了。

当然，《红楼梦》虽然有悲剧因素，但并没有殉情因素，相比而言，清代光绪十四年出版的小说《花月痕》可能更能说明儒家思想影响力的弱化。这篇小说可以被视为一本描写殉情的力作，书中男主角名为韦痴珠，颇有才学，可惜命途多舛，穷愁潦倒。而女主角刘秋痕自幼父亲去世，母亲改嫁，被堂叔卖作婢女，最终成为妓女。但她颇有骨气，虽堕娼门却不甘沉沦，不愿一味倚门卖笑。命运让她与韦痴珠相遇，两人在彼此欣赏中产生了爱情。然而，韦痴珠因为贫困，不能满足为刘秋痕赎身结婚的愿望，最后更在贫病交加中含恨而死。刘秋痕最终也在得知爱人去世的消息后，以身殉情而死。应当说这部小说中所描写的内容同样颇不同于中国的传统，而它之所以能够出现，不能不说与清朝末年思想弛禁颇有关系。

不但如此，我们还可以考察日本的殉情文学，发现其中的类似之处。在日本古代，武士有自杀殉主的习俗，但却并没有殉情的传统，这从日本古代的和歌集《万叶集》中甚少有关于殉情诗的描写就可以见出，然而，江户时代末殉情戏剧的出现改变了这一切。

不妨以当时殉情戏剧的代表作《情死曾根崎》来作一个分析。这部戏剧的情节并不复杂，说的是商店伙计德兵卫与妓女阿初相恋，然而商店老板要德兵卫娶自己的侄女为妻，并将婚礼定金给了德兵卫的继母。德兵卫对此极为抗拒，商店老板因此愤怒，要赶走德兵卫并逼其在七日内还钱。德兵卫好不容易从继母那里将钱取回，却被损友九平次花言巧语地号称只借三天骗走，九平次后来对借钱的事断然否认，还去纠缠阿初。德兵卫蒙受冤枉，难以自明，萌发自杀的念头，最终在一个深夜中与阿初私奔至曾根崎森林，双双殉情而死。

日本的江户时代类似于中国的清朝，都是本国封建时代的最后一个朝代。既有封建制度的内部危机，又有外部势力入侵的民族危机，因此也是一个思想变革、传统衰退的时期，正是在这样的时代中，殉情戏剧得以盛行。事实上，殉情剧本身就是对思想压制的一种反抗。在当时，戏剧的魅力一度使得日本人将这种殉情的爱情当作真正爱情的典范，而日本正统思想认为感情应当合乎“义理”的标准，因此这种源自“人情”的爱情恰恰与之形成了鲜明的对抗。而且，这种对正统思想的反抗力量还不仅仅来自殉情这一行为，更因为殉情者的身份愈加强烈——《情死曾根崎》中男女主角的身份分别是商店伙计和妓女，都属于社会中的下层人士，但就是这样的下层人士，反而拥有着生命的光辉与力量。而且，《情死曾根崎》的故事来源如同鄂南殉情诗一般，都是来自现实中发生的事实，是由 1703 年 4 月 7 日发生的一件真实殉情事件为蓝本创作的，而这进一步表明了时代的变迁对于人思想的影响，乃至其间接对于殉情文学的影响。

《情死曾根崎》一度造成万人空巷，在人们开始更喜欢殉情情节中的“人情”，而对正统“义理”不感兴趣之际，幕府政府对殉情剧的直接禁止也就开始了。然而，江户时代末殉情戏剧的文学影响更为深远——在之后的 18、19 世纪，关于殉情的描写盛极一时，并在文学的演变中一直留存下来，几乎成为日本文学的新传统。后来的明治时代、大正时代殉情小说便在文坛上占据了极为重要的位置。（王兰，2013）不得不说，这一现实的出现一方面是由于殉情文学以它的巨大影响起到了一个示范作用，另一方面则是由于当时的日本已进入现代化历程当中，封建时代的压制再也不复存在了。而这也为鄂南民间殉情诗殉情情节发生的外部原因乃是清末社会的动荡造成传统思想的崩解提供了一个外部例证。

二 生成逻辑：苗、越、楚文化的多元结构

与一般的文人创作不同，鄂南民间殉情诗所叙述的故事都来自现实生活，都有现实生活原型。如《双合莲》来自发生在清末道光年间的一个真实的爱情悲剧故事。《海棠花》中的故事发生于通山县黄沙地区，故事的主角阮怀川和乐三姐至今仍有墓和房屋遗址。《陆英姐》中所谓的“陆英”本是“罗英”，是咸宁一个大户人家的小姐。《要情记》开头便是“崇阳有个王家垅，爱情故事传世人，……生生死死来要情”。《熬川记》咏唱的是20世纪80年代通山一对年轻恋人在老城区桥头附近双双引爆炸药殉情这一事件。正如咸宁民间俗语“台上唱，台下有”所言，鄂南民间长歌反映的多为生活中的真实存在。

如果说清末的历史语境是殉情诗最终保持原样，没有发生异化的外在原因，那殉情题材能得到鄂南人的青睐，成为歌咏四方、传播民间的对象的原因，则显然与鄂南地区人们的深层文化心理密切相关。殉情诗在鄂南民间唱歌中占有如此重要的比重间接反映出鄂南地区民众的潜意识心理中对于殉情故事中的情感张力和内在美感的欣赏，而造成这一欣赏状况的背后，则应是鄂南地区特有的文化心理结构。

从历史上看，鄂南地区先后出现过苗、越、楚等多种不同的文化，这构成了鄂南文化的复杂性和多元性。

根据文献记载，咸宁所属的地方，古代是三苗的疆域。《史记·吴起列传》里说：“昔三苗氏，左洞庭，右彭蠡（今鄱阳湖——作者注），德义不修，禹灭之。”据《史记·五帝本纪》正义解释：“以天子在北，故洞庭在西为左，彭蠡在东为右。今江州、鄂州、岳州，三苗之地也。”而咸宁，正是古鄂州的一部分，换言之，也是三苗之地。

很多学者认为，所谓三苗，其实是今天苗族、瑶族历史上的祖先。清朝康熙《通城县志》曾记载："龙窖山，距县北 30 里，有巨壑，云气常聚，原山瑶所居。"该《县志》又记载，元代前通城为汉、瑶杂居地，后因战乱，瑶民渐入湖南。但这也表明，历史上瑶族在通城待了很长一段时间。事实上，通城历代的文献都对瑶族的存在进行了记载，而且，瑶族的遗址依然存在，在龙窖山中，存在相当多的古墓葬、古水井、古桥洞、石门、石桥，还有各种原始山寨、石头屋、居住遗址、祭奠遗址、防御工程等，它们都具有瑶人建筑风格。这为咸宁在古代为三苗之地做了一个侧面证明。

在三苗部落之后，生活在这一带的是杨越。史载熊渠继任楚国国君后，由于国力增强，后方稳固，开始考虑攻打邻国，开拓边境。《史记·楚世家》记载："周夷王之时，王室微，诸侯或不朝、相伐。熊渠甚得江汉间民和，乃兴兵伐庸、杨粤（越），至于鄂。……乃立其长子康为句亶王，中子红为鄂王，少子执疵为越章王，皆在江上楚蛮之地。"此时，楚文化开始进驻这一区域。

从上文的记载中可以看出，鄂国在当时乃至之前的一段时间都处于杨越的统治中，越文化无疑对其有深远影响。据考证，鄂国形成于商代，地点在今山西乡宁县；西周初年，鄂国的故地被晋所并，遗族南迁到河南南阳，仍叫鄂国；因受楚国的威胁，于西周中叶，又南迁到湖北鄂城，仍叫鄂国。楚伐杨越，灭了鄂国，封熊挚红为鄂王。考古发现，楚鄂王故城遗址地处咸宁、江夏、鄂州、大冶四县市区交界之处。那么，咸宁地域很可能属于鄂国，因此而被纳入楚国版图。

之后，在历史文献上很少出现对鄂南地区的具体记载，但考古发掘和历史文物可以让我们一窥历史当年的风采。有记载，在宋代嘉鱼太平湖曾出土"楚公镈钟"，钟上铭文为"楚公为自作宝大镈钟孙子其永宝"，据考证，此镈钟当为楚王若敖（熊仪）之物。在咸安区向阳湖镇孙郭胡遗址，更是发现了东周古城的城垣、壕沟、角楼及城内的一些建筑遗迹。这一古城三面城墙都是以防卫森严著称的"瓮城"构造，且又建有特殊的角楼，因此专家认为这在历史上当是楚国的一座军事堡垒。

（罗泽宁，2011）

此外，鄂南的民俗文化也为当地是越、楚文化的交融地进一步提供了的证据。据学者调查，至今鄂南乡俗既崇龙又崇凤，有异于楚人崇凤和越人崇龙的习俗。鄂南有“招魂”“账孤”“叫赫”等风俗，但它们是“楚巫艺术化了的《楚辞·招魂》”“楚巫宗教化了的《账孤》”“楚巫生活化了的《叫赫》”。此外，鄂南婚俗分嫁、娶两个步骤，它既不像楚地北部汉族“承夏俗”，也不同于楚之巴人“沐蛮俗”，而自有特色。如嫁女时，要哭七七四十九夜，严格地依循“试哭”“联哭”“劝哭”“分哭”“撩哭”“叹哭”“射哭”七个仪程顺序递进，“其中《哭血盆》《哭祭轿》《哭盘古》等众多仪节，堪称独树一帜”。（吕相康，2002）

公元前208年，秦国将军白起攻占了楚国的郢都，楚国灭亡，秦分楚为三郡。此时，中原文化开始进入到这片土地之中，然而，苗、越、楚的多元文化结构已经在鄂南扎根并一直延续下来了。

那么，这种苗、越、楚混合的多元文化结构会造成一种怎样的文化心理特征和文化性格呢？不得不说这是一个很大的题目，而且容易引发不同的观点，但从全面来看，一种整体上的趋向应当说是存在的。

苗文化历史悠久，但在历史上生存之所多有迁徙，而且苗文化只是在三千年前的鄂南地区占有主要地位，后期则以一种文化基因的形式发挥作用，因此考虑苗文化的影响只能从苗的早期历史着手。

三苗也被称为有苗，中国上古时期的一个民族，活跃于黄帝至尧舜时代。据考证，他们主要分布在长江以南这一地带，多崇拜蛇图腾，在民族风俗上喜好将头发与麻混编成髻，号为“髽首”。作为上古时期的民族，三苗整体的生产力与文化在当时是比较先进的。据记载，在公元前22世纪之时，当时在三苗部落中已经出现了“君子”与“小人”之别，也即出现了阶级分化，而这正是需要建立在生产力高度发展的基础之上的。三苗同时是一个充满了反抗精神的民族，相传在尧为部落联盟首领之时，三苗就曾作乱，于是尧发兵讨伐，与之在丹水，也即现在的丹江作战，击败了它。但三苗不服，仍然多次为乱，作为惩罚，尧将三苗部落的一部分人流放到西北的三危山，将其首领驩兜流放到崇山。后来，舜接受尧的禅让，即位为帝，三苗又蠢蠢欲动，舜于是整军，展示出强大的军事实力，威慑住了三苗。后来，大禹即位，三苗再度与中原发生矛盾，而禹帝则领军与三苗部落的联军展开了一场长达七十天的大战，最终大败三苗。（罗泽宁，2011）事实上，三苗的战争史就是一部斗争史，苗文化的精神内核就是其不屈的斗争性。在历史上，统治者曾诬蔑苗为“蛮”，这个“蛮”字很好地体现出了苗人不愿屈服于压力之下的斗争性。然而，“苗族人民既坚强不屈，又善良友好。《镇雄州志》卷3说，苗人‘性忠朴’。《大方府志·疆里志》说，苗人‘性朴实’。一个外族人与苗人相处以后就有这样的感觉，苗人很讲和平，讲礼节，重情谊，你对他好，他对你好十倍，如果你欺负他，他就跟你干到底，甚至不惜牺牲”（潘定智，1996）。

至于越、楚文化中内藏的文化性格，可从地理层面着手分析。整个楚地的地域环境是江汉纵横，多山多水。在文明的早期，山和水都是人生存的危险和阻隔，因此楚国在草创阶段，其生存极其艰辛，《左传》在谈及楚国早期的开拓时，称其“辟在荆山，以处草莽”（《左传·昭公十二年》），“筚路蓝缕，以启山林”（《左传·宣公十二年》），楚人与自然的斗争从未停止。然而，楚地属于亚热带季风区，气候为温带温润型，有利于农业生产，因此只要肯付出，不愁没有收获。正如《史记·货殖列传》中所说的那样：“楚越之地，地广人希，饭稻羹鱼，或火耕而水耨，果隋蠃蛤，不待贾而足，地埶饶食，无饥馑之患，以故呰窳偷生，无积聚而多贫。是故江、淮以南，无冻饿之人，亦无千金之家。”正是这样必须与环境相抗争但又不愁收获的状况导致楚人的性格有明显的“轻窕”“促急”的特征。如《左传》中两次说到“楚师轻窕”，即指楚人性急。《史记·货殖列传》有：“越楚……其俗剽轻，易发怒。”《论衡·率性传》：“楚俗促急。”在《论语》中最有名的是号为“楚狂”的接舆，一个“狂”字将楚人性格表露无遗。（黄莹，2011）明代的王士性《广志绎》里讲到江南地区的人文差异时也说：“泽国之民，舟楫为居，百货所聚，闾阎易为富贵，俗尚奢侈，缙绅气势大而众庶小；山谷之民，石气所钟，猛烈鸷愎，轻犯刑法，喜习俭素，然豪民颇负气，聚党与而傲缙绅。”（王士性，1981：68）直到今日，湖北人性子急都是全国闻名的，民间有俗语称“武汉人说话像吵架，北京人吵架像说话”即是此理。事实上，由于地域相近，古越文化的文化性格也与此相近，如贺刚曾分别从经济生活、衣冠服饰、车舆寝居、战争复仇、宗教信仰、语言等方面总结了越人的文化特征，其中专门谈到越人好相攻击，习水斗，有猎头之俗，与楚文化的特点颇有类似之处。（贺刚，1990）

刘师培曾这样谈及地方水土对文学的影响：“北方之地土厚水深，民生其间，多尚实际。南方之地水势浩洋，民生其际，多尚虚无。”（刘师培，1997：560）“盖山国之民，修身力行则近于儒；坚忍不拔则近于墨。此北方之学，所由发源于山国之地也。楚国之壤，北有江汉，南有潇湘，地为泽国；故老子之学，起于其间。从其说者，大抵遗弃尘世，渺视宇宙，以自然为主，以谦逊为宗。如接舆、沮溺之避世，许行之并耕，宋玉、屈平之厌世”。

可见，苗、越、楚的多元文化结构导致鄂南人性格的文化性格是醇厚而又激烈，反抗性强，性子容易急躁而走极端，这使得他们在面对情感的压迫时有可能采取极为激烈的方式进行。同时，多水的地势影响在文学中是“尚虚无”，“遗弃尘世，藐视宇宙”，时有厌世之风。

这种文化性格作用在民间诗歌中，形成殉情的特色也就不是一件令人奇怪的事情了。我们细读殉情诗的文本，不难发现，如果单纯地从道德伦理的角度来看待这几部殉情诗，那男女主角的行为都不符合道德伦理规范。如《双合莲》中的郑秀英本有婚约，却在婚约未曾解除之前便与自己心爱的胡道先同居。他们的做法在今天只怕都有人觉得过分，在当时更是为人所不齿。他们的行为之所以引来反对，其实是因为他们的做法过分大胆直露，触发了某种底线，为此族人要找来族长重整纲纪。然而，不管是胡道先，还是郑秀英，乃至郑母，面对族人和族长都表现得异乎寻常地强硬乃至泼辣。面对族人，秀英母女的态度在《双合莲》中的描述是：“有人说了秀英女，娘女两个骂上门，那个敢作对头人。”面对族长，郑母对女儿的教诲是：“只要走了胡三保，不怕旁人把祸栽，大胆稳坐钓鱼台。”在众人搜索家门却未能找到胡道先之后，“秀英母女气不平，前门骂起到后门，屋下几个造事鬼，连带族长不正经，自家狗咬自家人”。“娘女俩个骂得凶，捉你娘的贼老公，一捉强盗无赃物，二捉奸夫无房中，怎能说我败门风。”后来郑秀英被名为嫁实为卖地嫁给了刘宇卿，她如果能在出嫁后与刘宇卿安稳过日，刘宇卿也未必就会真的追究她以往的过失。然而郑秀英对爱情极度忠贞，被嫁过去之后“哭得眼肿面皮黄，三餐茶饭都不想，一连半月不梳妆，睡觉从不脱衣裳”，而且扬言“烈女不嫁二夫君，不爱刘家大富贵，不爱宇卿好相公，宁可一死不愿从”，最终导致了她的悲剧。而且，我们细读《双合莲》的文本，里面某些看似反面的人物也并非真的古板而不通情理，相反对主角的爱情有一定程度的同情与帮助。如郑秀英原本许配的丈夫夏春福是个残疾，郑秀英也因此对这一婚姻不满从而自主选择了胡道先，但后来族长强逼郑秀英嫁给夏春福时，夏春福却以郑秀英已非完璧为由主动撕毁了婚约，这其实为郑秀英和胡道先的结合扫除了障碍，如果不是族长的固执，后来的悲剧也许不会发生。而后来刘宇卿家请媒婆卖掉郑秀英时，媒婆首先想到的也是去找胡道先，给他出了一个换人娶亲，瞒天过海的主意，如果不是后来阴差阳错导致此事暴露，这个媒婆也许就真的促成了一桩美满姻缘。

在殉情诗中，面对爱情的不圆满，人的痛苦和反抗也是极端的。在《双合莲》中，郑秀英如果收拾心情，放弃爱情，未必不能收获一个女人的平常日子，但她为了爱情，最终上吊自杀。而胡道先在经历了牢狱之灾后，回家不到一个多月便因愧悔而死。在《海棠花》中，男主角在情人死后，接连是“十哭姐”“七七哀姐”“十梦姐”“十二月忧姐”。在《要情记》（异文）中，男方得知情人逝世，主动跑到女方家中去说明自己的私情，承担自己的责任，面对女方家人要他披麻戴孝，爬地送葬拿灵牌哭灵的要求，他毫无拒斥，最终在一个雨天为爱癫狂——“十哭姐来哭破天，瓢泼大雨落跟前，手端灵牌坟地走，要与月英坟里眠，原来飞龙已发癫”。至于《熬川记》，男女的抗争更为明显，相爱的一对男女从名义上讲是族兄族妹，女方的父亲也以此不肯同意两人的结合，然而，女子执着地找出了这样的理由：“阿爷姓全名诗礼，上门女婿结姻缘，我本全玉川。”以父亲是入赘的女婿，两人本非同姓加以辩护。

在遭到拒绝后两人相约殉情而死。对于这一事件，歌唱者的叹息是："故事在此编出来，这对恋爱不平凡，值得留世间。我劝世人要学乖，儿女爱情随缘来，自然有安排。"也许女孩父亲的担忧并非无理，然而，歌唱者代表的是鄂南的大众，其立场却在女孩这边。

考虑到殉情诗都是对当时现实事件的直接反映，都有一个生活中的实在原型，我们不难看到，在殉情诗的文本以及构成其来源的现实生活中，鄂南地区劳动人民的性格是刚烈、直率的，他们的所作所为对中原文化和儒家礼节来说是难以相容的，虽然诗歌中有不少颂扬儒家教化的话，但作者的同情心和着力点都不在这一方面。

不光是殉情诗如此，就算是鄂南民间叙事长诗中有着较为美好结局的不属于殉情诗的爱情诗中，男女的相恋往往也是合乎人性而违反道德的。如《梅花》《花手绢》等诗中，男女的相会往往以男子对女子的鲁莽追求开始，而女子在开始的惊惧之后，往往会被男子的心意打动，转为动心、有意，也许这在正统的儒学看来算是一种轻佻之举，但鄂南民间对此的态度却是赞许的。

事实上，我们还可以从云南丽江纳西族的殉情文化中看到与之类似的情形。纳西族原本是一个游牧民族，属于母系社会，族人爱好自由，崇奉的也是走婚制的自由婚俗。然而，在清代雍正元年"改土归流"后，汉族文化强势入侵，发出了"以夏变夷"的口号，原本的婚恋自由变成了婚前恋爱自由，婚后不自由。（杨沐晓、薛祖军，2011）于是殉情、逃婚悲剧大量发生，甚至成为一种特有的文化现象，丽江一度成为"世界殉情之都"，几乎家家都有一两个因为殉情而死的人。（顾彼得，2007：183）

殉情之所以在丽江纳西族人中会如此盛行，其根源在于传统文明被改变，自由遭遇了压迫，这一点与纳西人热爱自由的游牧民族本性相结合，立刻就产生了殉情这一现象。应当说，就引发殉情现象的根本原因来说，纳西人与鄂南人不同，纳西人的殉情表现为遭遇文化压迫后出现的应激反应。然而，这一反应外化为强烈的反抗性和情感上趋于极端的走向则与鄂南人从文化性格出发而产生的行为有着某种结构的相似性，也许正是这种结构相似性，使得殉情成为他们共同的选择。

参考文献

〔俄〕顾彼得，2007，《被遗忘的王国》，李茂春译，云南人民出版社。

贺刚，1990，《论越文化的特质及其与楚文化的相互浸染和融合》，载彭适凡主编《百越民族研究》，江西教育出版社。

黄莹，2011，《论楚文化生成的自然地理环境因素》，《三峡大学学报》（人文社会科学版）第4期。

刘师培，1997，《南北诸子学不同论》，载《刘申叔先生遗书》，上册，江苏古籍出版社。

吕相康，2002，《鄂南民俗研究的可喜成果——评〈鄂南民俗撷论〉》，《黄石教育学院学报》第3期。

罗泽宁，《湖北咸宁文化历史渊源》，http：//blog. sina. com. cn/s/blog_5e4c596d0100pj83. html。

潘定智，1996，《从苗族民间传承文化看蚩尤与苗族文化精神》，《贵州民族学院学报》（社会科学版）第4期。

王国维，1987，《王国维文学美学论著集》，北岳文艺出版社。

王兰，2013，《中日近世殉情题材言情叙事比较》，《山西大学学报》（哲学社会科学版）第4期。

王士性，1981，《广志绎卷之四——江南诸省》，中华书局。

杨沐晓、薛祖军，2011，《丽江纳西族“殉情文化”现象解析》，《大理学院学报》第7期。

尤育号，2006，《启蒙大众与清末社会文化变迁的大众化趋向》，《阴山学刊》第3期。

The Historical Context and Generative Logic of the Folk Double Suicide Poetry in the South of Hubei Province

Guo Yu Shan Yi

Abstract: Double suicide narration is one of the characteristics of the folk narrative poetry in the south of Hubei province, which is a cultural phenomenon worthy of attention. The causes of this phenomenon can be analyzed from two aspects: the historical context and the cultural - psychological formation. Double suicide poems appeared in the mid and late Qing Dynasty. In this period, traditional ideology was facing to be challenged, modern society began to come gradually, and tragic narrative had new legitimacy because of the failure of the thoughts of Confucianism discipline. The south of Hubei province consisted of Miao culture, Yue culture, and Chu culture potentially created the cultural personality of being mellow and fierce and easily going to extremes. This cultural personality was directly shown as the appreciation, identification and creation of the double suicide narrative.

Keywords: The Folk Double Suicide Poetry in the South of Hubei Province; Tragedy; Historical Context; Cultural - psychological Formation

About the Author: Guo Yu (1980 -), Ph. D., Associate Professor at School of Humanities and Media, Hubei University of Science and Technology. Research interests and specialties: literary theory and local culture research. E - mail: 673363746@ qq. com.

Shan Yi (1982 -), Lecturer at School of Humanities and Media, Hubei University of Science and Technology. Research interests and specialties: classical Chinese literature research.

经典阐释

《离骚》“香草”典故的流变*

任继昉**

【摘　要】 以《离骚》为代表的屈原作品中香草花木出现的频率极高，后世引用不绝，逐渐形成了内涵丰富、形式多样的“香草”典故。系统梳理《离骚》中“纫兰结佩、美人迟暮、九畹、餐英饮露、芳草萧艾、香草美人”等典故的变体，可以看出它们常被用来比喻人之品德的美好和人格的高洁。

【关键词】 离骚　香草　典故　流变

《离骚》是战国诗人屈原的代表作。东汉王逸在《楚辞章句·离骚》序中说：“《离骚》之文，依《诗》取兴，引类譬谕，故善鸟、香草以配忠贞，恶禽臭物以比谗佞；灵修美人以媲于君，宓妃佚女以譬贤臣，虬龙鸾凤以托君子，飘（一作飙。——作者注）风云霓以为小人。”这就高度概括了《离骚》“引类譬谕”的特点。

香草本指“含有香味的草”，是实实在在的植物。“香草以配忠贞”的定义，就使香草有了不同寻常的意义。王逸之前的刘向在《说苑·谈丛》中也曾说过：“孝于父母，信于交友，十步之泽，必有香草；十室

---

* 本文为国家哲学社会科学基金项目“释名诂林”（15BYY106）阶段性成果。

** 任继昉（1955～），文学博士，中南大学文学与新闻传播学院教授。主要研究汉语词汇史，主要著述有《汉语语源学》《词语源流考》《释名汇校》《毛泽东学生时期文稿详注》等。电子邮箱：renjifang@163. com。

之邑，必有忠士。”刘向将“香草”与“忠士”并提，只是泛指。而王逸明确指出《离骚》中的香草与忠士有直接对应关系，这样，不仅“香草”成为“忠贞之士”的代名词，而且，《离骚》也成了“忠贞之士”的代表作，其作者屈原自然也成了“忠贞之士”的代表人物。

以《离骚》为代表的屈原作品中香草花木出现的频率极高，屈原在诗篇中赋予这些香草丰富的象征意义，后世引用不绝，津津乐道，逐渐形成了内涵丰富、形式多样的“香草”典故。系统梳理源出《离骚》的这些典故在后世的各种变体，可以从一个特殊的角度观察其对中国文学作品乃至文人的影响情况。因《离骚》以后的古今文献浩如烟海，一时难以普查穷尽，典故的各种变体出现的时间可能难以确定，因此不便以出现时间作为排列的依据，只好以其读音形式排列，以利观瞻、查询与今后的增补。

一 纫兰结佩

《楚辞·离骚》：“扈江离与辟芷兮，纫秋兰以为佩。”王逸注：“纫，索也。兰，香草也，草秋而芳。佩，饰也，所以象德也。故行清洁者佩芳……言己修身清洁，乃取江离、辟芷以为衣被，纫索秋兰以为佩饰，博采众善以自约束也。”纫：连缀。谓采秋兰捻成索状佩戴在身上。后因以“纫兰结佩”为表示人志行高洁。宋·辛弃疾《西江月·和赵晋臣敷文赋秋水瀑泉》：“纫兰结佩有同心，唤取诗翁来饮。”

兰结佩

宋朱敦儒《浣溪沙·季钦拥双妙丽使来求长短句为赋》：“楚畹飞香兰结佩，蓝田生暖玉连环。”

兰佩

宋辛弃疾《蝶恋花》：“九畹芳菲兰佩好。空谷无人，自怨蛾眉巧。”

兰芷结新佩

唐孟郊《连州吟》：“兰芷结新佩，潇湘遗旧音。”

佩兰

唐韩愈、孟郊《遣兴联句》："殷鉴谅不远，佩兰永芬芳。"佩兰后来成为蕙（亦称"薰草"）的俗名，因古人常把它佩带身上，或作香焚以避疫，故称。后世之人有以"佩兰"为名者，如：《搜神记》中有贾佩兰；清代有梁佩兰，又有席佩兰。

佩兰蕙

三国（魏）曹植《七启》："佩兰蕙兮为谁修，宴婉绝兮我心愁。"

佩兰客

唐李贺《公无出门》："嗾犬狺狺相索索，舐掌偏宜佩兰客。"

佩兰人

宋曾协《水调歌头·送史侍郎》："想见傅岩梦断，记得金瓯名在，却念佩兰人。"

佩秋兰

三国（魏）曹操《陌上桑》："食芝英，饮醴泉，拄杖桂枝佩秋兰。"

佩秋纫

清程先贞《寄祁珊洲北河》诗："桃李盈门趋昼讲，芝兰入室佩秋纫。"

纫兰

周实《哭洗醒》："纫兰搴杜更多情，年年佳偶求云英。"人也有以"纫兰"为名字者，如明代有李佩金，字纫兰；清柴萼《梵天庐丛录》记有李纫兰。

纫兰客

屈原的代称。也指志行高洁的人。宋徐铉《和萧郎中午日见寄》："岂知泽畔纫兰客，来赴城中角黍期。"

纫兰佩

比喻志行高洁。宋苏轼《次韵滕大夫·沈香石》："欲随楚客纫兰佩，谁信吴儿是木肠。"宋赵子发《南歌子》："人有纫兰佩，云无出岫心。"

纫兰为佩

宋苏轼《殢人娇·白发苍颜》："明朝端午，学纫兰为佩。寻一首好诗，要书裙带。"

纫兰芷

宋刘克庄《贺新郎·甲子端午》："艾子萧郎方用事，怪先生、苦死纫兰芷。"

纫佩

比喻对别人的恩惠或教益铭记于心，如"纫佩在身"，人们就用以比喻别人的恩惠，如"铭感于心，如纫佩在身也"。后来索性用"纫佩"表示感激佩服，多用于书信，如"不胜纫佩""纫佩无既"，表示深深感激，十分佩服。人有以"纫佩"为室名者，如清代吕景蕙著有《纫佩轩诗词草》。

二　美人迟暮

《楚辞·离骚》："惟草木之零落兮，恐美人之迟暮。"王逸注："迟，晚也。美人，谓怀王也。人君服饰美好，故言美人也。言天时运转，春生秋杀，草木零落，岁复尽矣。而君不建立道德，举用贤能，则年老耄晚暮，而功不成事不遂也。"洪兴祖补注："屈原有以美人喻君者，'恐美人之迟暮'是也。"比喻时光流逝得很迅速，盛年不会再来。后因以"美人迟暮"喻指贤士至老不遇，常寓流光易逝，盛年难再的感慨。晋谢混《游西池》："美人愆岁月，迟暮独如何！"元彭元逊《解佩环》："远道荒寒，婉娩流年，望望美人迟暮。"清丘逢甲《秋怀八首〈三〉》："消尽美人迟暮感，素书一卷独编年。"

迟暮美人

绯云溪著小说名为《迟暮美人》。

三　九畹

《楚辞·离骚》："余既滋兰之九畹兮，又树蕙之百亩。"王逸注：

“十二亩为畹。”一说田三十亩曰畹。后即以“九畹”为种植兰花的典故。唐杨炯《幽兰赋》：“尔乃丰茸十步，绵连九畹。”元张昱《赵松雪墨兰》：“玉庐墨妙世无同，九畹高情更所工。”鲁迅《无题》：“一枝清采妥湘灵，九畹贞风慰独醒。无奈终输萧艾密，却成迁客播芳馨。”此以兰花作比，借咏兰花来咏屈原。

楚畹

泛称兰圃。唐唐彦谦《兰》之二：“谢庭漫芳草，楚畹多绿莎。”后世对联有：“才子性灵盟楚畹，中男诗句效斜川。”人有以“楚畹”为名者，如清代有徐楚畹，著有《“四书”人名廋辞》。又有以之为书名者，如清代徐善迁著有《楚畹诗馀》。

九兰

指兰草。唐骆宾王《上瑕丘韦明府启》：“谈丛散馥，韫余气于九兰；笔海流涛，骇洪波于八水。”

九畹花

指兰花。清陈维崧《采桑子·题兰花小册》：“只有章华，沦落天涯，忍着灵均九畹花。”

九畹兰香

传统婚联有：“九畹兰香花并蒂，千树梧碧凤双栖。”

幽兰九畹

清袁枚《春兴五首》之一：“幽兰九畹披香坐，啼鸟双柑带笑听。”

四　餐英饮露

《楚辞·离骚》：“朝饮木兰之坠露兮，夕餐秋菊之落英。”王逸注：“英，华也，言己旦饮香木之坠露，吸正阳之津液。暮食芳菊之落华，吞正阴之精蕊。勤以香洁自润泽也。”“香木”亦可包容于“香草”之中。明冯梦龙《古今谭概·塞语·牝牡雄雌》：“《洪范》言‘庶草蕃芜’而不及木，则木亦可谓之草。”“餐英”指以菊花为食。屈原被放逐后，常以饮露餐花象征自己志行高洁，并不断敦品励学，求才德进步。

后用“餐英饮露”以称美品行磊落，志趣高雅。宋刘克庄《寄题建阳马氏晚香堂》：“餐英饮露平生事，遗臭流芳一念间。”

餐英

咏菊时用以为典，隐寓高洁之意。宋辛弃疾《水调歌头·壬子三山被召陈端仁给事饮饯席上作》：“余既滋兰九畹，又树蕙之百亩，秋菊更餐英。”元王翰《题菊》：“归来去南山，餐英坐空谷。”人有以“餐英”为室名者，如清代伍宇昭室名“餐英书屋”，清代魏熙元著有《餐英馆乐府》四种。

餐英菊屿，饮露兰汀

宋蒋捷《高阳台·芙蓉》：“腽翁一点清寒髓（一作性。——笔者注），惯餐英菊屿，饮露兰汀。”

餐英客

称美品行磊落，志趣高雅。清顾炎武《和王山史寄来燕中对菊》：“楚臣终是餐英客，愁见燕台落叶时。”后人以此作为对联：“楚臣终是餐英客，邻叟来传补竹方。”

餐英骚客

骚客：诗人，文人。因屈原《离骚》而得名。清黄周星《满江红·秋富贵曲》词：“餐英骚客，持螯狂吏，此事还推吾辈。”

飡英

飡，同“餐”。元王翰《题菊》：“归去来南山，飡英坐空谷。”

夕英饱饵

饵，服食。餐花饮露，颂人功成身退、性情高洁。宋黄公度《满庭芳》：“功成后，夕英饱饵，相伴赤松游。”

饮露餐英

清郑燮有印文曰：“饮露餐英，颇颔何伤。”

五 芳草萧艾

《楚辞·离骚》：“兰芷变而不芳兮，荃蕙化而为茅。何昔日之芳草兮，今直为此萧艾也！”王逸注：“荃蕙，皆美香草也。言兰芷之草变易其体而不复香，荃蕙化而为菅茅，失其本性也，以言君子更为小人，忠信更为佞伪也。”“言往昔芬芳之草今皆直为萧艾而已，以言往日明智之士，今皆佯愚狂惑不顾也。”宋洪兴祖补注：“《淮南》曰：‘膏夏紫芝与萧艾俱死。’（注）‘萧、艾贱草，以喻不肖。’”兰，兰草；芷，白芷；荃，昌蒲；蕙，佩兰。兰、芷、荃、蕙，均为芳草名，比喻贤者。宋吴仁杰《离骚草木疏·萧》：“祭用鬯酒，诸侯以薰，大夫以兰芝，士以萧，庶人以艾。谓萧艾为贱草，固有自来。”香草化为杂草，比喻人正直变成了邪恶，君子蜕变为小人。屈原为坚持自己的信仰，即使在邪恶势力猖獗的情况下，仍耿介不随，独具高风亮节。宋郑清之《念奴娇·菊》：“年年秋后，笑观芳草萧艾。”“芳草萧艾”谓芳草萧艾均凋萎，唯菊傲霜，赞美菊。

艾萧

野蒿，臭草，比喻不肖小人，或平凡之才。宋魏了翁《过屈大夫清烈庙下，归州归乡沱》：“椒兰自昭质，不肯化艾萧。”毛泽东《七绝·屈原》：“艾萧太盛椒兰少，一跃冲向万里涛。”

艾子萧郎

艾和萧，指那些不能坚持品节，投机变节的小人。宋刘克庄《贺新郎·甲子端午》：“艾子萧郎方用事，怪先生、苦死纫兰芷。”此语双关：端午插艾；小人当道。

芳草

香草。比喻忠贞或贤德之人。唐杜甫《苏端薛复筵简薛华醉歌》诗：“爱客满堂尽豪翰，开筵上日思芳草。”宋刘敞《泰州玩芳亭记》：“《楚辞》曰：‘惜吾不及古之人兮，吾谁与玩此芳草？’自诗人比兴，皆以芳草嘉卉为君子美德。”人有以“芳草”为室名者，如宋代张镃室名“芳草亭”，明代王嘉禄有“芳草堂”，清代文秀室名“亦芳草堂”。

芳兰

晋潘尼《送大将军掾卢晏》诗：“萧艾苟见纳，贻我以芳兰。”

兰艾

兰草和艾草。比喻君子小人。《宋书·礼志一》:“臣闻旧制国子生皆冠族华胄,比列皇储,而中者混杂兰艾,遂令人情耻之。”

兰艾不辨

《南史·鲍照传》:“照勃然曰:‘千载上有英才异士沈没而不闻者,安可数哉。大丈夫岂可遂蕴智能,使兰艾不辨,终日碌碌,与燕雀相随乎?’”

兰艾不分

兰花与艾草不加区别。比喻好坏不分,贤者与奸邪不分。唐张九龄《在郡秋怀》:“兰艾若不分,安用馨香为?”

兰艾不同根

元钱选《山居图卷》(又名《幽居图卷》)卷末画家自题:“鷃鹏俱有志,兰艾不同根。安得蒙庄叟,相逢与细论。”避世离俗的孤高志节表露无遗。

兰艾不同香

兰花与艾草香味不同,所以很难和谐一致。唐孟郊《君子勿郁郁士有谤毁者》:“兰艾不同香,自然难为和。”

兰艾难分

指自己人和敌人,或美与丑的事物很难分得清楚。《宋书·沈攸之传》:“交今复相逼,起接锋刃,战之日,兰艾难分;土崩倒戈,宜为蚤计。”

兰艾同焚

兰草和艾蒿一同烧掉。比喻美的和丑的事物一同毁灭。晋庾阐《为庾稚恭檄蜀文》:“檄到,勉思良图,自求多福,无使兰艾同焚。”《晋书·孔坦传》:“兰艾同焚,贤愚所叹。”

兰艾同烬

南朝(梁)任昉《为齐竟陵王世子临会稽郡教》:“火灾昆冈,神岳崩溃;兰艾同烬,玉石俱碎。”

兰荃

荃，即昌蒲，香草名。唐·韩愈《送灵师》："逐客三四公，盈怀赠兰荃。"

兰芷

兰、芷：香草。唐沈佺期《别侍御严凝》："静言芟枳棘，慎勿伤兰芷。"宋苏轼《归朝欢·我梦扁舟浮震泽》："灵均去后楚山空，澧阳兰芷无颜色。"暗将友人苏坚同屈原比并，借"澧阳兰芷无颜色"表现友人离去后的失落之感。

兰芷蒿萧

由香草变为杂草。比喻人的品德由好变坏。《史记·日者列传》："兰芷芎藭弃于广野，蒿萧成林，使君子退而不显，众公等是也。"

荃兰

汉司马相如《长门赋》："抟芬若以为枕兮，席荃兰而茝香。"

萧艾

即艾蒿，蒿类植物的一种，以其为野生杂草，比喻不肖之人。《后汉书·张衡传·思玄赋》："珍萧艾于重笥兮，谓蕙芷之不香。"李贤注："贵萧艾，喻任小人。"晋陶潜《饮酒》诗之十八："幽兰生前庭，含熏待清风。……清风脱然至，见别萧艾中。"陶渊明对小人得志深表愤慨：尽管自己出污泥而不染，志行高洁，卓尔不群，且有济世之才，却无人赏识，为与"萧艾""见别"，只能怀良器而空待，其心情之痛苦是可想而知的。萧艾喻指投机小人，在近人诗文中仍习见。清人贾松年室名"萧艾堂"，寓处境冷落或自谦不肖之意。

萧敷艾荣

敷：开花。荣：茂盛。蒿草开花而茂盛，比喻不贤不义、品行卑劣的小人飞黄腾达。南朝（宋）刘义庆《世说新语·言语》："毛伯成既负才气，常称：'宁为兰摧玉折，不作萧敷艾荣！'"

萧兰不辨

宋吕本中《兵乱后杂诗》："万事多翻复，萧兰不辨真。汝为误国贼，我作破家人。""萧"指萧艾杂草，"兰"指兰蕙香花。香花比喻贤良，萧艾比喻奸佞。作者认为当时朝廷忠奸莫辨，不重用主战之李纲、宗泽，而信任奸佞蔡京、童贯，不恤国事，坐使陆沉。

六 香草美人

王逸《〈离骚〉序》认为，《离骚》采用比兴手法，用香草益鸟比喻贤臣，用恶鸟臭物比喻奸臣，用有德美人比喻君主。朱熹《楚辞集注·离骚经》也说："美人，谓美好之妇人，盖托词而寓意于君也。""香草美人"比喻忠贞贤良之士或政治理想。唐陆龟蒙《采药赋》序："药，白芷也。香草美人得此，比之君子定情属思，聊为赋云。"也用以称带有政治性的骚赋之辞。清龚自珍《浪淘沙·舟中夜起》："香草美人吟未了，防有蛟听。"吴梅《词学通论》："所谓寄托者，盖借物言志，以抒其忠爱绸缪之旨，'三百篇'之比兴，《离骚》香草美人，皆此意也。"

美人香草

比喻国君及忠贞贤良之士，亦象征忠君爱国思想。清陈廷焯《白雨斋词话》："仲修《蝶恋花》六章，美人香草，寓意甚远。"清屈大均《屡得友朋书札感赋》："美人香草满禺阳。"鲁迅《且介亭杂文二集·再论"文人相轻"》："从美人香草一直爱到麻疯病菌的人，在这世界上是找不到的。"湖南澧县南楼对联："八百里秋水洞庭，溯源此近；二千年美人香草，把笔谁来。"

香草

比喻君子。无锡县西的梁溪蒋圃有"香草居"。

从以上典故形式的各种变体可以看出，《离骚》中"香草"的典故，作为一个独立并且典型的意象，已经深深地印在了文人墨客的心里并得到广泛灵活的运用。一方面常常被用来比喻人品德和人格的高洁，另一方面则与恶草相对，象征着政治斗争的双方。"香草"已经在人们心中树立了不可磨灭的纯洁高贵的美好形象，正如旧题唐贾岛《二南密旨·论风骚之所由》所说："骚者，愁也。始乎屈原，为君昏暗时，宠乎谗佞之臣。含忠抱素，进于逆耳之谏，君暗不纳，放之湘南，遂为《离骚经》。以香草比君子，以美人喻其君，乃变风而入其《骚》刺之旨，正其风而归于化也。"正因为如此，后人连带把包括《离骚》在内的《楚辞》称为"香草美人"之辞。

Evolvement of Literary Quotations of Fragrant Grasses in *Lisao*

Ren Jifang

Abstract: In Qu Yuan's works, esp. in his masterpiece Lisao, the words of fragrant grasses, flowers and trees are frequently used, which have been often quoted by the later generations. During this process, it is gradually evolved into the literary quotations of the fragrant grasses with abundant content and various forms. Grooming systematically the different versions of the literary quotations of Ren Lan Jie Pei（纫兰结佩）, Mei Ren Chi Mu（美人迟暮）, Jiu Wan（九畹）, Can Ying Yin Lu（餐英饮露）, Fang Cao Xiao Ai（芳草萧艾）, and Xiang Cao Mei Ren（香草美人）in Lisao, we can find that the fragrant grasses are usually used as figures of speech for the beautiful virtues and noble personality.

Keywords: Lisao; Fragrant Grasses; Literary Quotations; Evolvement

About the Author: Ren Jifang (1955 –), Ph. D. , Professor in School of Literature and Journalism, Central South University. Research interests and specialties: the history of Chinese words. Magnum opuses: *Chinese Etymology*, *Research on the Origin of the Words*, *Collation of Shi Ming*, *Detailed Annotations of Mao Zedong's Manuscripts During School Time*, etc. E – mail: renjifang@ 163. com.

屈原三论

江　柳*

【摘　要】考诸史实和辞赋，屈原的社会角色并非政治高官，而是世袭的宫廷大巫师，兼职过左徒，参政时间仅十年，主要是神职官员，可他不是因循守旧、盲目迷信的世俗巫师，而是敢于“上下求索”，追求真理的智者，是先秦文化最后一位杰出的大巫师、大诗人。《离骚》是他宣泄对君王的不满，求助神灵助他复职而未遂，唱出的最后一首悲歌！他在《离骚》中展现的上天下地、四处求索的顽强精神，感动了千秋万代的仁人志士，成为中国传统文化中的优良基因。

【关键词】巫师　悲剧　文化基因

一　大巫师·大诗人

屈原是什么人？绝大多数人会一致回答：他是爱国主义大诗人。这当然是指他被流放沅湘时作了《离骚》，或许还有《九歌》《九章》等名作而做出的判断。这时屈原的社会角色是现代人说的“文学家”。可是，此前他没有作辞赋，又是什么社会角色呢？这一点没有当时的历史文献可考。楚国不重视史官文化，不像中原齐鲁诸国有《春秋》一类著作传世，楚国是巫官文化，不重视历史事件和人物传记的记载，这给后人解

* 江柳（1928～），湖北大学文学院副教授。

答屈原究竟是什么人留下了难题。要不是屈原留下了大量文艺作品，历史上有没有这个人也成问题了。

屈原是什么人？指的是他被流放以前是什么社会角色。因为他被流放后直到投江而死，其社会角色是被流放罪人，这是不需要争论的。

据笔者所知，屈原是什么人至少有四种说法。

一、司马迁说，屈原是楚怀王的“左徒”，还引用屈原的作品暗示他是“三闾大夫”。

二、闻一多曾同意学者孙次舟说，认为屈原是文学“弄臣”，所处的地位是奴隶，后又著文说他是“人民诗人”。

三、郭沫若说，屈原是“南方儒者”，是“爱国主义大诗人”。

四、姜亮夫、萧兵、林河等人说，屈原是楚国的大巫师、大诗人。

第一个说法的依据是汉代史学家司马迁的记载，他在《史记·屈原贾生列传》中说，屈原“为怀王左徒，博闻强志，明于治乱，娴于辞令。入则与王图议国事，出则接遇宾客，应对诸侯。王甚任之”。传记中提到他的作品《渔夫》时，引渔夫的话说：“子非三闾大夫乎？”可见屈原当时做过左徒这样的高官，又做过“三闾大夫”那种类似祭司的宗教官员。

姜亮夫怀疑左徒是春秋以来就有的“莫敖”，是仅次于令尹司马的“卿级官员”，且是世袭。依据是春秋后期的屈瑕到屈建都是世袭莫敖之职。该职的世袭传统在战国时期不会改变。总之，左徒、莫敖都是楚怀王手下的高官。否则不能与怀王共议朝政，不能代表国家应对各国诸侯，内政与外交屈原都有权管理，地位之显赫可见很不一般。那么，“三闾大夫”又是什么官呢？据说是负责楚国屈、景、昭三姓大贵族（奴隶主）子弟的文化与宗教教育和负责宗庙祭祀的官员。即“三闾大夫”屈原既是政府的左徒（莫敖），又是三大贵族的氏族老师，还是他们宗庙的祭司；政权、族权、神权集于一身，地位可谓高矣，高到民间的隐士渔夫都知其大名。

提出第二个说法的是著名学者、诗人闻一多先生。1944 年抗日期间，闻一多任教西南联大时，曾在《中原》杂志上发表《屈原问题》一文，是“敬质孙次舟先生”的。孙次舟在成都发表文章，说屈原是“文学弄臣”。说楚国当时的风气是男人女性化，爱打扮，屈原是个打扮得像女人一样的“充满脂粉气的美男子”。他和楚怀王有暧昧关系，但他天质忠良，心地纯正，情感浓烈，要求怀王娱乐不忘国政。闻一多认为孙次舟“完全正确地指出了一桩历史事实”，只是没有指出屈原是个在内廷帮闲的文人奴隶，是个还没有解放的文学侍从；是笼中的鸟，玻璃缸中的金鱼。他“被时代牺牲了，然而也被时代玉成了”，“奴隶主的粪土中，便培养出文学艺术的花朵来了”。

第三个说法是郭沫若先生提出的。他认为屈原是“南方儒者”、爱国主义大诗人。儒者是指屈原的政治思想是儒家的，是一位高官。这与朱熹的定位接近。

郭沫若考证了屈原的家世、生卒年月、官职地位、辞赋的真伪和艺术价值，以及文学史上的地位。他不仅著有《屈原研究》，译过《离骚》，还创作了话剧《屈原》。此剧演出五百多场，影响巨大。郭氏说屈原是“南方儒者”，是因为他独具慧眼，指出楚国继承的不是周文化传统，而是殷商文化遗产，而屈原在政治思想上却有周文化的儒家思想特征。他说，屈原作品多超现实的遐想，如描写天国景象，“我看都是殷人宗教性质的嫡传”，同时他又受儒家思想影响。郭老判断十分正确。遗憾的是，他没有进一步从巫术宗教与屈原的身份有什么关系，与《离骚》《九歌》创作的精神有什么关系上进行探讨，从而没有得出对其社会角色的判断。

认同第四个说法的学者有许多。著名的有姜亮夫、萧兵、林河。

姜亮夫先生在二十世纪二三十年代做《屈原赋校注》时就对司马迁说屈原是“左徒”进行了考察。他说，左徒，“余疑为春秋以来所谓‘莫敖’也”。因为“楚自鲁桓公十二年以后，始有莫敖之官。直到春秋末，屈瑕、屈重、屈完、屈荡、屈到、屈建、屈生七世相承为之，为莫敖者更无他人”。据此，姜氏推论屈原也世袭莫敖。莫敖是仅次于令尹和司马的“卿”级官员。司马迁说的左徒相当于卿，所以左徒就是莫敖。莫敖疑为楚语，与宗教有关。

文化人类学家萧兵在《楚辞文化》一书中考证，莫敖是南方古代对巫师的称呼，此名由崇拜藏獒得来。萧兵还引用《三代吉金文存》中的亚形族徽，证明殷代已有莫獒氏族。姜亮夫先生对屈原莫敖身份的猜测，与萧兵对苗、瑶、彝等少数民族的民俗考察，以及许多知名学者的探讨都证明：屈原是春秋以来世袭的莫敖。而莫敖就是灵犬藏獒。南方许多少数民族都将它作为图腾神崇拜，并以其名为巫师之名。所以莫敖就是巫师。左徒是莫敖的雅称，三闾大夫是俗称。

另一位文化人类学家林河，在其巨著《中国巫傩史》中说，屈原是楚国的傩坛大巫。屈原在《离骚》的开头，就以大巫师的身份自豪地说："摄提贞于孟陬兮，惟庚寅吾以降。"屈原炫耀他是在神圣无比的日期诞生的。为什么这样说呢？据湖北云梦睡虎地11号墓出土的楚简《日书》上说"凡庚寅生者为巫""男好衣佩为贵"的文字来看，屈原降生于庚寅日，当然是天降的神巫了。他又是男人，当然要穿最华美的衣服和佩戴贵重的饰品以显示其高贵。"皇览揆余初度兮，肇锡余以嘉名。名余曰正则兮，字余曰灵均。"林河先生解读为：皇天看到我初次"度戒"（巫师要多次度戒），赐给我的法名叫正则，字曰灵均。正则、灵均都是巫教的教名。

姜亮夫先生在《屈原赋校注・九歌诸神论》中说："且社稷四方五祀之典，固久已见于春秋以来楚之祀典，何以不并入九歌为十六十八章，如汉之郊祀者欤？祠祀之乐，男女恋羡之词，有极媟渎者，历代传说宫廷中多有其事，然皆为秘祀。"就是说，《九歌》或许是宫廷内秘密演唱的有亵渎成分的男女爱恋的邪慢之音，绝不是堂而皇之的祭祀歌舞乐曲。从姜亮夫先生的猜想与论证中，笔者认为屈原既是世袭的宫廷大巫师，而且博闻强志、才华出众，二十多岁时奉命写作或加工这种"房中乐"，供楚王在宫内演唱是完全可能的。闻一多先生说屈原是文学弄臣，可能是据《九歌》而作的判断。

依据上述四个关于屈原是什么社会角色的说法，笔者认为屈原是左徒和三闾大夫也好，是奴隶性的文学弄臣也好，是爱国主义大诗人也好，学者们都是将屈原当作楚怀王和顷襄王的政府高级官员和诗人来看待的。只有诸位文化人类学家认为屈原是楚国的大巫师，认为只有这种角色定位，才能解决各种角色说所生的疑问和矛盾。

笔者介绍诸家对屈原社会角色的定位，目的是要论证：一，屈原为什么会写出名扬千古的辞赋？二，屈原及其辞赋留给我们的文化基因是什么？反过来说，如果屈原不是大巫师，他能写出《九歌》《离骚》这样的作品吗？他一生都在文学的世界里或歌舞或赞颂或谈情说爱，在天国里叩帝阙、求宓妃、游昆仑，发泄怨恨……最后还是走到巫彭巫咸的水府天国里去，这种与众不同的思维方式、生活方式与情感状态，如何解释？

现在我们按这个“如果屈原不是大巫师”的思路来推理。

第一，如果屈原不是世袭的大巫师（左徒、三闾大夫、莫敖），他就不可能与楚王共商国是，应对诸侯，从而也没有与楚王共命运的爱国情怀。

左徒是官名，顷襄王时的令尹子兰就是号称春申君的黄歇也官到左徒。春申君是大奴隶主，以养士众多而名闻天下。他是以大奴隶主入主政治而达到卿级官位的。屈原只是世袭的贵族头衔，不是大奴隶主，当然不是楚怀王、顷襄王依靠的对象，只不过是世袭的、天生的大巫师而已。这个大巫师只是辅佐性的，因为怀王本身就兼大巫师。据《汉书·郊祀志》上说，“楚怀王隆祭祀，事鬼神，欲以获福助，却秦师”。楚国要问鬼神的事很多，怀王不能事必躬亲，屈原这位天降的大巫师当然成为助手。这样一来，他就不得不参与有关国家大事的占卜活动，并与怀王共商军政大计。或衔怀王使命出使齐国以及应对诸侯等外交事宜。当然，外交活动是以左徒的官员职称出现的。

屈原的爱国主义不仅表现在对怀王的政治决策加以真知灼见地建议中，更深刻地表现在《离骚》的三次幻游天国——叩天阙而遭冷眼、求宓妃而被欺骗、游昆仑而恋故土的浪漫主义追求中，一直追求到绝望沉沙，回到神的世界为止。这些表现强烈爱国主义精神的神游活动，只有大巫师的思维才具备，只有全身心奉献楚国又娴于辞令的屈原才吟诵得出来。

第二，如果屈原不是大巫师，他绝不会有深厚的百科全书式的知识。

巫师从夏商周时代开始，就是国内的高级知识分子，因为巫师不仅要上知天文下懂地理；还要熟知氏族历史与神话传说、帝王系统、圣贤业绩；当然要掌握祭祀礼仪、占卜技能、解卦智慧，并善于利用文字、创造文字来记录占卜的因果。至于花草树木、花鸟鱼虫等也因有灵魂有神性而必须熟悉。不然，就不能代神回答帝王公卿提出的种种问题。

所谓代神鬼回答人们提出的问题，这在现代人以科学思维看是十分荒谬的，因为世上本没有鬼神存在。但是古人用原始思维来思考神秘现象，认为万物有灵，头上三尺有神灵，他能给人以福或祸，能支配人的命运。梦中的幻象、精神错乱、催眠后的下意识言语与活动，疯癫、神秘的自然现象，等等，都是鬼神支配的，是灵魂离开肉体的表现（今人依然有这种残存的迷信观点和思维活动）。巫师虽然如此相信神鬼存在，但实际上并没有神鬼授予的种种知识，这一点他也是心知肚明的，不然他不会苦学广博的知识。

屈原是世袭的莫敖，他生出来就注定一生当巫师，因此必须接受严格的文化和有关巫术的知识训练。他天赋很好，“博闻强志”，又善口才，善于文字表达，因而他从小打下深厚的基础知识。特别是青年时代，以左徒的官衔出使齐国，笔者猜想其必定受到稷下学宫中的儒学思想影响和史官文化熏陶。这种经验理性的治国思想、仁义道德教育和尧舜禹的历史传统文化，使得他能集巫官文化与史官文化于一身。所以郭沫若说他是“南方儒者”。

第三，屈原如果不是大巫师，就不会写出著名的供男觋女巫合演的《九歌》。《九歌》是配合“万舞”演唱的，而且是在閟宫、春宫、寿宫演唱的淫荡性的房中乐。

从文化人类学的角度看，这些“淫荡性的房中乐”具有自古以来人们对生命神崇拜的内涵。《九歌》是巫师在三月三郊社祭祀与高禖祭祀时所创的情歌。郊社是祭祀天地的典礼。而高禖祭，是祭祀生命之神，祈祷人的生命繁衍，瓜瓞绵绵。可见社祭与高禖祭都是有关物质生产的民俗活动，所以两个祭祀是相连的。这就是在郊社祭后，未婚青年男女要在一起唱情歌、跳舞，最后要躲进密林成其好事的原因了。

《九歌》十一篇，除结尾是送神曲外，其余十篇都是按阴阳神配对设置的，如《东皇太一》是阳神，《云中君》则是阴神；《河伯》是阳神，《东君》是阴神；《湘君》是阳神，《湘夫人》是阴神；《少司命》是阳神，《大司命》是阴神；《国殇》是阳神，《山鬼》是阴神。这种男女配对的神在一起，谈情说爱和性生活是自然之理。将这种情与爱消解成了“关雎乐而不淫”的风雅之声，那还有什么民间原创艺术的魅力？还有什么楚骚的审美特征？

第四，如果屈原不是世袭大巫师，他就不可能从小接受神话传说和历史故事教育，也就不可能培养出发达的形象思维能力。而这正是《九歌》、《九章》、《远游》和《离骚》等引人入胜的关键所在，是楚辞艺术的根本特征。

《离骚》两千余年来受到热爱，在于“内容之丰富、想象之强烈、语言之真挚、修辞之丰彤荟蔚、表现其人格之崇高、爱国主义精神之伟大”。姜亮夫先生的评价是中肯的。但是，《离骚》中的华彩乐章中那最具魅力的地方是什么呢？是前一大半抒发自己有美好品德、有报国之志而不能申诉，以及对楚王的怨言、对小人的谴责等诗句呢，还是后一半驾玉龙乘凤车遨游天国，叩宫门、求宓妃、去昆仑的辉煌段落呢？对古人来说可能是前一半，对今天的读者来说，肯定是后一半。前一半对怀才不遇的追求功名的古代人士来说，会引起思想共鸣，而今天的高级知识分子会认为太政治化，有些枯燥无味。后一半就不然了，它是用形象思维来言志抒情的，是用华丽的辞藻、奇特的幻想、象征和比拟等修辞手段来展现内心世界的。这时有祈求、有奢望、有失落、有冷遇、有欢乐、有悲伤、有彷徨、有无奈、有绝望……情感跌宕，形象丰富，神话气氛浓烈，意蕴耐人寻味。

第五，与上述形象思维有关的是幻想、想象的能力，如果屈原不是大巫师，他就没有丰富的、新颖的幻想和想象能力。

想象，在这里是指脑中产生的从未感知过的或实际不存在的形象。如《九歌》中屈原创作的《湘君》与《湘夫人》中的爱情形象。不论是民间先有原型也好，抑或屈原凭空想象也好，那些相倾相慕、相思相爱的感人形象，现实中都是不存在的，是屈原创作出的形象。至于幻想，是指一种特殊想象。例如巫师口头陈述的鬼神世界的景物、仙家所描述的蓬莱仙境、“忽闻海上有三山，山在虚无缥缈间”等。它可激发人去追求长生不老、不食人间烟火却逍遥自在的欢乐境界，也可诱导人坠入空想的沉沦的苦海深渊。所以幻想有积极和消极之分。

巫师是人与鬼神沟通的桥梁。人们要巫师向鬼神祈求、询问、诅咒、招魂、驱鬼、放蛊、治病等，目的就是要鬼神为国家、群体或个人的利益服务。在施术的过程中，巫师必须用言语、唱词表达施巫的目的，请神鬼帮助；然后又要以神的名义表达有关善恶、是非、凶吉的判断。例如送瘟神巫术，巫师除了用纸船收集得瘟疫者所送的香纸蜡烛与农产品礼物外，还要在河边对瘟神敲锣打鼓讲唱，内容包括什么地方是天堂，什么地方最好玩、最好吃、有最美的女人，送你到什么地方去享乐等。这就要巫师根据知识积累和生活经验想象一番，虚拟一个纸醉金迷、歌舞升平、风景如画的所在，就要幻想一个虚无缥缈、不劳而获、伸手可得的神仙境界。如果送瘟神的人都听得入迷了，巫师相信神鬼也一定入迷。此时，巫师才将数艘纸船放在一捆稻草上，然后点燃稻草，烧香点蜡，鸣放鞭炮，目送纸船远远飘去，这就是“纸船明烛照天烧”。再如招魂，巫师要对游魂吟唱，劝他不要到险恶的地方去，那里对自己不利，最好回到故国、故乡、故居，因为这里的自然景物、社会生活、家庭环境、歌舞音乐等多么美好。读者只要读读屈原的《九歌》、《离骚》与宋玉的《招魂》就会了解巫师想象与幻想能力之强了。

幻想与想象的心理活动，是艺术与科学创造的奶娘。而它们都是在人类童年时代原始巫术活动中产生的。到文明社会以后，当理性思维占主导地位时，巫术文化也渐渐式微了。但巫术文化培育的幻想和想象能力却不因巫术消失而减退，它依存文艺作品而存在、发展，创造了无比辉煌的民族文化。楚人善于想象和幻想，是“惟楚有材”的文化基因决定的。

第六，如果屈原不是大巫师，他的辞赋语言中就不会有梦幻般绚丽的色彩。

辞赋的语言特征之一是瑰丽。这似乎是作者的审美趣味问题。有人喜爱质朴的，有人喜欢华美的；有人崇尚简约古朴，有人追求雕琢其词。这似乎与巫术宗教没有关系，对今人来说的确如此，对楚人来说就不然。大家都知道，《诗经》的语言是质朴的，不尚堆砌。因为那是人与人的真情倾吐，粉饰、雕琢、华丽的诗句有失其真、善、美的本质。这体现的是人与人交流的语言艺术。巫师交流的对象是神。即用感人言语、迷人的女色、醇美的酒浆、动人的歌声、曼妙的舞蹈、动人的乐曲去请神、媚神、贿神、诱神，以达到神为我用的目的。这其实是将人间官场的贪腐一套用在鬼神身上，只不过用得更放肆更夸张更无所忌惮罢了。《大招》肯定是巫师传统的招魂辞，末段或许经过屈原的增补。“五谷六仞，设菰粱只”后用了十五句夸饮食之美，近三十句赞女性和歌舞之美，真是浓墨重彩，绚烂之极。

这种绚丽的语言，当然与楚国绿水青山、繁花似锦的自然美有密切关系。但是，在当时，这些自然事物在楚人看来也是有神气、有仙气的神秘之美。屈原辞赋的香草藤蔓，宋玉眼中的高唐观所在的山崖水潭、葱茏林木、朝云暮雨之美莫不与神气仙气有关。

绚丽的语言，绚丽的彩绘漆工艺，绚丽的帛画、绚丽的龙凤绣衾，都是注重淫祀的楚人追求精彩绝伦精神文化的产物。汉人继之，却只学得表面文章，变成了堆砌辞藻的形式主义，失去了楚辞追求神人合一、追求生命活力之美的初衷。

二 悲剧之源

考证屈原担当什么社会角色，目的是为其正名。“名不正则言不顺”，孔子的这句话含有真理性。大巫师之名在当年的楚国是美称，是指能替君王与天地鬼神沟通的，即沟通人与神的使者。而在秦汉以后，巫术宗教被消解，巫觋才成为骗人的迷信职业，成为落后者的信仰，因此为人不齿。儒家也敬重屈原，同情屈原的遭遇，但却认为巫师之职“玷污”了他。从“为尊者讳”的观点出发，人们暗暗为他脱去奇装异服，换上儒雅的官服。久之，人们就忘却他是大巫师了。这样一来，许多问题就讲不通了。一位贵族、一位高官、一位近臣，凭几句谗言就能扳倒吗？他的政治地位为什么如此脆弱？他的人际关系为什么如此冷淡？朝中令尹、司马竟无人为他说情、辩冤？怀王连朝议都不听，一意孤行地罢免高官，这符合怀王崇巫术文化的意志吗？再说，既然罢了官，以后为什么又两度起用他赴齐，在合纵连横的政治军事暴风雨中，肩负关系楚国兴亡的使命？而如果将屈原定位为大巫师，一切疑问都顺理成章地得到解答。大巫师处于巫教衰颓的战国末期，连楚怀王都以张仪这样的人才为贵，巫师的地位已岌岌可危了。屈原是兼职左徒，并非有实力的贵族奴隶主集团的成员。他与怀王只是依附关系，一旦怀王不需要巫师了，就会弃之如刍狗；一旦需要，就将刍狗放上祭坛。屈原在级别上与上官大夫靳尚相同，但靳尚是实权派，靳尚要扳倒他很容易，楚王一怒他就倒霉了。他处于这种卑微地位，谁来救他？谁会同情他？由此可见，一经正名，所有混乱的思维都理顺了，合乎逻辑了。

大巫师是远古颛顼“绝天地通”以来，才成为专职的（也有酋长兼职），是通过祭祀与巫术仪式，使人在催眠状态下与天地鬼神沟通信息，从而按鬼神旨意判断国家大事是吉是凶、是祸是福的神职人员。一般平民是绝对不允许与天地神祇交流信息的。唐尧虞舜时代是母系社会，开始有半专业化的女巫。夏商时进入父系社会，巫术趋向宗教化，有了专职的占卜神职人员。商人十分迷信鬼神，相信有个超自然的力量在主宰着天气的旱涝、战争的胜负、疾病的安危、出行的祸福，此时宫廷的大巫觋是仅次于君王的显赫人物。

商人和楚人都是黄河中下游的东夷氏族。商人从夏桀手中夺得政权后，实行的是方国联盟的政权形式。楚人可能建有方国，成为殷人的盟友，他们共同生活了五百多年或许更久。殷亡，周成王封芈姓熊绎于丹淅之间，建立楚国，于是，楚人奴隶主率家人及大量奴隶南迁，进入荆山（南漳）和汉水。此时的汉水入江处早有建立的“盘龙城”（汉口），输入了殷文化。因此楚人南迁又与殷遗民相遇，巫术宗教自然而然成为他们共同的信仰了。

楚人在江汉、沅湘、淮泗间建国八九百年，开疆辟土，融合苗蛮濮越氏族，在五霸七雄中有吐吞八荒之势。它的意识形态却依然是以巫术宗教为主导。春秋时出现一位鼎鼎有名的大巫师叫观射父。他被誉为“国之所宝者”，因为他“能上下说于鬼神，顺达其恶欲，使神无所怨痛于楚国”。楚国在春秋时期能成为五霸之一，观射父等大巫师和巫术宗教信仰产生的精神凝聚力和神鬼观念产生的驱动力，应该说发生了重大的作用。

一百七十余年后，能凭“强闻博志、明于治乱、娴于辞令”而得到大巫师、左徒、三闾大夫职位的屈原也是国宝，可能是超过观射父的超级国宝！遗憾的是，此时巫术宗教史已翻到最后一页了。作为大巫师，他只在年经时期辅佐怀王时受宠。他曾根据原始巫术宗教中放纵情欲的演唱形式，将民间祭歌改编成房中乐形式的《九歌》，让东皇太乙（日神）与云中君（月神）、湘君与湘夫人、大司命和少司命、河伯与山鬼等轮流出场，倾诉相思之苦、怨慕之情。在这段时间（怀王继位为公元前328年，被疏远为怀王十一年，即公元前318年）内，屈原以大巫师身份参与政治、军事的占卜活动不可考，但政治上受重用是肯定的。此后，屈原浪游汉北，到怀王十八年，由于怀王又想与齐国结盟抗秦，屈原再度受命出使齐。又过了七年，即怀王二十五年，怀王又转过头来与秦为盟，屈原再次被疏远。再过四年，即怀王二十九年，秦国攻楚，斩首二万，杀大将景缺。怀王十分恐惧，又想与齐结盟，让太子作齐国人质，于是第三次起用屈原使齐。从怀王十八年起，屈原的政治生命是乍沉乍浮，浮时肩负楚国命运，沉时如落叶逐流。待到怀王客死秦国，顷襄王执政后，他最终被宣判贬谪沅湘，以三闾大夫祭司之名，流放湘西的荒郊野流之间，直到投身汨罗。

从屈原的生命历程来看，他参加宫廷巫术宗教活动与政治活动的整段时间只有十年，以后几次作为使者出使齐国则是断断续续、时间是长短不一的。他没有像昭雎、陈轸、靳尚那样，在各国史册上留下一点文字痕迹。《史记·楚世家》上，仅一处提及屈原使齐归来，问楚王为什么不杀张仪一句。可见屈原并不是正史上的重量级人物。

战国是一个由神治转为人治的历史转折时期。表面看来，楚、秦、齐、魏的巫术宗教活动还存在，如各国之间的歃血为盟活动。但此时许多大国已不重视鬼神力量而重人才力量了。齐国的稷下学宫学术争鸣十分活跃。儒、道、墨、法、阴阳、五行、兵法、医家人才辈出。睿智之士游说四方，兜售治国之道；四大公子——孟尝君、信陵君、春申君、平原君招贤纳士，门客三千。屈原出使齐国，自然受到儒家学说影响。

但楚国却水泼不进，依然我行我素，威王、怀王还在迷信巫术。汉代贾谊著的《新书·春秋》上说，怀王笃信巫术。他“心矜好高人，无道而欲有伯（霸）王号。铸金以象诸侯人君，令大国之王编而先马，梁王御、宋王骖乘，周召、毕、陈、滕、薛、卫、中山之君，皆象使随而趋”。在汉代人看来，用比拟的形象来满足骄矜的心理需要，仿佛是儿戏，其实，这是巫术活动。用文化人类学家弗雷泽的理论来说，这叫模仿巫术。施术者相信，通过模拟的行为，可达到预期的效果。楚怀王想当霸主，就用金属铸造诸多大小君王的形象，象征自己出行时，一些中等国的君主编成仪仗队走在前面，自己坐在龙车上，梁王为他执辔驾车，宋王在车右边陪乘，一些小国君主都像使者一样跟随在后面。怀王相信，这一模拟巫术，能通过鬼神作用，达到预期的目的。大家读过《红楼梦》，第二十五回马道婆害贾宝玉和王熙凤，就是用的模拟巫术。

不过，巫术活动没有帮怀王取得霸主的地位。在楚秦对抗中，楚国一再损兵折将，丧疆失土。在血的教训面前，怀王不再迷信鬼神能助他退却秦兵了。大巫师屈原也没有了什么利用价值，只有当祭祀祖先的“三闾大夫”的资格了！所以说屈原任大巫师的时期是巫术宗教的回光返照片刻。

楚威王当政时，楚国十分强大。它以湖北湖南为基地，拥有今河南全部、山东中西部、安徽全部、江苏一角、巴国部分与黔中郡，已统一了天下之半。怀王当政，犹存雄风。所以五国合纵抗秦时，怀王若能率百十万盟军抵达函谷关，秦国将亡在旦夕。然而歃血盟誓之言犹在耳，秦国一离间，各国为保存实力，纷纷作鸟兽散，合纵宣告失败。主持盟誓的祭司（或助祭）理应是屈原，这次失败使怀王名誉扫地，国威受挫！

秦国自卫鞅变法，废除奴隶制和井田制，抑制贵族势力，极大解放了生产力，国力日益强盛。张仪入相，纵横捭阖，内练强兵，外拒强敌，秦国终于转弱为强。秦军不仅蚕食韩魏，还越秦岭，夺汉中，出剑门，灭巴蜀。而驻守巴国的楚大将庄蹻，南下夜郎，占滇池、护国土，却将楚之西大门拱手让秦，让秦踞高山之巅，虎视栽郢（纪南）城郭与王陵！

这种形势使楚怀王不再迷信巫术的神力，转而相信人才可以兴邦，改革可以医国。怀王十一年，“使屈原造为宪令，屈原属草稿未定。上官大夫见而欲夺之，屈平不与，因谗之……王怒而疏屈平”。《史记》中的这段话，含糊不清，有以下引起疑问之处。

第一，既然是怀王指令屈原“造宪令”，上官（可能是靳尚）有什么权力要夺去草稿？他不是令尹、司马，与屈原是同卿级的官员，有什么资格夺？为什么夺？

第二，宪令就是法令、国法，是以法治国的手段。楚国过去是神治与人治（贵族集团的口头命令），现在要“造”法令，足见是受法家思想影响，要以法令治国。

第三，上官大夫要夺屈原草拟的宪令，绝不是争名夺利的小人举动，而是为保护贵族保守集团的既得利益，要毁掉这个宪令，这是一场改革与反改革的政治斗争。

第四，宪令极可能是关系国家命运的法令，理应由令尹、司马制造，屈原名为左徒，但真正的角色是大巫师，是巫官，没有实权。怀王不该委任他来草拟，因此引起贵族集团和朝廷官员的不满。上官将此事付诸廷议，将矛头指向屈原，诬蔑之辞肯定有之。怀王在众怒之下，只有迁怒于屈原，疏远了他，将他置于汉北，夺了左徒官称。汉北，在今陕南汉中市南郑附近，近汉水。

屈原浪迹汉北，行吟泽畔，形容枯槁，作《九章》中若干篇，宣告了巫术宗教活动和其大巫师命运的结束。此后，只有小巫即民间巫术文化在西南诸省的深山老林中，特别是苗瑶彝等民族中延续至今（中央电视台《远方的家》等专栏中，有大量镜头记录了原生态的巫傩文化活动）。宫廷巫术宗教活动的淡出，是理性思维的胜利，是人才的解放。但对楚国的命运来说，却是末日的象征，因为巫术宗教产生的社会凝聚力、唯神论的意识形态软实力被历史的风雨摧毁了，上层建筑的顶梁柱折断了。而经验理性知识和思维方式却没有被楚人掌握，没有时间来帮助楚国抵御秦国和齐鲁诸国的军事力量！

屈原因起草宪令被夺、被诬、被疏，这一现象不是君子与小人、忠贞与奸佞的斗争，而是变革与反变革的斗争。屈原失败了，他没有得到怀王和改革势力的支持，也没有得到令尹昭阳的支持，令尹昭阳代表楚国贵族（昭、景、屈）的核心势力。怀王昏庸软弱，令尹、司马不予支持，屈原孤掌难鸣，只有以失败告终。

再说，屈原不是法家，而是巫术宗教家。他在齐国学到的主要是儒家，儒家是遵从周代体制的学派，宣扬以仁义道德、伦理观念治国，以这一套学说来指导改革、起草宪令，完全是风马牛不相及，绝不能触动楚国僵化的、超稳定的社会系统。所以屈原失败、被疏也是必然的。以后重新被起用出使齐国，只不过是怀王在合纵中的一时需要而已。怀王真正需要的是说客张仪。

巫术活动是人类幻想以某种手段控制不可知的大自然和社会的神秘力量，为人们消灾赐福的活动。远古以来，我们的祖先认为花草树木、山川湖海、虫鱼鸟兽、风雨雷电、日月星辰等，包括人所创造的文字与符号，都是有灵气、有神力的，这叫“万物有灵论”。人与万物分不开，因此神灵也制约自己和群体，它可给人以祸，也会给人以福。天人总是处于互依互存状态，处于利害关联状态。例如说，神龙可带来雨露，给人带来五谷丰收，也可带来赤地千里，颗粒无收。为了利己利人，或为了害人，就需要有人主持祭祀、颂神、献牲、娱神、问神等等活动，这人一定是有特异秉性、有丰富知识、善于言辞、能歌善舞、有美貌媚态的人，这时就有了女巫。开始巫是业余的，人皆可为之，大概到父系社会出现、阶级出现后，由大酋长身兼巫师。然而此后祭祀渐多，询问天神地祇与鬼神（图腾神、祖先神、自然神）的活动渐多，大酋长无分身之法，于是助祭的大巫师就产生了。经历了数千年的巫术实践，类似宗教的巫傩活动就形成了一种文化传统，形成了意识形态中的精神力量。

但巫术又不是真正的宗教。它没有固定的神祇，没有神的语系，没有经典著作，没有神殿，没有固定的信徒。只要科学理性认识一发达，神秘性一消失，巫术活动就逐渐消失了。所以我们只能称其为准宗教、类宗教。殷代是巫术发展的高峰。殷亡，曾与殷人相处数百年的楚人南下建国，将巫术宗教全盘带来。经过八百载岁月，巫术宗教使楚人在精神结构上和形式上，形成了不同于中原文化的特征。

楚国自老子、庄子、屈原、宋玉以后，人才辈出，这主要不是自然环境决定的，而是人文环境。楚国的人文环境与中原诸国最大的差别是巫术文化，它的非理性情感、幻想思维和对个性生命美、艺术美的追求，对理想（天国、仙界和以后的佛境、诗境）美的求索，对自然美的趋同与热爱，是远远超过北方、西方平原生活的民族与国家的。而对这种美的追求，就建立在巫术宗教和有巫术宗教参与的佛教、道教基础上。这种文化孕育了楚人敢于拼搏、幻想、开拓、创造的基因，以及热情地追求审美境界的精神。这种文化是战国以来楚国（地）人才辈出、艺术之花灿烂开放的根本原因。汉代就是鲜明的例子。

但是，巫术宗教在战国末总体上衰落了，人治取代了神治。楚国在威王时期巫术曾一度回光返照，屈原可能是这个时候成为大巫师的。当楚怀王执政时，屈原已十六岁，已兼任左徒了。怀王十分迷信巫术（前文已提及），屈原既然是大巫师，当然是实施巫术的助手。他的《九歌》可能作于二十六岁以前这段时间。因为再过一年，由于起草宪令问题，怀王迁怒于他而疏远了他，大巫师的地位也被剥夺，他只能做昭、景、屈三姓的祭司“三闾大夫”。据笔者看，除《九歌》外，屈原此时的社会作用是失败的。它表现在：第一，助怀王以巫术却秦军；第二，合纵无功，齐国从未助楚抗秦；第三，起草宪令以失败告终。

不过，作为屈原个人来说，他最大的收获是使齐期间接受了稷下学宫的理性学说，儒家、道家、阴阳、五行家、法家的治术历史观对屈原来说有重大的影响，他在辞赋中表明了他遵禹汤文武之道，修齐治平之说，以及草“宪令”以法治国的思想，但他没有令尹、司马那样的实权，没有同道者，更没有纵横捭阖的权谋。只凭直谏、只凭人格魅力希望打动君王，说明他的思维依然是依赖性的，从依赖神鬼到依赖君王，导致他最后只有追求巫彭、巫咸，走向水府天国！

愤怒出诗人！《离骚》是愤怒的经典诗作。至于愤怒什么，历来评说纷纭。笔者认为这些说法可分为三类。

一是班固的《离骚序》说的“今若屈原，露才扬己，竞乎危国群小之间，以离谗贼。然责数怀王，怨恶椒兰，愁神苦思，强非其人。忿怼不容，沉江而死……”简单地说是“露才扬己，忿怼沉江”。他认为屈原是因为太露骨地显示自己的才华和人格之美，在一群小人和权贵（椒和子兰）的围攻下，怨恨而投江自杀的。

对此评价东汉王逸是反对的。他说：“论者以为露才扬己，怨刺其上，强非其人，殆失厥中矣。”他认为“屈原履忠被谗，忧悲愁思，独依诗人之义而作离骚”。这属于第二类说法——“履忠被谗”。即他作《离骚》是表达忠君爱国之情。宋代的儒学大师朱熹也持这种观点。郭沫若在《屈原研究》中认为屈原“根本上是一位爱国者”，又“根本是一位诗人”。还有人认为屈原有能力离开楚国去他国求职，就像卫鞅、张仪去秦国当宰相一样，这在春秋战国是一种风尚。可是屈原深爱故国，至死不离开，所以他是一位爱国主义者。

三是认为屈原是大巫师。持这种观点的主要是文化人类学家。最早的是姜亮夫先生，后来有《楚史》作者张正明先生，萧兵实际上承认莫敖、左徒、三闾大夫都是巫师。林河先生完全肯定屈原是大巫师，认为《离骚》就是屈原以大巫师身份写的抒愤恨的楚辞。

第一类解读显然是将《离骚》当作屈原宣泄怀才不遇之情的作品。屈原的社会角色已不是评论者关注的焦点，怀才不遇、奸佞诬陷、落魄江湖、怨而怀沙的遭遇成为关注重心。这一角度的解读，获得了古今怀才不遇的士大夫、知识分子的情感共鸣。因之读《离骚》成为他们借以泄愤的工具。至于屈原是什么人，为什么三次神游太空，为什么向宓妃等求婚，为什么投江，等等，都不足以讨论了。

第二类解读者关注的是屈原敢于直谏、清廉高洁的品格，《离骚》

中表达的追求实行中原理性政治而不遂，神巫指示他离开楚国而不听和宁赴清流以明志的情怀。认为这是屈原“忠君爱国”的表现。

屈原是眷恋故乡、热爱楚国的大诗人。但是否称得上“主义”，即他一切思想与行动，都是围绕爱国这一中心旋转、为之而生和为之而死的呢？如果说忠君即爱国，那是最广泛的爱国主义。封建社会除贼臣逆子和卖国汉奸以外谁不忠君爱国？这顶帽子太普通了，不足以提升屈原的历史文化价值。如果说受政治打击后宁可葬身鱼腹而不愿离开楚国是爱国主义，请问屈原有什么能力到“外国”去封卿拜相？他不是著名的儒家人物，也非道家、墨家、法家倡导者那样有一套治国平天下的本领，他能仗剑去国走天涯吗？再说，春秋战国时期，当时的“国”，本质上是具有半独立性的诸侯之邦。失去故国的知识分子、游侠之士、方士是可以自由到各邦国去谋进身之阶的，这一国的官员到另一国去做官，既非叛徒也非卖国贼。苏秦可执六国相印，卫鞅可去秦国搞变法，使羸弱的秦国一下强大起来，被封为商君，卫国骂他是叛徒、内奸了吗？楚才晋用在那时很平常，伍子胥使吴国强盛，并引吴兵打败楚国。所谓“春秋无义战”，就是周天子麾下的诸侯互相兼并，是一统天下的需要，相互间无所谓正义与非正义，无所谓爱国与卖国。屈原如果能到齐国拜相，带齐兵侵楚也不是卖国主义。反之，他不离楚国也算不上爱国主义，只能说屈原热爱楚国、热爱家乡之情生死不渝。

当代人将楚国与当时其他国视若国际之国，之间具有如中国与俄、日、朝、韩等国家的国际关系，赋予屈原以伟大爱国主义者之崇高美誉，是教育功能语境的需要，这一点笔者是赞成的，然而这与学术研究的是非是两码事。

以上两类解读都是将屈原当作楚国高官的社会角色来看待的，是用政治家的伦理道德尺度来衡量他的一生。由于楚国历史资料的匮乏，时间的烟雾掩盖了巫术宗教的内容，所以汉代以来屈原真正的社会角色鲜为人知了。因此人们以为“三闾大夫”不过是祭祀礼仪的执行官而已，不值一提，要评价屈原，只有从左徒的官职、三次出使齐国、靳尚谗言、直谏怀王等事迹与《离骚》中若干有关政治内容上做文章。

上述两类文学批评家们，如果不是出于对楚国巫史文化的无知，就是以为巫师有损屈原形象，所以都避而不谈楚国的巫术宗教状况，这就失去屈原形象的历史真实性了。

第三类是当代文化人类学家的解读。文化人类学是研究人类习俗的学问，他们不因循古代圣贤如何说而认识古代的文化习俗，而是通过对较原始的农村调查，民族传统文化习俗的调查，以及作为活化石汉字（甲骨文、钟鼎文）的研究，远古摩崖石刻、绘画、神话、传说等的调查，来推测过去消失的文化现象，评估其人其事存在的价值，从而推动现代文化的发展。例如从苗、黎、巴濮民族（苗族、黎族、土家族）的巫术文化传承中，认识楚国上千年的文化状况，认识楚国历史人物的精神面貌和它对后代的影响。因为当今苗、黎、巴濮的文化传承中，含有楚文化的基因。对屈原来说，就要从巫术文化的层面来认识他的社会角色，从自叙性的抒情诗《离骚》中，寻找其中神秘幻想和激情的根源，以便解答“我是谁”“我从哪里来”“我朝哪里去”三个问题。

屈原是在楚威王时跨入朝廷的，时为熊槐的侍读，当时16岁。公元前328年怀王（即熊槐）即位，怀王集神权、政权、军权于一身。屈原当了大巫师，屈原也是以大巫师的身份辅佐怀王。为了助政，他兼任左徒，以便出使齐国，应对诸侯。在出使齐国期间，他受到了稷下学宫百家争鸣的影响，史官文化中儒、道、墨、法、阴阳、五行学说，使他对尧舜、周公、文武之道有所接受，并企图付诸政治实践。这在《离骚》中看得出来，但仅仅是心向往之而已。决定他世界观和生命历程的，依然是巫术宗教思维。不管是作为大巫师或三闾大夫，他一生都得与神鬼打交道，不得不语怪力乱神。何况在国家危亡之际，连普通老百姓都会求神保佑平安，作为国家的巫臣，在秦军压境，社稷动摇之际，自然期盼有超自然的力量来拯救国家和人民的苦难。

但当楚国一再损兵折将后，怀王乞求神鬼退却秦兵的幻想破灭了。朝廷自然有人对屈原发起攻击，怀王也不得不疏远屈原。疏远不是流放，而是“贮才备用”，一旦楚王需要他披挂上阵，他就可以用左徒的名义，再度出使齐国。怀王死，顷襄立，令尹子兰当权。这位以养“食客三千”而著名的春申君黄歇，自然是重人不重神的政治家，屈原大巫师对他已无用，所以屈原被逐出宫门，流放沅湘。此时他不得不回到巫师的角色中去，向神灵倾吐、宣泄他的委屈、怨恨、愤怒之情，这就是《离骚》。他绝对没有想到此作能成为千古绝唱。

据此可知，文化人类学家对屈原及其作品的认识和评价是符合历史事实的，从东汉的文学批评家到当代的郭沫若为止，大都避谈他是大巫师，而将他当作儒家的大官、大政治家、思想家，评价越来越高，然而这符合实际吗?《楚史》的作者张正明先生说：

> 今人……对屈原大抵有褒无贬。司马迁对屈原的政绩已有溢美失实之辞，今人则更是爱之惟恐不足而褒之惟恐不高，甚至以为屈原是伟大的政治家和重要的思想家。至于这位政治家在楚国历史上起了什么作用，这位思想家有哪些理论贡献，就谁也说不清楚了。

《离骚》是一篇愤怒的诗。姜亮夫推测其作于怀王被秦所诱入武关会盟之时。时为楚怀王三十年（公元前 299 年）。这时，屈原已经达到情绪激愤的程度，于是作《离骚》以言志。诗的开头就回答了“我是谁”。这位太阳神的后裔、祝融神的孙子，一直是生活在天国的，不知度过了几千春秋才降生于楚国屈姓之家，降临时还被赐予名和字。如此天生的巫师，怀王都不重视，连他的劝诫之言都不听，岂不令人遗憾?文化人类学家林河先生说，我们说屈原是楚国的大巫，并不需要我们代屈原去找证据，屈原自己就以身为大巫而自豪，他的《离骚》就明白无误地表达了他的这种心情。以往，儒生们老用“史官文化”的思路来诠释《离骚》，结果被解释得“南辕北辙”，面目全非。又据湖北云梦睡虎地 11 号秦墓出土的楚国简册《日书》上说：“凡庚寅生者为巫。”屈原说：“惟庚寅吾已降”，正好证明屈是巫师。

综上，我们可以回答关于屈原的三个人生问题了。

第一，“我是谁?”我是天生的大巫师。

第二，“我从哪里来?”我从太阳神祝融那里来，来楚国帮助君王联齐抗秦，改革政治，挽救楚国危亡。然而，君王不听谏，奸佞中伤陷害我，我无可奈何。

第三，“我到哪里去?”楚国容不下我，我又不愿与那些自私自利的小人为伍。到其他国家去寻求知音吧，那条路是可取的。战国时期的政治家游说天下是进步的行为，苏秦、张仪都是如此，他们为促进分裂的中国融合（战争是重要手段之一）而献身。屈原也幻想离开楚国，但终不愿离开故乡，原因在于他是天生来为楚国服务的，所以到西方神游一段又回来了。回到现实又无法有所作为，只有回到水府，到先辈巫师所居的地方。

总之，屈原在政治思想上是两栖的，因为其精神是巫术宗教的。他虽然处在战国末叶，处在六国快步跨入封建社会门槛的时候，却无力突破大巫师的桎梏，去迎接东方的曙光，只能在精神错乱中，向人们倾诉自己的不幸、委屈和愤怨，只能对天地神祇哀告人生道路的苦涩之情，只能扮演巫术宗教最后一位殉道者角色!

三　屈原对中华文化基因的贡献

屈原不是实力雄厚的贵族政治家，而是楚国最后一位国宝级的大巫师（一度兼任左徒）。他的《离骚》是由于失去了这一巫官职务并被贬谪沅湘而发生的怨怒之声，是绝望的宣泄与自杀前的呼告。

读到这里，有人可能怀疑笔者论证的科学性；有人可能因心中屈原高大的偶像形象倒塌而感到颓丧；有人可能同意笔者的观点，却从而轻视屈原和贬低《离骚》。因此笔者必须申明屈原对中华文化基因的贡献，使这位世界文化名人再现其应有的光辉。

一个民族，特别是一个历史悠久、有文字记载传承的民族，是有文化基因的。那些对民族的生存与发展有重大价值的文化，不论是政治、军事、经济、宗教、教育、文学、艺术、建筑，还是神话、祭祀、民俗、礼仪等，都会形成文化基因，嵌入民族的心理深处（集体无意识），并不知不觉地支配人们的社会行为。文化人类学家林河提出了“中华文化基因”的概念，并列举了它的范畴，如创新型基因、和合型基因、开放型基因、民主型基因、歌舞戏剧型基因、文学艺术型基因等。他的观点对我们有参考价值。

但是，形成文化基因的文化，不是指任何时代的所有文化，而是远古时代到公元前后那段时间的文化。因为那段时间遗传下来的文化，是经过数千年淘汰而进入人们的潜意识和集体无意识的。例如《周易》中的爻辞和儒家后来解读的《大传》，那是远古以来巫术神学和哲学的结晶。“天行健，君子以自强不息”等精神，塑造了千秋万代中华儿女的灵魂。至今人们犹牢记于心，启示我们在一切困难面前挺立前行。我们不妨将它们称为“野性文化”，“野性”者，有天然的坚强生命力也。正如野生稻的基因有极强生命力，所以将野生稻与驯化的水稻基因组合，能大大提高产量一样。笔者将秦汉划入野性文化范围，是因为秦汉时代是一个将先秦文化大综合、大扬弃、大发展的时代，秦汉文化对中华文化基因的形成起到了关键的作用。

屈原是先秦文化历史中最后一位杰出的大巫师、大诗人。而楚国巫傩文化是远古一万年以来中华大地的文化之源汇流下的滔滔波涛，它涉及天文、地理、人文领域的一切知识。人们就是通过学习有利于自己和民族的文化精华而构建文化基因的。屈原作为大巫师，不但是最高级的巫术文化继承者，同时，由于对疏远、流放处罚的愤怒与不平而作的《离骚》，又是中华文艺中举足轻重之作，对后代文学起到领军作用，所以屈原文化在中华文化基因中有重大的建树，它表现在下列五个方面。

1. 开创了个人写作骚体诗的先河

骚，按《说文解字》是指马群扰动，骚扰的意思。对人来说，是指客观事物扰起了胸中的不平之气，引起了愤怒，要发泄牢骚。这种牢骚用有形象语言、节奏音韵的言辞来表述，就是骚体诗了。屈原之前只有口头的牢骚，从他开始才创造了骚体诗。屈原为什么突然心血来潮要创造这种诗体？用《诗经》的四言体不行吗？用《九章》类的散文体不行吗？四言不足以容纳胸中的内容，散文不足以表现激愤的情感，不足以畅想他上天“托云龙，说迂怪，丰隆求宓妃、鸩鸟媒娀女”（《文心雕龙·辨骚》）这种诡异之词。于是，他就将巫词改造为诗，因为屈原不是一般的左徒高官，而是大巫师。

作为巫师，特别是祖传的宫廷大巫师，由于传承了巫术文化的丰富知识，加上个人的聪慧，屈原是善于辞令的。巫师在祭祀和施行巫术时，要祝祷，要做禀告神灵或解答神灵询问之事，有时还要愤怒谴责、咒骂鬼魅，有时要祈求上天或神鬼消灾降福，要倾诉人间苦难以博得神鬼同情，这些都要用巫词，大巫师更要创作新词或加工旧词，这样才能感神动人。要感动神人，必然要求其叙述内容如见如闻，即形象化、情感化、声律化，以及有神秘化的渲染和描绘。作法时，伴以钟磬，美声朗诵，手舞足蹈，如痴如醉，宛若神助。当巫师处于催眠状态时，他自己和观者都是相信有神灵附体的。

屈原被放逐后，失去大巫师之职，政治上不能再影响君王，连贵族世职也不保，加上靳尚进谗、子兰弃用，他内心的痛苦、委屈、愤怒像火山将要爆发，然而流放蛮荒的沅湘，无人倾诉怨情，只有诉诸简牍以示人。而写作体裁当然是改造他熟悉的巫词形式。

他万万没想到这种抒发怨恨与愤怒的楚辞，为后代失意的士大夫提供了一种文体模式。当时宋玉作的《九辩》就是一例，汉代贾谊的《吊屈原》《鹏鸟》，淮南小山的《招隐士》，王褒的《九怀》以及一切自我抒情的有幻象和怨愤的长诗，都应属于这一类。

楚辞（除赋外）两千余年传唱不衰，与汉代遵《离骚》为经分不开，也与知识分子依附封建帝王而遭受贬谪的情感表达需要分不开，所以这一文化基因在封建社会中起长期作用。

2. 至死不渝“上下求索”的精神

这是《离骚》中最有价值的文化基因，屈原是通过上天入地的神话形象和“吾将上下而求索”的名句来表达的。屈原求索什么，对我们并不重要。重要的是不畏艰险、不屈不挠的探求究竟、索取真理的精神。屈原的求索不是关在室内的冥思苦索，不是俯首向权贵低头乞怜乞讨，也不是求神拜鬼求得护佑与恩赐，而是理直气壮地去质问楚王：“惟夫党人之偷乐兮，路幽昧以险隘。岂余身之惮殃兮，恐皇舆之败绩。……荃不察余之中情兮，反信谗而齑怒。”一位楚王已死，一位楚王听信于令尹子兰。小人都去索取功名利禄，不顾国家安危，谁“哀民生之多艰”？于是，他以巫师的身份，穿着花草装饰的衣裳以表高洁芬芳，擦干了哀叹前贤忠贞而死的泪水，幻想中驾着玉虬，乘着凤凰，升腾到天上去寻觅知音。他朝发苍梧，饮马咸池，浩浩荡荡。前有望舒导向，后有飞廉跟随，还派凤凰开道，在天国的云霓中奔驰。到了天阙帝宫，他原想卫戍开门相迎，没想到门卫冷眼相望，不得其门而入。屈原天上地下去求索什么？表面看是寻找识珠者，寻找知己的“美人”，但一直遭到冷淡的待遇，没有人君欣赏他，也没鬼神重视他，他总是被拒之千里。为什么求索不成功？是因为天上地下都是奸佞小人、都是名利之徒吗？不，是因巫术文化已经退出历史舞台了，中原理性文化已取得胜利。此时，屈原穿戴着满身香气的花草，自恃高洁忠贞于事何补？所以他失败了，这是历史发展的必然，非他之过。然而他在《离骚》中展现的上天下地、到处求索的顽强精神，却表现得十分强烈，十分真诚，十分执着。凭这一点它感动了千秋万代的仁人志士，成为中国人的传统文化精神。“上下求索”精神已嵌入了人们的文化基因中。

3. 大胆想象与幻想的创造思维

想象、幻想是科学、文化、文艺创造的思维形式，它是主观能动性的表现。没有这种创造性思维，一切物质文化和精神文化发展都会停滞、僵死。

但是，想象、幻想不是天生的，而是远古人类在智力发展的历史过程中出现的。人类原始的思维是象征思维，他们以象征意象来交流，后来才有语言，才有象形文字符号，才有形象思维，因为人类早期是生活在神话、图腾和巫术的文化系统中，而神话、图腾都是具体的、直观的。人们就用具体、直观的形象符号来做交流工具、传达信息。只是在理性思维发展起来以后，人们才用抽象的概念做交流工具。

巫术不仅要用现实具体形象（包括人的服饰、法器、歌舞、特异功能如上刀山过火桥等）表现自身有“神气”，还要用联想中的神话形象、图腾形象、幻想中的神鬼形象及其吉语来判断吉凶祸福，这样才能使人相信、感悟。远古人是无抽象概念语言的。经过几千年的巫术文化积累，到夏商周三代时，文字出现了，巫师们才将大量神话形象、图腾形象、幻想创造的神鬼形象用口头传说或文字记录积累下来，形成了形象思维。同时，理性思维也发展起来，概念、逻辑、推理也成为交流工具。这样一来，具备各种文化知识的专业巫师就成了权力的参与者与掌控者。《连山易》《归藏易》《周易》三部巫术经典相继出现了，这些巫术经典所使用的就是象征思维符号、形象思维符号和抽象理性文字符号。

楚地包括长江以南和苍梧以北广大地区，是中国水稻经济的发源地。一万多年来这里的人们都生活在巫术文化氛围中。苗、黎、巴濮、荆蛮等民族在文化上比北方落后，所以巫风甚炽，人们擅长具象、直观的思维方式，善于幻想。殷代势力南下，特别是殷亡后，大量在江淮黄河中下游的“三苗九黎”（蚩尤的后代）南迁，将殷代盛行的巫术文化带到南方。南方的原始巫文化和殷文化融合起来，就使得沅湘间、江淮间的巫风大盛。巫文化此时已成为奴隶主贵族的意识形态统治工具了。

屈原是楚国的大巫师，又受过良好教育，知识渊博、言辞犀利、想象力和幻想力极强，所以他的象征思维（美人香草）、形象思维（对现实和虚构事物的描述）、幻想思维（乘凤驱龙，云霓为旌、丰隆为媒等）和抽象思维（《天问》中170余个问题、史事的叙议）都十分活跃，在辞赋中往往交错运用，令人感到五色斑斓，诡异谲怪，变幻无穷。刘勰说他“惊采绝艳，难与并能矣”（《文心雕龙·辨骚》）。

古人说“惟楚有才”，这是对楚人准确的赞美和概括。之所以湖南湖北有此文化繁盛现象，不能说不与楚地巫术文化重视上述创造性的思维有密切的关系。总之，想象、幻想思维是屈原对中华文化基因的突出贡献。

4. 兼收并蓄包容一切的胸襟

春秋战国时代，是中国大分裂的时代。奴隶主贵族统一的西周政权系统瓦解了，各诸侯国内部的倾轧、夺权斗争、各国之间兼并战争不断。大诸侯国谋划统一中国的政治、军事、文化（包括哲学、伦理、道德、宗教等）理论呈现百家争鸣之势。儒、道、墨、法、阴阳、五行等学说广为传播，大量知识分子四处游说，推行自己的治国之道。这可以说是黄河华夏民族理性文化蓬勃兴起的时代。但是，楚国有所不同，楚国秉承的不是黄河流域的华夏文化，而是长江流域的巴蜀苗蛮文化与殷商文化。这个气候温和、江湖如网、高山环抱、森林密布的南国，生产力先进（水稻经济），文化却落后，人们满足于温饱的氏族小群体中，生活于上天和神鬼所赐的福祐里。巫术这种准宗教从原始社会以来就笼罩江汉、潇湘、洞庭、鄱阳之地。楚建国后，又有大批接受殷文化的楚人苗蛮南迁，使巫术文化得以全盘继承。这由曾国墓出土的“曾侯乙编钟”就可证明。

北有华夏理性文化，南有荆楚非理性文化，南北对峙，界限分明，但它们对中华文明建设来说起到了互补的作用；从文化基因建构来说各有千秋，没有优劣、雅俗之分，因为理性与非理性是人类不同的心理层次却又是共存一体的精神结构，二者失衡则会导致产生对立斗争的谬误言行。

屈原失败了，但他将传统文化中对立的诸方面调和起来，变成互补关系的思维是正确的。这种思维形成一种文化基因，促进了传统文化的综合。

Discussion on Qu Yuan

Jiang Liu

Abstract: According to the historical facts and Ci Fu, the social role of Qu Yuan was not the high official, but the hereditary royal great wizard. He was also a part – time minister called Zuo – tu. During his ten years' participation in politics, he was mainly the clergy, but he was not a secular wizard who was conservative and superstitious. Instead, he dared to explore and tried to seek the truth, becoming the last prominent great wizard and poet in Pre – Qin Period. *Li Sao* is his last elegy to express his dissatisfaction towards the emperor and his failure of hoping that deities could help him resume his post. The indomitable spirit of exploring in *Li Sao* has made numerous people deeply touched, which became one of the fine genes in Chinese traditional culture.

Keywords: Wizard; Tragedy; Cultural Gene

About the Author: Jiang Liu (1928 –), Associate Professor at School of Chinese Language and Literature, Hubei University.

症候分析

文化空间的类型及其活态保护*

——以武陵山鄂西南片区为例

柳倩月**

【摘　要】 随着国际非物质文化遗产保护运动开展的深入，作为非物质文化遗产中的特殊类别的“文化空间”，其内涵实质上发生了一定程度的扩大。结合中国非物质文化遗产保护工作的实际以及武陵山区土苗文化生态保护实验区鄂西南片区相关工作推进的典型案例，可将“文化空间”划分为原生态文化空间、衍生态文化空间和创生态文化空间三种基本类型，它们都有存在的合法性和合理性。文化空间的保护与建设，宗旨在于通过对文化与自然遗产实施整体性保护，彰显生态观念，建设人与自然、人与社会和谐共生的美丽中国。

【关键词】 文化空间　内涵变化　基本类型　活态保护

联合国教科文组织关于“文化空间”这一概念的提出与项目申报的开展，与21世纪以来非物质文化遗产保护缔约国越来越重视对各种文化遗产和自然遗产实施整体保护有关。中国的文化生态保护实验区建设对

---

* 本文为湖北民族学院博士科研启动基金项目“鄂西南非物质文化遗产民间文学的保护与传承研究”（MY2014B045）阶段性成果。

** 柳倩月（1970～），博士，湖北民族学院文学与传媒学院教授，鄂西南非物质文化遗产研究中心负责人。研究方向为文学人类学、文艺民俗学。主要研究著作有《晚明民歌批评研究》等。电子邮箱：441693464@ qq. com。

“文化空间”的保护采取了积极推进的政策导向性措施，使得作为非物质文化遗产类别的“文化空间”开始发生内涵上的丰富与外延的扩展。由于新时代的社会生活正在发生急剧变化，人们对文化生活的需求也日益增长，对“文化空间”这一原本属于“非遗”保护范畴的概念有必要给予创造性的诠释，并用以辨析当下实质上存在的不同类型的“文化空间”。这也有助于非物质文化遗产整体性保护工作的思路变得多元化和立体化，真正开拓一条非物质文化遗产的活态保护与创新传承之路。下面以国家已经批设成立的武陵山区（鄂西南）土苗文化生态保护实验区为例[①]，从文化空间整体性保护的角度出发，对文化空间的含义变化、文化空间的基本类型以及活态保护和创新传承等，做出抛砖引玉式的分析与探究。

一　文化空间的本义及其变化

“文化空间”这一概念是在联合国倡议保护“非物质文化遗产”的过程中提出来的，其基本含义是 21 世纪以来由各国学者经多次商讨、论证后给定的，并以法律法规及政策文件的形式予以确立。

2003 年，联合国教科文组织发布《保护非物质文化遗产公约》，其第二条给出的“非物质文化遗产”的定义是：“指被各群体、团体、有时为个人视为其文化遗产的各种实践、表演、表现形式、知识体系和技能及其有关的工具、实物、工艺品和文化场所。”[②] 这里所谓“文化场所”，已包含有“文化空间”之意。2005 年，中国政府明确提出在非物质文化遗产保护工作中要保护“文化空间”，国务院办公厅颁发的《关于加强我国非物质文化遗产保护工作的意见》中指出：“非物质文化遗产是各族人民世代相承、与群众生活密切相关的各种传统文化表现形式

① 2014 年，恩施土家族苗族自治州、长阳土家族苗族自治县、五峰土家族苗族自治县申请设列“武陵山区（鄂西南）土家族苗族文化生态保护实验区”，获得文化部批准。整体而言，武陵山区土家族苗族文化生态保护实验区是 10 个国家级民族民间文化生态保护区之一，它由湘西、鄂西南、渝东南三个片区组成。

② 《保护非物质文化遗产公约》于 2003 年 11 月 3 日在第 32 届联合国教科文组织大会上通过。

和文化空间。”与《意见》同时发布的还有附件《国家级非物质文化遗产代表作申报评定暂行办法》，其第二条为“非物质文化遗产指各族人民世代相承的、与群众生活密切相关的各种传统文化表现形式（如民俗活动、表演艺术、传统知识和技能，以及与之相关的器具、实物、手工制品等）和文化空间”。第三条将非物质文化遗产分为“传统的文化表现形式”和“文化空间”两类，其中，“文化空间”指“定期举行传统文化活动或集中展现传统文化表现形式的场所，兼具空间性和时间性”。2011 年颁布的《中华人民共和国非物质文化遗产法》则以法律的形式确立了保护“文化空间”的重要性，“本法所称非物质文化遗产，是指各族人民世代相传并视为其文化遗产组成部分的各种传统文化表现形式，以及与传统文化表现形式相关的实物和场所”。可见，关于文化空间的基本含义，它首先是一种与“传统的文化表现形式”并列的具有独立地位和独特价值的非物质文化遗产类别。也正因为如此，学者王文章才会在其《非物质文化遗产概论》一书中提出将“文化空间”列为非物质文化遗产的一种类型。（王文章，2013：265）苑利、顾军在合著的《非物质文化遗产学》一书中提出，文化空间尤其特指那些“非物质文化遗产类型、数量异常丰富的地区”（苑利、顾军，2009：233），所以文化空间又具有地区性特点。由于部分非物质文化遗产的传承往往发生在特定的时间范围内，所以文化空间的生成，实质上受到了地域空间和时间的双重制约。

除了上述基本含义之外，文化空间还有一个重要内涵，即它与口头传统及作为文化载体的语言、传统表演艺术、民俗、有关自然界和宇宙的民间传统知识和实践、传统手工艺技能等相关联。也就是说，文化空间同时也是承载其他各种非物质文化遗产的场域，再加上空间和时间的双重制衡，文化空间就成为各种传统文化表现形式的保护及传承的最佳平台。

保护非物质文化遗产，必须以保护文化空间为前提，这也是当前实施非物质文化遗产的整体性保护的基本保障。换言之，重视文化空间的保护，与非物质文化遗产的整体性保护原则，从根本上来说是一致的。

如果没有文化空间的整体性保护为宏观导向，非物质文化遗产的保护及传承就极有可能顾此失彼，甚至遭遇肢解，使非物质文化遗产沦为分割商业利益的牺牲品。

2010年以来，随着国家级文化生态保护实验区建设的启动，"文化空间"的含义开始发生延展。根据国务院办公厅《关于加强我国非物质文化遗产保护工作的意见》、《文化部关于加强国家级文化生态保护区建设的指导意见》（2010年2月10日）以及《中华人民共和国非物质文化遗产法》（2011）的指导精神，国家级文化生态保护区是以保护非物质文化遗产为核心，对非物质文化遗产代表性项目集中、特色鲜明、形式和内涵保持完整，具有重要价值的特定区域进行整体性保护，并经文化部批准设立的特定区域。文化生态保护实验区建设的重心是对保护区类的各种非物质文化遗产实施整体性保护，同时也要保护其中的自然遗产。

文化空间的基本含义中，本来并不包含自然遗产的内容，但是，由于文化空间又必然与特定的自然地理及自然遗产相关联，所以保护文化空间，不能破坏生成文化的物质基础，即不能破坏自然环境及自然遗产。"文化生态保护实验区"的保护理念，明确地把文化遗产和自然遗产视为一个区域的共同遗产，强调在保护文化遗产的同时也要保护自然遗产。这种对自然遗产与文化遗产实施整体性保护的举措，体现出人与自然和谐共生的生态观念。中国的"文化遗产日"，从2017年6月10开始，变更为"文化与自然遗产日"，也正好呼应了这种生态观念。

二 文化空间的基本类型与变异类型

文化空间的基本含义是在联合国教科文组织启动非物质文化遗产保护工程的过程中给定的，所以必然存在不尽完善的情况。况且，由于时代变迁，社会生活发生巨大变化，再加之国情、域情、民情不同，由非物质文化遗产保护工程延伸出来的各种问题也层出不穷，所以有必要结合非物质文化遗产保护工作的实践经验、教训与及现状，在对"文化空间"这一极具包容力的核心概念的含义进行梳理的基础上，划分出"文化空间”的基本类型与变异类型，从而充实、发展文化空间的内涵，进一步认识其独特价值，并充分发挥保护文化空间的重要意义。通过确定不同类型的文化空间的性质、特点与功能，能够为非物质文化遗产的保护及传承开拓出具有针对性的新思路、新举措。根据非物质文化遗产保护和传承的现状，文化空间实质上可以划分为属于基本类型的原生态文化空间、属于变异类型的衍生态文化空间和创生态文化空间。这实质上将原本作为非物质文化遗产之一种类别的“文化空间”的含义扩大了，形成了狭义、中义、广义三个层面的理解，它们都有其存在的合理性。

文化空间的基本类型可称为原生态文化空间。那种处于自发状态，由传承主体发动，未被政府征用、商业开发或以其他人为方式加以集中改造的民间文化环境，即原生态文化空间。民众作为传承主体，自发地在特定时间集结，在约定俗成的村镇、集市、街区的某些地点参加集会、交易、崇祀活动，多种非物质文化遗产与特定时空自然联结，这样的具有时间性的地域空间，就是最典型的原生态文化空间。这种文化空间的含义指向明确，是狭义意义上的文化空间。存在于原生态文化空间中的非物质文化遗产“彼此之间勾连，难解难分，只能作为一个整体进行申报，否则不利于对该地非物质文化遗产实施整体保护”（苑利、顾军，2009：231），可见，它本身就属于非物质文化遗产工作的保护对象，是非物质文化遗产的一个基本类别。

原生态文化空间是当前非物质文化遗产保护工作的重心。生存于该空间的非物质文化遗产积量极为丰富，可以通过为传统文化之乡或文化生态保护区命名的方式来加强保护。湖北省恩施土苗自治州在原生态文化空间的保护工作上可以说走在全国前列。早在2005年，恩施州政府发布的7号文件就公布了20个恩施州民间文化生态保护区。在传统文化之乡的寻访和保护工作上，从2008年开始，恩施州先后申报并获得19个国家级民间文化艺术之乡的命名（2008～2010年度13个，2011～2013年度4个，2014～2016年度2个），43个湖北省民间文化艺术之乡的命名（2008～2010年度16个，2011～2014年度15个，2014～2016年度12个）；还拥有由文化部命名的23个传统文化名村（首批14个，第二批9

个），拥有 10 个第一批获得中央财政支持的中国传统村落。除此之外，恩施州还拥有 1 个位于州府恩施市老城范围的历史文化街区——恩施和平街，它也是值得高度重视的社区型文化空间。

文化空间的变异类型有衍生态文化空间和创生态文化空间这两种，这里先说衍生态文化空间。由政府、企业、社会团体或个人，依照非物质文化遗产保护工作的“真实性”“整体性”“传承性”原则建设或打造的博物馆“非遗”馆、文化馆“非遗”展厅、民俗博物馆、民俗街区或民俗村、非物质文化遗产展演中心、非物质文化遗产传习基地等，应定位为衍生态文化空间，因为它不是由传承主体自发形成，而是由保护主体主导建设而成的。《保护非物质文化遗产公约》第十三条指出：“促进建立或加强培训管理非物质文化遗产的机构以及通过为这种遗产提供活动和表现的场所和空间，促进这种遗产的承传。”可见，由保护主体建立为非物质文化遗产提供展示、开展活动和表现的场所和空间，是非物质文化遗产保护各缔约国达成的共识。

衍生态文化空间，是由保护主体为主导建立出来的场所和空间。在衍生态空间里，可以对存在于或曾经存在于原生态文化空间中的一种或多种文化事象的部分或整体进行集中移植与组合复造。尤其是对于那些社会变迁导致的已经失去其基本生成土壤，濒临消亡、亟待抢救的非物质文化遗产，可以通过在衍生态空间重植再造来进行抢救并施予积极的保护措施，为激活这样一些非物质文化遗产创造基础条件。比如古老的巫傩仪式及有中国戏剧活化石之称的“傩戏”，在当今社会仅仅依靠民间的自发保护与传承堪称举步维艰，所以在傩文化尚有遗存的地方，由当地保护主体就地建设傩文化博物馆之类的衍生态文化空间就是非常必要的举措。国家级非物质文化遗产“恩施傩戏”，目前主要存留于拥有“傩戏之乡”之称的恩施市三岔乡，该地就建设了傩戏博物馆及展演中心，对三岔傩戏的保护与传承起到了积极作用。又如国家级非物质文化遗产“恩施灯戏”，主要流传于恩施市白杨坪乡，其传承同样面临困境，国家级代表性传承人孟永香得到政府的支持，在自家门口建起了灯戏传习基地，对恩施灯戏的保护与传承也起到了重要的推动作用。

第三是创生态文化空间。以当地独具特色的多种文化遗产作为重要的精神资源，整体性地建造出来的文化创意产业园区、民俗街区、仿古商区、文化旅游目的地等，由于在非物质文化遗产的创造性转化利用上提供了值得重视的思路和实践经验，并且在一定程度上也为部分非物质文化遗产的生产性保护与产业化传承提供了必需的市场，它们可称为创生态文化空间。这种文化空间大多属于完全型的建造，与谨慎自律的“非遗”保护观念之间必然存在冲突，但是由于发展地方经济需要，吸引广大游客需要，更重要的是一些非物质文化遗产类别的传承人也非常需要有这样的场所供他们通过表演以获得生活来源，这样的创生态文化空间也就有其存在的合理性和必要性。

近年来，恩施州城的建设在“六城同创”的宏观理念的指导下，对创生态文化空间的创建提供了一些成功案例。譬如恩施土家女儿城，它在本质上是一个商区，目前已成为4A级景区。在恩施女儿城内，除了具有民族风格的仿古建筑群，还建有土家族民俗博物馆，馆内展示土家织锦“西兰卡普”及其制作技艺和本地民众传统生活所用的各种民俗用品等。土家女儿城的经营者们还把鄂西南地区的多民族非物质文化遗产集成性地移植到商区内，请非物质文化遗产代表性传承人及表演团队入驻商区，每天从早到晚在不同时间段安排土家婚俗、打糍粑、舞狮、摆手舞的展演。经过精心经营，土家女儿城每周周末和节假日，堪称游人如织。到土家女儿城观看土苗歌舞、品尝民俗美食、购买民俗用品，已成为游客的锁定行程。又比如位于恩施市区内的硒都茶城、施南古城，其仿古建筑群落与具有鄂西南民族文化与民俗文化风情的元素结合，它们在性质上也是商区兼景区，但由于具有较高的文化品位，在文化品质上可以定位为创生态文化空间。硒都茶城位于恩施新城要道金桂大道商圈，以集中展售中国各地茶文化尤其是恩施茶业与茶文化为主要经营项目，在商区内建设了服务于地方新闻传媒及文艺表演的影视基地，经常开展各种与非物质文化遗产有关的竞赛活动和表演活动。又如施南古城的仿古建筑群落尤其高端富丽，并重建本地历史文化名人饶应祺、樊增祥大院，通过展示恩施古城历史文化来发展商圈，同样也积极地引入非物质文化遗产展示与展演。这些在政府监督下，由开发商直接创建出来的商区，也是景区，同时还可以视为鄂西南地区非物质文化遗产的创生态文化空间。由于它们全部位于恩施市区内，所处位置，原无名胜古迹，按照文化旅游目的地创建，使一些原本脏乱差的地方，变成了文化旅游集成区，为整个恩施市成为武陵山区的文化旅游航母打下了坚实基础，也成为展示武陵山区非物质文化遗产的便捷窗口，具有重要价值。

三 文化空间的分类保护与利用

鉴于文化空间的存在类型渐趋多样化，对不同的文化空间，在保护与开发利用上应各有侧重，且都要注意将整体性保护与活态保护结合起来。

对于原生态文化空间，要以保护为主。要尽可能保护它的自然面貌和自发自在的状态不受到城市建设、城镇化进程及商业开发的人为破坏。各级各类保护主体要做大量引导性的工作，严格按照“就地”“依时”的基本原则，支持、帮助本地民众最大限度地恢复传统庙会、集会、传统节庆、仪式等健康有益的民俗生活，“就地”“依时”举办多种与传统文化形式相关的群众活动，促进民众的文化自觉，增强民众的文化自信。对于原生态文化空间，不能随便易地改时，更不能受经济利益的驱使任意改变其基本形式和内容。

恩施州利川市的民俗“王母城庙会”、州府恩施市的土家女儿会、宣恩庆阳老街的赶场等都有其原生地。王母城庙会主要在王母城遗址举行，王母城遗址位于利川市建南乡泉村与重庆石柱接壤的王母山上。每逢农历六月十九王母娘娘的生日，前后十来天，周边成千上万的乡民会自发地去赶庙会，朝拜王母娘娘。对于这一民俗，应就地保护，并且不能改变其时间。恩施土家女儿会的原生地在红土乡石灰窑老街和板桥镇大山顶村，当地乡民于农历七月十二日相约赶集，青年男女则借此机会互相结识，渐渐相沿成习300余年，对于当地的这一习俗也应就地、依时保护，不能随便改变其地点和时间。有的民俗虽然没有准确的或小范围的原生地点，但它在整个州境内发生，相对而言仍然有其发生地，并且它们有明确的时间。比如恩施州多县市地有过社的习俗，尤其以恩施市的过社最具有代表性。社日是每年立春、立秋后的第五个戊日，当地的社节主要是春社，保留至今的过社习俗是拦社和食社饭，对此也不可任意改变其时间及期限。恩施州各地都有在正月十五这天“赶毛狗”的习俗，毛狗子是当地人们对狐狸的俗称，赶毛狗的目的是为了驱邪避灾。人们用茅草、树枝、竹子等搭成一个圆锥形的棚，人们称其为毛狗子棚。天黑时，人们在屋边及路边插上点燃的火把、蜡烛，然后烧燃毛狗子棚，一边吆喝着“哦嗬”，一边高喊“赶毛狗子哟!”家家户户搭的毛狗棚燃烧起来，火光冲天，竹子发出爆裂的响声，前后持续约半个小时。这一习俗必须是在正月十五日举行，不能因为开发旅游，动不动就“赶毛狗”。

对于衍生态文化空间，由于它们是保护主体为了抢救文化遗产而做出的积极主动的保护举措，所以兼具保护和利用的双重功能。衍生态文化空间的建设往往耗资巨大，尤其需要政府积极介入，发挥保护主体的宏观调控作用。而且，鉴于展馆型的衍生态文化空间难免引致非物质文化遗产变成“非遗”文物展览，所以也有必要采取非常手段激活部分濒临失传的非物质文化遗产的市场活性，这样的市场可以由展馆创造。比如南京博物院的“非遗”馆，在将“非遗”展演推向市场方面就做得颇为成功。将衍生态文化空间推向市场，不仅可以在市场的作用下激活非物质文化遗产的传承机制，还可以获得更多的民间资金，以用来支持“非遗”展演和传承活动的开展。目前，恩施州民族博物馆内的非物质文化遗产展馆，各县市已建成的“非遗”展演中心和非遗传习基地，都属于衍生态文化空间。位于恩施市金桂大道火车站商区的一所民营民俗博物馆“施南府民俗博物馆”已于2017年4月开馆，从民间收藏的三万多件民俗文物在这所民俗博物馆内展示，如果同步在馆内开展“非遗”展演和传习活动，那么它无疑将成为一个重要的非物质文化遗产衍生态文化空间。

对于创生态文化空间，其功用在于开发利用，不应该抓住它与商业开发紧密结合的小辫子而过度指责。因为大量非物质文化遗产本身就具有经济价值，尤其是传统技艺、传统美术方面的非物质文化遗产还需要进行生产性保护。对于文化资源的开发利用也是发挥非物质文化遗产经济价值的必经途径。但是，对于商企而言，在建设创生态文化空间时，虽然利润是直接的目的，在指导思想上却应该是以保护、弘扬文化为宗旨，因为文化保护好了，也不愁它不会带来可观的经济收益。在利用或开发非物质文化遗产资源时，应多方面听取文化专家及学者的建议，将文化产业园区、商区或旅游目的地的商业效益与文化提升的社会效益高度融合，才能真正做好功利千秋的文化产业，为后代留下这个时代的创生态文化空间范本。

国家级文化生态保护实验区，究其实质是一个个极为庞大的文化空间。武陵山区土家族苗族文化生态保护实验区的建设，首先要科学规划，要根据保护区内的自然生态和文化生态，对各县市共有的非物质文化遗产实施有序整合，这样有助于避免因各保护单位单打独干带来的申报工作混乱无序，保护及传承力量分散等问题。通过国家级文化生态保护实验区的整体性建设，有望建构独具区域特色和民族特色的文化生态共同体，使美丽中国的宏大愿景变为现实。

参考文献

王文章，2013，《非物质文化遗产概论》，教育科学出版社。

苑利、顾军，2009，《非物质文化遗产学》，高等教育出版社。

The Type of Cultural Space and Live Protection

——A Case Study of the Southwestern Hubei in Wuling Mountains

Liu Qianyue

Abstract: With the development of the international intangible cultural heritage protection movement, as a special category in the intangible cultural heritage, the connotation of cultural space has actually expanded to a certain extent. According to the actual situation of China's intangible cultural heritage protection, and the analysis of typical cases about cultural ecological protection experimentation area of Southwest Hubei in Wuling Mountains, the "cultural space" can be divided into original ecological cultural space, derived ecological cultural space and creative ecological cultural space, which all have the legitimacy and rationality. The purpose of the protection and construction of cultural space is to highlight the ecological concept and to construct a beautiful China with the harmony between human and nature, human and society through the implementation of the overall protection of cultural and natural heritage.

Keywords: Cultural Space; The Change of the Connotation; Basic Types; Live Protection

About the Author: Liu Qianyue (1970 –), Ph. D., Professor at School of Literature and Media in Hubei Minzu University, Director of Research Center for Intangible Cultural Heritage of Southwest Hubei Province. Research interests and specialties: literary anthropology and folklore in literature. Magnum opuses: *Study on Criticism of the Late Ming Dynasty Folk Songs*, etc. E – mail: 441693464@ qq. com.

交互媒体下的湖北大鼓发展*

庄桂成　张　贝**

【摘　要】 湖北大鼓系流传于湖北武汉、孝感、黄冈等地区的一种民间说唱艺术，它面临的严重危机是大批青年观众的“失联”。在交互媒体环境下，湖北大鼓出现一些新的时代特征，表现为创作文本紧跟时代生活，甚至在产业化方面也在试图有所突破。因为交互媒体的传播与传统剧场的传播有很大不同，导致湖北大鼓的受众、作者队伍都出现了很大的变化。为了让湖北大鼓在当代有更好的发展，本文特提出利用新媒体拓展宣传渠道、加强湖北大鼓自身创新与发展、植入影视和综艺节目、建立网络培训基地和网络交互学习课程、在交互媒体下加强传统曲目的整理工作等建议。

【关键词】 湖北大鼓　交互媒体　发展建议

引　言

湖北大鼓系流传于湖北的武汉、孝感、黄冈等地区的一种民间说唱

* 本文为湖北省教育厅人文社会科学研究项目“湖北大鼓唱词的文学意味研究”（15G055）成果。

** 庄桂成（1974～），博士，江汉大学武汉语言文化研究中心和江汉大学人文学院教授，主要从事文艺学和中国现当代文学研究，著有《中国文学批评现代转型发生论》等。电子邮箱：gczhuang@ 163. com。

张贝（1994～），华中师范大学马克思主义学院硕士研究生，主要从事马克思主义理论和非物质文化遗产研究。电子邮箱：541832641@ qq. com。

艺术，通称为“鼓书”。关于湖北鼓书，正史记录甚少。从鼓书伶人的师徒相承联系回溯推测，清道光末年，即有著名的鼓书艺人卖艺授徒。1950 年，正式定名为“湖北大鼓”。

新中国成立后，政府非常重视湖北大鼓的发展和传播，群益出版社出版了陈谦闻改编的湖北大鼓《博爱姑娘》（1956 年），湖北人民出版社出版了湖北省群众艺术馆编的《湖北省 1958 年工农群众业余文艺创作评奖得奖作品选集》，其中就有湖北大鼓等曲艺。另外，湖北省群众艺术馆为了帮助业余文艺骨干更好地开展业余文艺宣传活动，编写了《怎样唱湖北大鼓》等书籍。当时的代表性传承人有王鸣乐等。

“文革”时期，由于某种特殊的原因，高雅音乐等文艺种类发展式微，而许多民间曲艺却得到了长足的发展。“《湖北日报》、《解放军报》、《长江日报》、《湖北文艺》、《武汉文艺》等报刊都发表了大量的湖北大鼓曲艺作品，出现了《丰收场上》、《山村战鼓》、《陈道弟练游泳》、《扎根农村》等经典之作。”（陈谦闻、王鸣乐，1957：10）代表性传承人有陈谦闻等。

新时期以来，湖北大鼓得到了进一步发展，更多优秀曲目开始涌现，如《亲生的儿子闹洞房》《周总理吃食堂》等。到了 90 年代，由于流行音乐的发展，湖北大鼓等曲艺发展有所式微，开始出现边缘化甚至没落的趋势。但到了 21 世纪，湖北大鼓被评为国家级非物质文化遗产，受到了有效的保护。代表性传承人有张明智、付群刚等。

湖北大鼓作为武汉及周边地区的一项传统艺术，在内容、形式上记载着地方的发展变迁，具有较高的史学、民俗文化研究价值，也具有独特的审美价值。进行湖北大鼓现状的研究，有利于它的传承。湖北大鼓是湖北的一张有声名片，作为具有湖北地域特色的四大曲种之一，它为弘扬我国传统文化和伦理道德起到了积极作用。然而面对市场经济和外来文化的冲击，湖北大鼓逐渐走向式微，关于其文化的传承和相关研究工作出现诸多困难。在交互媒体的引导下，为了对湖北大鼓进行抢救性保护，对其保护现状和对策进行研究非常必要。

一 湖北大鼓的时代新特征

媒介发展变迁对社会生活的影响和作用是巨大的。交互媒体从传播的方式看有多种形态。越来越多的湖北大鼓演员开通了自己的微博和博客，博客是一种常见的网络传播方式，可以利用其传播有关湖北大鼓艺术的各种内容。例如甘问樵的新浪博客，主要发布湖北大鼓作品的讲解与分析，并可供下载与观赏。除了博客外，常见的网络传播形式有湖北大鼓的网站、湖北大鼓的音视频。如果我们在百度搜索网站以湖北大鼓为关键词进行搜索，可以搜索到数以百计的文件。湖北大鼓视频可以通过门户网站予以传播，也可以通过专门的视频网站或者其他网站进行传播。

新媒体平台上，曲艺艺术的传播不再受到时空地域的限制，同时曲艺艺术从业者也不再满足于既有的传统作品形式与内容，而是积极遵循时代的特点进行有益的形式探索与尝试。“网络平台中常见的说唱、MC、套词、喊麦等，都是中国传统曲艺艺术的形式拓展”（崔凯，2016），传统曲艺在其说、学、逗、唱等方面起着本源作用。比如湖北“80后”专业演员吴健曾在湖北大鼓中加入电声伴奏爵士乐，“创作了《说唱黄陂》的时髦版湖北大鼓；吉庆街的艺人则淡化黄陂腔，靠拢普通话，便于观众听懂”（赵杰，2016）。还有的则采用夫妻搭配的方式演出，并加入流行因素。例如，针对近几年歌唱节目的流行，武汉市说唱团湖北大鼓新秀演员徐宁在网络上发布了作品《都是唱歌惹做祸》，以网络直播的方式引起大众对湖北大鼓的关注，用黄陂的字、黄陂的腔、黄陂的调进行表演，字字入耳，声声关情，观众听的都是地域特色，听的都是地方乡音。

湖北大鼓传统曲目所反映的内容和题材，是日常生活中群众熟悉的人和事。例如《大老王剃头》，描写的是穷剃头匠对财主的愤恨和反抗；《三婿拜寿》中，讲述了庄稼汉巧戏文武秀才的民间传说；《聚宝盆》讽刺了贪得无厌的官员自作自受的丑态。这些唱段都反映了时代的以及群众的意愿，编写新的湖北大鼓唱段需要源于生活，使观众听得见，看得见，真实可信，亲切感人。而湖北大鼓等曲艺艺术的新媒体平台内容有所拓展，将传统评书、相声、快板和民间说唱等形式与当代时尚生活深度结合。政治上的大事仍然是群众关心的焦点。“两会”期间，特别推出由付群刚馆长自编自演的《撸起袖子加油干》，在知乎、豆瓣等媒体上，引起讨论和围观。《撸起袖子加油干》，是由湖北日报请省级“非遗”传承人付群刚特别制作推出的“两会”主题大鼓作品，以下内容是节选：

“撸起袖子加油干，湖北人民敢为人先，撸起袖子加油干，湖北人民信心增添，撸起袖子加油干，湖北人民喜笑开颜，撸起袖子加油干，湖北人民立地顶天，总书记带领我们加油干，全国两会为国家发展画出同心圆。”

湖北大鼓的创作文本紧跟时代潮流，把袖子撸起来，实际上就是要摆脱领导干部高高在上的指挥者形象，要求领导干部和人民站到一起，贴近群众，接地气，把大家团结起来，把力量凝聚起来，汇聚成满满的激情、十足的干劲和强大的能量，去干事创业。曲艺关注人民群众的利益，唱得都是人民群众的心声。但同时生活中的实事也是大众关注的重中之重，与大众的利益息息相关。在鼓点和云板的敲击中，在平实又白话的唱腔中，一个动人的故事娓娓道来：

“老伍他今年55岁整，待人随和脸上总是笑盈盈，这次抢险他主动请命……这牌子是雨中永不熄灭的指示灯，风雨中我们武汉人更坚挺！”

这段故事中的“他”就是最美举牌哥，一名普通的环卫工人。2016年7月5日夜晚，一场特大暴雨袭击武汉，造成武昌城区多条道路严重渍水的局面。他手举“前方渍水，请绕行”的安全提示牌，提醒过往车辆和行人绕行。他这一站就是8个小时，感动了无数网友。湖北大鼓表演艺术家张明智先生的弟子徐宁，看到伍师傅的事迹后，用湖北人自己的艺术形式——湖北大鼓来演绎“举牌哥”的事迹。经过反复修改和精心打磨，反映平凡人义举的湖北大鼓作品《最美举牌哥》新鲜出炉，在网上广为流传。

湖北大鼓的曲艺创作内容与时俱进，紧随政治大方向又不脱离群众，更具有公益性，唱出了大爱。又比如：

“这一天公益超人直奔福利院，百名爱心志愿者来到了王家河，寒风刺骨不畏冷，怀揣着温暖的爱心一颗颗，一进了敬老院齐动手，为老人洗，为先人晒，为老人们扫的扫来撮的撮，他为老人剃头刮胡子，他为老人来洗脚，他为老人洗衣裳，他为老人洗被窝，他为老人跳广场舞，他为老人唱幸福歌，他们带来了肉，带来了面，为老人包饺子，热气腾腾煮了一锅又一锅。”

这一作品讲述的是以张超为代表的公益超人爱心协会的故事。从1998年开始，张超利用自己所有的业余时间，扎根在黄陂广袤的土地上，把爱心洒向城镇和乡村里需要帮助的人。他投身志愿服务的精神感染了身边许多人，同学、战友、同事100多人相继跟随他的公益脚步把无私关怀送给弱势群体。张超带领他的志愿者团队在黄陂区成立首个爱心公益组织——公益超人爱心协会，从十几岁的学生到七十岁的老者，从公务员、私营业主、医生、教师、个体户，到打工者、学生和离退休干部职工，具有各种特长的普通人纷纷加入协会，抱着奉献爱心、传递正能量的同一目标，跟着张超把爱传递四方。湖北大鼓的曲词内容将小人小事写进去，通过传唱讴歌无私奉献的精神，符合社会主义核心价值观，针对社会上发生的事件，进行针砭褒贬，对成人和青少年有着极大的教育作用。根据全国道德模范的事迹改编，弘扬了正能量。在题材和内容上，力求做到爱群众之爱、恨群众之所恨，引起观众的共鸣和反响。

湖北大鼓在产业形式方面也在试图有所突破，汉口里的御匾堂将味觉艺术和视觉艺术进行了有机的结合，以创新的形式把传统曲艺推荐出去。御匾堂携手张明智老师，在汉口里的长堤街，把老武汉的饮食文化与曲艺文化结合起来，迎接天下来客。路过汉口里的老地名墙，往前走两步就是御匾堂了。御匾堂的一楼主打湖北、四川特色小吃，二楼起名为张明智鼓艺苑。敞亮的大厅与接地气的用餐环境，让人倍感亲切。其中一楼的小吃主要有嘻哈鸡米饭、俏碗菜以及来自台湾的嗨皮烫。二楼则是充满湖北地方特色的鼓艺苑，有古色古香的装饰和张明智老师的各种介绍与照片。客人吃完美食就来二楼品茶听戏，上楼的时候，也能深深感受到墙上所展示的“非遗”文化的魅力。在新媒体电子商务的簇拥下，湖北大鼓曲艺艺术出现模式多样的尝试，吸引了大量有才干、正能量的青年从业者。也有部分曲艺人尝试性地开辟多媒体展示立体空间，聚集起大批粉丝，实现了交互传播。

改革与创新是湖北大鼓艺术生命的保障，但形式上的改革不一定能够带动内容上的健康发展。如果观念没更新、内容缺创新，形式上搞得再热闹、再花哨也难以赢得人心。湖北大鼓表演家张明智就说过，形式再多都是枝干，核心还是离不开湖北大鼓的根，要放得出去，要收得回来。“张明智老师曾在声腔创作和表演方式上做出了创新，吸取了楚剧、汉剧、黄梅戏等多种艺术形态的声腔和唱法。”（张长安，1995）如果湖北大鼓在表演形式上能够和相邻的湖北小曲、湖北道情、湖北渔鼓等曲艺相结合，就能丰富自身的艺术表演形式，也可以增加其他曲艺的表演机会，同台演出的效果更焕然一新。植根于先进文化土壤，才能延展出兼具文化自信、内容活跃充实、形式新颖有益的曲艺艺术，涌现出具有时代文化气质的优秀作品与曲艺从业者。

二　交互媒体下湖北大鼓的传播

网络传播与剧场传播是有很大不同的。例如剧场传达中曲艺演员与观众的交互性，观众对表演的反应对于演员表演具有即时性的影响；剧场演出的视觉场景具有固定性，没有电子媒介的推拉摇移造成的视觉场景的丰富变化；剧场本身的物理环境对于戏曲信息传播造成影响以及对受众接受心理造成影响；受众身处戏院环境时其接受行为和接受心理受到周围观众影响等。

新媒体下湖北大鼓的传播与传统大众传媒的湖北大鼓的传播具有明显的不同，体现为双向性强，受众可以方便回馈。例如在2014年12月16号，“鱼龙百戏”微信公众号即时播报了《武汉晚报》的新闻速递——《首届湖北评书、湖北大鼓比赛老少同乐》，同时向我们介绍了当天活动的开幕、流程、亮点和结尾。受众利用公众号文章了解时情，在文章下面进行实时讨论，即时反馈信息。受众选择性强，观众可以方便地检索其他所喜欢的剧目，可以按照自己的兴趣加以选择接受，此一特点也决定了湖北大鼓的传播对受众的控制程度较弱。观众可以自由地安排接受的时间，可以反复欣赏甚至研究。

在交互媒体下，湖北大鼓可以通过文字、音频和视频等不同的文本形式加以传播。传播具有便捷性，与传统的大众媒体相比，接受网络所传播的关于湖北大鼓的信息更加便捷一些。传播难以有“仪式性”，因为受众的过于自由化和随意性的传播与接受方式，湖北大鼓等戏剧演出难以有大规模的仪式性，而戏曲演出更多时候是仪式性的传播活动，这一点新媒体在传播上不及广播电视。

交互媒体下湖北大鼓作为一种艺术形式，同传统艺术有很多不同。在剧本创作上体现的趋势是由个体的独白到集体的狂欢。剧场特征是由现实的近程剧场转为虚拟剧场、远程剧场，实现了剧场的网络化。观众不仅是接受者，还是参与者、创造者。网络戏剧演员由专业化到大众化，甚至出现了虚拟演员，交互媒体的出现带来了戏剧观念的深刻变革。

现在人们普遍认为我国的文艺市场不景气，但是这种情况也应该要一分为二地看待。曲艺还处于比较稳固的地位，虽不及20世纪，依旧焕发着活力。考虑到中国改革开放初期，受众的娱乐方式单一，湖北大鼓作为湖北曲艺以其通俗化、口语化在20世纪持续近20年屹立不倒。面对外来文化的冲击和审美形态的多样化，年轻一代的观众更加青睐快餐文化，很少关注了解我国的曲艺文化。在现有的观众层面，湖北大鼓的观众趋于老龄化，观众的年龄出现断层，60岁以上的观众占据了大多数，中青年观众对湖北大鼓的印象仍然停留在儿时的回忆中，他们总想起小时候在汉口的长堤街，一些老武汉人身上背个收音机，放着湖北大鼓，“咿咿呀呀”地传来的湖北大鼓的声音，老爹爹老婆婆们喜欢享受地闭着眼睛，一边悠闲地散步，一边跟着哼唱。而以市场和受众反馈为杠杆，基于受众层面的改变，曲艺创作得到了良性增长。经营性的民间曲艺社团以惊人的速度迅速崛起。湖北大鼓曲艺进驻新媒体后，受众格局发生了巨大的变化。以往剧场演出的湖北大鼓曲艺面临的最大危机，是大批青年观众“失联”，“青少年对传统曲艺丝毫不感兴趣”（黄琪，2013）。坚持传统曲艺演出的场所，出现的问题是青少年很少驻足剧团戏院，有时观众大多数是中老年人。但是，当交互媒体和湖北大鼓等传统曲艺结合后，交互媒介中的受众和用户，以青少年为主，他们用移动终端设备进行点映观看，以兴趣为主体，不受播出平台局限和牵制。他们的期待视野集中在就业、动漫、校园、爱情、理想等领域，关注重点是青春励志、幽默智慧等内容，受众利用贴吧发表自己的看法，网友的评论一般具有不完整性、系统性，有时是一个片段的想法，往往直抒胸臆，具有很强的真实性，受众的焦点转变带动了曲艺艺术的内容和形式的革新。

在交互媒体的引导下，观众与媒体，或者受众与受众间能够借助媒体这个平台达到一种互动形态。网络上关于湖北大鼓的研究和评论，吸引了众多受过高等教育的专家学者和曲艺爱好者加入到行业中来，其中不乏一些硕士和博士，这种情况对曲艺艺术的良性代谢大有益处。有学者对网络戏曲的传播特点进行过分析，认为互联网兼容了戏曲资源的多种载体形式，使得戏曲传播面临着新的机遇和挑战。“网络戏曲的传播主要体现出开放的空间、全民化和全球化、传受个体化和交互性等诸多新特点”（焦福民，2010）。因为网络传播的诸多特点，使得受众群体不断得到拓展，这又反过来刺激了湖北大鼓的传播，省群众艺术团的湖北大鼓曲艺业务骨干付群刚老师就主动深入到校园、社区、厂矿、农村，开展公益性惠民演出活动，将固定区域的文化欣赏逐渐演变成集体的狂欢式演出。

由于湖北大鼓曲艺不仅走进了大学同时还深入到小学课堂，受众变得更加大众化和多样化。例如武汉市长港路小学三（2）班，一群少先队员们正在认真排演《湖北大鼓大家唱》，他们被省妇联邀请将参加庆祝三八妇女节的联欢会表演。湖北大鼓免费传习班在湖北省群艺馆开班，湖北大鼓代表性传承人付群刚现场授课。传习班从2013年初开班至今，已办9期，每期12～15堂课，课程集中在周末上，教学形式因袭传统的口传心授方法，“以曲带人”，个别辅导与集体观摩结合，4年多来培训了2000人。“开班以来，在交互媒体的传播下，传习班不仅在文学艺术界引起了巨大的反响，还在教育学术界、传播媒体以及社区群众等方面造成影响。”（刘娅、李国姣，2013）江汉大学“非遗”研究中心指导学生对传习班及湖北大鼓传承状态进行调查研究。周边艺术院或艺术团表演家、武汉高校和中小学师生、社区老年曲艺爱好者、在武汉的外国留学生都慕名而来进修。湖北电视台和网络新媒体对传习班给予了跟踪报道。

同时，传习学生们多次参加各式艺术活动，也产生了相当大的社会影响。如付群刚年龄最大的门徒程晓兵，半年间已参与消防系统内部的多次汇报表演，他的《最美抱火哥》还参加了公安部文艺节目评选，对传播和发扬湖北大鼓和文明新风尚都起到了巨大的作用。付群刚年龄最小的徒弟郑博杰在武汉各类文艺汇演、少儿选秀以及第六届曲艺大赛中斩获表演三等奖和新苗奖，使湖北大鼓联系起青少年，以新媒体的方式走进主流媒体的视野。来自十堰的程冬玲，2013年初在传习班学了半年后，回到当地成了小有名气的湖北大鼓表演者。湖北大鼓爱好者，老中青都有，学员有离退休干部、企业职工、一线消防战士等，不少人专程从武汉市外赶过来学习。从湖北美术学院毕业的胡威，如今已把唱大鼓当成了自己的职业。新媒体的宣传力度强大，融汇了更多学习湖北大鼓的新鲜血液，让更多人加入到传承湖北大鼓的行列中。

三 对湖北大鼓发展的若干建议

湖北曲艺包括湖北大鼓、湖北小曲、湖北评书、湖北道情等，相对于前两年，近年来湖北曲艺已被更多人知道和了解，这离不开交互媒体下的新媒体的宣传表演空间的多样化、受众群体的年轻化，要想让湖北大鼓等传统文化在曲艺坛历久弥新，需要曲艺人、社会、政府等多方合力，承担更多的传承责任。归纳各方面情况，笔者对湖北大鼓的更好发展提出以下建议。

其一，利用新媒体拓展宣传渠道。湖北大鼓在网络上至少有三种方式进行宣传。一是通过录像，把湖北大鼓的全部剧目和相关的演出资料输入网络。输入网络剧目，可以按照不同的类型进行目录排列，以便观众寻找和调取。二是现场直播，关于湖北大鼓的曲目可以在网络上进行现场直播。三是交互式演出，这种形式将淡化、取消演出与欣赏的界限，使观众也可以成为创作者和演出者，使曲艺表演充满活力。各类媒体应为普及与湖北大鼓有关的专业知识并对其进行较为集中的宣传，加强宣传的力度。并利用相关平台，将湖北大鼓的表演信息及时传递给市民。

其二，加强湖北大鼓自身创新与发展。湖北大鼓应该顺应潮流，贴近生活，也可吸收借鉴姊妹艺术的表演形式，突破传统的局限。前两年创作的湖北大鼓曲目《信义兄弟》获得了大家的好评，就是因其贴近生活。张明智在表演时让徒弟们穿上足球服表演，吴健的《说唱黄陂》将湖北大鼓的元素融入说唱，这些都是突破传统的表现。但是，这些事做得还不够，湖北大鼓要抓住年轻观众，还必须从题材、内容到表演形式等方面，与当代生活进行深度融合，要进行大胆改革和创新。

其三，将湖北大鼓植入影视和综艺节目中。交互媒介对于湖北大鼓的影响，一般表现在两个方面。一是传播媒介的发展扩充了湖北大鼓的影响渠道，二是特定的传播媒介又总以自身的媒介特质为基础干预湖北大鼓的面貌或样貌。作为新媒体的网络与曲艺的结合，强化了受众接受的主动性、选择性及创造性，给曲艺的发展留下了多维度的新的可能。在湖北本土电视剧、电影中可以穿插湖北大鼓，用这种方式潜移默化地让民众接受湖北大鼓。2014 年 8 月 7 日的《强兵强将》节目中湖北四大曲艺悉数出现，这就是曲艺走向综艺的表现形式之一。

其四，建立网络培训基地和网络交互学习课程。可以考虑在各区青少年宫设立培训试点，由专业老师录制湖北大鼓网络教学课程。这样一方面可以使青少年产生学习兴趣，另一方面，可以起到宣传的作用。湖北大鼓并非仅仅只需要职业的艺人，也应当让业余爱好者有一个学习的平台，在各区文化馆官网也可以建立培训试点。湖北大鼓是属于湖北人民的曲艺，应当将它的教学深入民间。从政府的角度看，政府出台积极的政策引导与扶持，政府的文化部门应该制定关于湖北大鼓曲艺的发展规划，对传统曲艺的保护和扶植应被纳入到经济发展和发展中去；在人力、物力、财力和智力资源的投入和匹配上，做到统筹和协调；资助湖北大鼓曲艺的老艺人和团体，让更多优秀的老艺人开班教学，带徒授艺，促进曲艺的传承；积极号召知识分子加入到对湖北大鼓的研究当中来，运用文字记录和资料整理的方式编纂出版曲艺文献，支持新的研究成果；采用新的交互媒体技术，记录和保留传统曲艺节目，传承优秀的曲艺遗产。从曲艺人的角度出发，湖北大鼓曲艺工作者应该借助新媒体传播曲艺内容。对于专业的曲艺工作者来讲，他们对于湖北大鼓是发自内心的喜欢，但是其他的人群则并不这样。只有对其内容更多了解，传播更加广阔，才会被大众接受和熟知。湖北大鼓也是如此，需要在恰当的平台上，形成自己的粉丝效益。曲艺工作者可以开通湖北大鼓曲艺的公众号，定时更新公众号的文章并推送给广大观众，将曲艺的内容做成相应的微电影或者电影，在大银幕中穿插关于湖北大鼓这种艺术的片段，引起观众关注非物质文化遗产的共鸣。也可以在湖北的地方旅游或者风光的人文宣传片中推广开来。

其五，在交互媒体下加强传统曲目的整理工作。当代许多曲艺的语境变得很狭窄，因此传统曲目的挖掘整理和保护显得非常迫切。“利用好微平台，加大宣传和挖掘，尽快地开展全面保护和传承；确立以老艺人为核心的模式，围绕传承人进行一系列的资料的采访、整理、研究的工作。”（李四达，2009：251）湖北大鼓要利用好新媒体，随时了解观众的动态和想法，遴选传统优秀曲目，实现雅俗共赏。同时借助新媒体，发布优秀作品，不再让湖北大鼓传统曲目束之高阁，让湖北大鼓为更多人所喜爱。

湖北大鼓的传播载体从传统的剧院、广播电视，到如今网络平台与新媒体和自媒体有机结合，这些交互媒体将青少年拉到湖北大鼓的受众之中。凭借媒介交互生态下的技术优势，湖北大鼓从业者借助微信、微博、直播平台等形式，使得新的受众被激活，新的观演被激活。“面对文化多元化和文艺发展的现代化的转变，曲艺艺术的生态格局也将面临着危机和挑战。”（崔凯，2016）在媒介融合的进程中，湖北大鼓等曲艺在观演生态、受众结构、人才结构和行业价值链重组等方面都已经或将要发生前所未有的变化。

参考文献

陈谦闻、王鸣乐，1957，《谈谈湖北大鼓》，湖北群众艺术馆。

崔凯，2016，《交互媒介下的曲艺生态新格局》，《光明日报》11 月 18 日。

赵杰，2012，《吴健湖北大鼓遇上摇滚风》，《楚天都市报》11 月 19 日。

张长安，1995，《张明智大鼓唱腔的改革》，《楚天艺术》第 1 期。

黄琪，2013，《江汉大学学子调查显示：六成年轻人不知湖北大鼓》，《长江日报》8 月 3 日。

焦福民，2010，《论网络戏曲的传播特点》，《济宁学院学报》第 1 期。

刘娅、李国姣，2013，《付群刚湖北大鼓免费传习班》，《世纪行》第 3 期。

李四达，2009，《交互设计概论》，清华大学出版社。

On the Development of Hubei Drum in the Interactive Media Environment

Zhuang Guicheng　Zhang Bei

Abstract: Hubei Drum, a folk art of talking and singing in Wuhan, Xiaogan, Huanggang and so on, is facing a serious crisis, which is "the loss of communication" of lots of young audience. In the interactive media environment, Hubei Drum has displayed some new characteristics, whose creative texts keep up with the times and even some breakthroughs tend to be made in the aspect of industrialization. Because of the great differences between the spread of interactive media and that of traditional theatres, great changes have appeared in the audience and writers of Hubei Drum. In order to achieve better development of Hubei Drum, we specially put forward some suggestions such as expanding publicity channels through new media, promoting the innovation and development of Hubei Drum, implanting film and TV shows, setting online training bases and interactive courses, enhancing the file sorting of traditional works and so on.

Keywords: Hubei Drum; Interactive Media; Suggestions for Development

About the Author: Zhuang Guicheng (1974 –), Ph. D. , Professor at Wuhan Language and Literature Research Center and School of Humanities in Jianghan University. Research interests and specialties: theory of literature and art and contemporary Chinese literature. Magnum opuses: *On the Modern Transformation of China's Literary Criticism*, etc. E – mail: gczhuang@ 163. com.

Zhang Bei (1994 –), M. A. at School of Maxism in Central China Normal University. Research interests and specialties: Maxist theory and intangible cultural heritage. E – mail: 541832641@ qq. com.

论鄂东蕲春竹编工艺审美特征*

张　昕　王潇曼**

【摘　要】“吴头楚尾”之地的鄂东蕲春地区，是长江中游的竹编之乡。传统的蕲春竹编，技艺传承有序，发育完整，地域工艺特色鲜明。尤以“绞纹编织”、“凌纹编织”和“螺旋编织”最具地域特色，呈现出了鄂东地区竹编特有的题材美、艺匠美和功能美。本文在长江流域造型文化遗产的传承体系层面，探讨了鄂东蕲春地区竹编工艺审美取向和美学特征。

【关键词】鄂东蕲春　竹编工艺　审美特征

一　鄂东蕲春地区概况

人类历史文明在蕲春大地上已经延续了5000余年。嘉靖《蕲州志》载，“蕲国”始建于“夏”，“商周因之”，存续近800年；蕲春建县于公元前201年，距今有2200多年历史，历为郡、周、路、府所在地，以州领县长达1080余年，一直是鄂东政治、经济、文化中心，故有“上等蕲州”

---

* 本文由清华大学柒牌非物质文化遗产研究与保护基金资助。

** 张昕（1959～），湖北美术学院教授。研究方向为文化遗产学、设计艺术学，著有《湖北造型文化遗产审美论纲》。电子邮箱：1907340985@ qq. com。

王潇曼（1991～），湖北美术学院文化遗产学专业2016级硕士研究生。电子邮箱：Xiaomanloving@ foxmail. com。

之说。（吕思勉，2003：211）自古便有“吴头楚尾”之称的鄂东蕲春，位于长江中游，历来人杰地灵，历史上有几次大规模的移民活动，明清时期江西填湖广、湖广填四川，使该区域人口成分较为复杂，文化杂糅。

地理环境上，这一区域以河流冲积平原和丘陵为主，发达的水系，使这一地区河网密布、湖泊星罗，拥有充沛的渔业资源和交通区位优势。经济形态上，这一区域以平原农耕经济和湖区渔业经济为主。此外，由于得天独厚的交通优势，这一区域还是中国重要的商贸通道，有发达的商品经济基础。在文化传统上，这一区域深受楚文化影响，作为楚文化圈核心区域或辐射区域，鄂东蕲春传统技艺流露出浓郁的“浪漫诡秘”的楚风。（张昕，2014：46）但是，发达的交通区位优势和复杂的文化构成，使这一区域文化呈现多元化发展形态。

二 蕲春竹编工艺特色

鄂东地区气候为亚热带季风气候，具有四季分明、雨热同季的特点。多样的地质结构和优越的气候环境，使鄂东地区拥有丰富多样的动植物资源。（闻人军，1993：128）特别是大别山区的竹、柳、草等植物资源丰富，为鄂东蕲春地区提供了丰富的编织原料，加之悠久的竹类资源利用史，鄂东蕲春地区诞生了发达的竹编工艺。图1为鄂东地区竹类资源。

图1 鄂东地区优越的气候环境为竹编工艺的发展提供了大量的编织原料，这里的竹类资源丰富

（一）平面编织纹样

1. 十字编织

平面编织中较为常见的是十字编织法，将竹篾以经纬线方式垂直编织，在经纬下纬线再压在经线竹篾上，一经一纬、一横一竖形成十字纹样。（戴吾三，2003：122）

2. 菱纹编织

用四根经篾交叉，在交叉处编入纬篾，形成六边形。如斗笠、背篓都采用这种编织方法。

3. 人字编织

将经篾收拢在一起，编纬篾时，抽两根经篾间隔两条经篾再抽两条经篾，以此类推，编织时每条经篾都要收紧，编织出人字形纹样。

4. 绞纹编织

此编织法是用篾丝与经篾作挑压交织，呈现出有规则的自身绞压，因此称为“绞纹编”，也称“绞丝编”。绞纹编的最大优点是，能够让竹编产品牢固、紧凑、美观，主要用于竹编工艺中的收口、收边、收脚，通常用绞丝编固定。

5. 螺旋编织

又名“鸡笼顶”。螺旋编织是多向篾进行交织之后，编成的一个圆形口。这个圆形口整齐美观，交织的各个夹角都相等。螺旋编织可以分为疏编（即单层螺旋编、双层螺旋编）和密编（即弹心螺旋编）。

6. 圆面编织

“圆面”即用篾丝围绕圆心的周边进行编织，圆形产品的盘底和盘盖通常用此种编织方法。

7. 六角编织

这种编织方法所采用的经纬线都是宽窄、厚薄相同的竹篾，从菱形上下两个角的方向出发，从中横穿一到三根经纬竹篾，形成六角形编织的空心图案。

（二）编织的方法

蕲春竹编在制作过程中所使用的材料是蕲竹，大多数竹编工艺依旧是手工编织完成的。竹编的方法多种多样，甚至上达百种，依据不同用途又发展出相异的方法。基本可分为四边编法、六边编法、八边编法、弧形编法、网状编法等等，甚至有编出文字、立体编织、混色编织的方法，若是几种编法交织使用，那更可用“吾编无尽”来形容。图 2 为一位老人正在编织竹篮。

图 2 老人的竹编工艺品是用传统的手工编织完成的，演绎了他对竹编工艺的独特情感

三 蕲春竹编工艺审美特征

鄂东地区，由于地理环境、经济类型和文化传统等因素趋同，故而在传统技艺的审美特征上，具有高度同一性。概括而言，鄂东蕲春地区的竹编工艺审美特征主要表现为：过渡、对冲和折中。

（一）过渡性

秦岭淮河一线，是中国南北地理分界线。此线南北，无论是自然条件、农业生产方式，还是地理风貌、生活习俗及文化特征，都有明显的不同。而鄂东地区，正好处于南北分界地带，成为南北过渡的重要地区。另外，鄂东蕲春地区正好处于长江中游的过渡地区，西衔川渝，东接吴越，中国东西文化沿长江流动，并在长江中游地区交汇、冲突。因此，长江中游鄂东地区竹编工艺在审美特征上具有明显的过渡风格。具体可概括为：南北过渡，承东启西，色彩折中，刚柔并济。（肖世孟，2013：78）

1. 制作材料的过渡

材料的过渡是指竹编工艺在使用材料上的过渡。鄂东蕲春地区，由于正处于南北地理过渡区附近，因此在使用材料上也呈现出强烈的过渡色彩。如编织工艺，由于南方气候温润、潮湿，十分适宜竹子生长，因此产生十分发达的竹编工艺；而在北方，由于气候条件不适合竹类生长，其编织工艺则往往使用柳条。鄂东地区的竹编工艺，由南到北呈现出明显的“由柳到竹”的过渡脉络，其中部分地区编织工艺还“竹柳兼用”。

2. 工艺技巧的过渡

工艺技巧是竹编工艺的具体制作方法、特征。由于受不同材料局限，我国南北传统技艺在工艺技巧上也呈现出明显差异。如竹编工艺，由于北方气候干燥，生长着大量的山麻柳和红心柳，柳条芯细柔韧，粗细匀称，色泽亮白，是用来柳编的好材料，柳编工艺从柳条去皮开始，经过穿、编、系、砌、缠等步骤完成。南方地区，雨热同季，竹子生长旺盛，制作过程需要选材、刮青、晾干烤色、分丝、再编织。鄂东蕲春是由南到北的过渡地区，竹编工艺在制作方法和技巧上表现出明显的过渡特征。

3. 艺术风格的过渡

艺术风格是指艺术作品稳定的艺术风貌、特色、作风、格调和气派。我国南北传统技艺在风格上也明显不同，具体而言，北方柳编偏好沉稳大气，造型上不拘小节，而南方竹编造型细腻，用色讲究、内敛。地处中部的鄂东蕲春地区，竹编的风格特色兼具南北方柳编和竹编的艺术特征。

在所有的编织工艺中，实用性是工艺发展的首要前提。满足物质生活的实用性是指工艺成品具有一定的物质使用功能，能够满足日常所需。例如鄂东竹编中，任何一件竹编织农具，其形态、外观都是基于“顺手”“好用”等目的进行设计的。在满足使用功能的前提下，才会追求视觉上的赏心悦目，绝不会出现喧宾夺主的求美观而轻实用现象。图 3 为鄂东地区传统竹编工艺品。

图 3　这些简单朴实的传统竹编工艺品具有密实坚固的特点，适用于人们的日常生活中

4. 审美取向的过渡

自先秦时期开始，各区域就形成了各自不同的文化特征，同时也出现了极具差异的审美认知与由这种美学认知所决定的审美形态，如吴越文化的秀丽婉约，楚文化的浪漫诡秘，秦文化的粗犷大气。这种从先秦时期就已形成的审美认知的影响一直持续至今，奠定了我国各区域传统技艺审美形态的基础。

传统的编织工艺在已经形成的实用性这一审美认知和文化特征的基础上，还是有一类传统编织工艺为了满足精神需要而出现。例如鄂东蕲春编织作品中，有一类编织作品看似没有实用功能，只是为了纯粹满足人们的精神需要，如蕲春和英山的缠花。这种丝编织工艺，具有楚文化的浪漫诡秘风格，似乎是纯粹的审美作品，但如果将它们还原带入民间日常生活就能清晰地发现其实用功能——它具有强大的巫术功能。端午期间为小孩制作的蟾蜍、蜈蚣、蛇等五毒缠花就是典型代表。

（二）折中性

发达的水系，让长江中游鄂东地区成为连接中国东西南北的重要商贸走廊。随着南来北往的客商，中国南北东西不同的文化也汇聚于此。作为中国南北、东西文化交汇缓冲区域，长期以来，该区域传统技艺在自身艺术特征的基础上，广泛吸收东西南北各地区的艺术特征，呈现出浓郁的“折中主义基调”。如，湖北地区在民间竹编工艺的色彩搭配、造型把握、题材选择上都基于楚艺基调，却又融贯南北，将不同地区的审美特征融于一体，形成独特风格。

湖北境内的鄂东地区传统技艺的视觉形象中，渗透着浓郁的中和混搭现象。具体而言，可概括为以下四种类型。

1. 楚俗融合

楚风融合是长江中游鄂东蕲春地区的基本风格。作为楚文化核心区域，鄂东蕲春的艺术风格受楚文化影响深厚，传统竹编工艺普遍带有浓郁的楚式审美特征。造型上夸张多变，对比强烈，具有浓郁的生活气息，整体上呈现浪漫诡秘的美学基调。

例如鄂东编织作为鄂东地区特有的民间传统技艺，表现出浓烈的生活气息，满溢生活之美。鄂东蕲春编织与人的出生、结婚、祝寿、治丧等民俗活动息息相关。蕲春、英山的缠花造型在寓意上带给民众所期待的心理暗示，那些朴素的观念及生活经验，直接作用于社会意识中的道德规范、哲理伦常，娱乐生活与精神世界交互作用，以阐释民间艺术在生活世界中的社会心理。

2. 吴越渗透

鄂东蕲春地区自古处于“吴头楚尾”之地，在文化上也为吴文化与楚文化冲突交锋区域。同时，由于历史上几次大规模的政府性移民，大量迁入吴地居民，使鄂东地区在人口成分上有相当大一部分吴越成分，在文化上带有浓郁的吴风。基于此，这一区域的造型文化遗产，在审美特征上呈现浓郁的吴风意蕴，色彩选择则更加秀丽，造型更加精巧。如湖北蕲春竹编工艺，蕲春地区竹编广泛吸收江南文人竹器在器物造型上的要求，所制作竹器十分雅致。图 4 是鄂东竹编工艺品。

图 4 鄂东竹编在保持了传统竹编艺术特色的同时，采用了提花编织原理和多种不同的挑、压、破、拼编织方法，编织出现代竹编工艺品的独有神韵

3. 秦风遗韵

作为长江最重要的支流，汉江自山西发源，途经陕西、湖北两省，最终在汉口汇入长江。因此，秦文化沿汉江流域向湖北渗透，在传统技艺的审美特征上，呈现浓郁的秦楚交融状态，具有浓郁的秦风秦韵。（肖世孟，2013：121）一般而言，鄂西北地区的竹编和柳编工艺相较于鄂东地区的竹编工艺在审美上偏向粗犷、大气。

4. 巴蜀东渐

西南区域是我国又一重要的文化圈，在历史上西南地区为少数民族聚居区域，文化形态十分多样，旖旎多姿。由于西南地区以畜牧为主要经济生活方式，因此游牧文化成为其主流文化，使这一地区的传统技艺在审美形态上更为原始，造型多变，色彩冲突强烈。鄂西南地区，由于背枕巫山、紧靠巴蜀，故而在文化上受西南巴蜀文化影响。因此，这一区域的传统竹编工艺在艺术风格和审美取向上，表现出浓郁的巴风蜀韵。

（三）对冲性

对冲是鄂东蕲春竹编工艺的又一审美特征，由于长江中游鄂东地区多元而复杂的文化环境，使这一区域文化冲突十分激烈，激烈的文化冲突让该地区的传统技艺呈现出强烈的对冲性。

1. 农耕文化与渔猎文化的对冲

作为中国最为重要的平原湖区，早在新石器时期，农耕与渔猎就成为长江中游地区最为重要的经济生活方式，这种经济生活形态一直持续至今。然而，农耕文化与渔猎文化在审美取向上有着明显差异，这种审美差异导致其艺术风格分化。例如，在装饰图案上，农耕文化偏向植物题材，而渔猎文化则喜好动物题材；在色彩选择上，农耕文化更喜欢大红、翠绿等植物色，而渔猎文化则喜好深蓝、赭石等与动物有关的颜色。鄂东蕲春地区，由于兼具两者，因此在传统技艺的审美方面，表现出强烈的农耕文化与渔猎文化对冲状态。特别是在湖区与平原区结合地带，这种对冲表现得更为明显。

2. 山地与平原审美期待对冲

由于自然环境、气候特征与经济模式等方面的差异，使山地与平原地区在形式法则与审美期待上都有所不同。鄂东蕲春处于长江中游地区，自然地貌十分多样，山地与平原地貌兼具。然而，山地与平原地区在形式法则和审美期待上具有明显差异，这种差异主要体现为平原地区强调工整细腻，审美偏于隽秀、婉约，而山地地区则豪放、大气，审美偏于粗犷。这种山地与平原的差异，使鄂东蕲春地区的竹编工艺在形式法则与审美期待上呈多元共生状态，并互相冲突。形成山地的原始、粗犷、大气，平原的细致、婉约、内敛。

3. 审美的认知与形态观念对冲

由于历史积淀与当代生活的巨大落差，在传统工艺的认知与形态上，长江中游各区域也不尽相同，存在强烈的观念对冲。长江中游的鄂东地区，作为我国重要的南北东西过渡区域，不同的文化在这里交融、碰撞。

随着这种碰撞的发生，不同的审美认知与美学形态也在此汇聚，并且不断碰撞、对冲。（阿恩海姆，1998：97）其直观表现就是，长江中游各区域在审美认知与传统技艺和民间美术中所表现出来具体风格上的不同。鄂西北地区与鄂东地区在传统技艺竹编工艺的审美形态上所表现的差异性，就是审美认知与形态对冲的结果。

鄂东蕲春地区的竹编，在历史文化和吴头楚尾文化的影响下，竹编传统纹样呈现出独有的特点，但竹编整体蕴含了和谐统一思想，体现出“贵和谐、尚中道”的基本精神。孔子主张“礼之用、和为贵”，同时，他还指出：“君子和而不同，小人同而不和。”明确了“和”与“同”的不同取舍是区分“君子”和“小人”的标准，表现了重“和”去“同”的价值取向。在百姓看来，自然与自然的和谐、人与自然和谐，尤其是人与人之间的和谐十分重要。重视和谐对传统技艺和民间美术的表现影响甚大，如鄂东蕲春地区编织传统纹样的题材《龙凤呈祥》《福如东海》《寿比南山》《和合二仙》《金兰同心》《凤穿牡丹》《盛夏赏莲》《龟鹤同龄》《麟趾呈祥》《螭虎团炉》《紫气东来》《喜福同享》《与天同春》等（尹笑非，2009：178），揭示的都是关于人与人、人与自然的和谐。

四 结论

鄂东地区作为我国中部重要的“文化走廊”，其文化多元性在全国而言都属罕见。基于这种多元文化，这些竹编工艺在工艺特征、艺术风格、审美取向上都有多元化特征。综上所述，“过渡”“折中”“对冲”，是鄂东蕲春地区竹编工艺审美特征的关键词。因为过渡，鄂东蕲春地区的竹编工艺拥有了融合东西、综合南北的包容特征；因为折中，鄂东蕲春地区的竹编工艺拥有了似而不同的艺术基调；因为对冲，鄂东蕲春地区的竹编工艺拥有了多变的艺术风格和审美形态。这些饱含蕲春地区居民智慧的传统技艺，用它们独特的美，展现着长江中游鄂东地区的独特文化和人们的精神气质，它们同我国众多造型文化遗产共同组成了我国韵味悠长的文化脉络，表现出中国独有的东方美学意蕴。

参考文献

〔美〕阿恩海姆，鲁道夫，1998，《视觉思维——审美直觉心理学》，滕守尧译，四川人民出版社。

戴吾三，2003，《考工记图说》，山东画报出版社。

吕思勉，2003，《中国文化史》，中华书局。

闻人军，1993，《考工记释注》，上海古籍出版社。

肖世孟，2013，《先秦色彩研究》，人民出版社。

尹笑非，2009，《中国民间传统吉祥图像的理论阐释》，上海书店出版社。

张昕，2014，《湖北造型文化遗产审美论纲》，武汉大学出版社。

On the Aesthetic Characteristics of Bamboo Craft in Qichun, East Hubei

Zhang Xin, Wang Xiaoman

Abstract: Qichun in East Hubei was the border of Wu and Chu States in Spring and Autumn period. The county in the middle reaches of the Yangtze River boasts exquisite bamboo craft. The well – established traditional Qichun bamboo art with distinctive local flavor has been passed on through generations. Particularly, the "twisted weaving", "interlocked weaving" and "spiral weaving" with most distinct local characteristics, showcase the unique beauty in topics, artistic craftsmanship and functions of bamboo art in East Hubei. In this paper, based on inheritance system of modeling cultural heritage in the Yangtze River basin, we discuss and explore the aesthetic orientation and characteristics of bamboo craft in Qichun.

Keywords: East Hubei; Qichun Bamboo Craft; Aesthetic Characteristics

About the Author: Zhang Xin (1959 –), Professor at Hubei Institute of Fine Arts. Research interests and specialties: cultural heritage studies, and art design studies. Magnum opuses: *Aesthetic Outline of Hubei Modelling Cultural Heritage*, etc. E - mail: 1907340985@ qq. com.

Wang Xiaoman (1991 -), M. A. Candidate in Cultural Heritage Studies, Hubei Institute of Fine Arts. E - mail: Xiaomanloving@ foxmail. com.

汉剧表演艺术家贾振南访谈录*

贾振南　黄　斌　柯　琦**

【摘　要】 本文以汉剧艺人的个人视角，从学艺从艺经历、对汉剧一末行当的艺术体会、对老一辈艺人的回忆、汉剧现状及展望等方面反映了特定时期汉剧发展的历史面貌。贾振南在长期的艺术实践中形成了自己独特的艺术风格，其声腔融众家之长，具有“深沉苍劲，醇洌酣畅，凝重大气，稳健豪迈”的鲜明特色，被誉为汉剧的“活化石”。

【关键词】 汉剧　十大行　一末　口述史　贾振南

黄　斌： 贾老师，您好！我们非常荣幸今天能采访到您。汉剧是中国戏剧史上具有重要历史地位和艺术成就的剧种，但是它的资料非常少。所以我们现在想做一些工作，来为汉剧留下一些资料。我们今天采访内容主要是这样几块，第一个是想了解您个人的学艺从艺的一些经历，我们之前已经查过一些资料，资料里面的内容已经相当丰富了。您等会儿看一下还有什么需要补充的。第二个就是汉剧十大行是汉剧表演非常有

---

* 本文是国家社科基金“汉剧发展历史与艺术形态研究”（09BB016）及湖北省社科基金项目“汉剧十大行著名艺人访谈录”阶段性成果。

** 贾振南（1944～），湖北新洲人。1957 年考入武汉市汉剧团训练班，同年转入武汉市戏曲学校。国家一级演员，著名汉剧表演艺术家，省级非物质文化遗产传承人。

黄斌（1965～），男，湖北蕲春人，湖北大学文学院副教授。电子邮箱：35744181@ qq. com。

柯琦（1989～），男，湖北鄂州人，湖北大学文学院古代文学专业 2010 级硕士研究生。

特色的地方，所以我们非常想了解十大行表演的一些特点。另外我们还想了解您作为汉剧艺术表演大师，对我们汉剧的未来有什么想法。

一 学艺、从艺的经历

黄 斌：那么我们先谈第一个问题，您学艺、从艺的经历。我们看到材料里说到您是 1950 年代进的汉剧训练班，具体是哪一年？

贾振南：1957 年。

黄 斌：那您比胡和颜[①]老师还早一点。

贾振南：是早一点，她是五八年。当时我们分甲班乙班，我是甲班她是乙班。但是我们是同科的，我是师兄她是师妹。

黄 斌：那建国以后第一批是五三年，第二批就是五七、五八您这批。

贾振南：你们采访的人里面有个叫严发昌的，就是五三年。还有个叫周家耀的，是五十年代初在剧团长大的。

黄 斌：您的师傅是胡桂林、周天栋老师，材料里面已经说得很清楚了。您是什么机缘进入汉剧这一行的？

贾振南：我家里面没有人是搞戏曲这一行的，我从小对艺术也没有接触过。但是在我刚开始读小学的时候，有很多小人书，还有洋画，洋画就是一张整纸，很多张小画。上面画得都是戏剧脸谱、戏剧故事。当时我在江汉区华中里小学，就是现在璇宫饭店旁边。这是金融界办的子弟小学，我在那里读书，那里有文艺氛围，经常办一些文艺活动。当时我还是小孩子嘛，我就对这个演戏很感兴趣。同班学生里面有几个喜欢演戏。我们经常在家里玩，自己用麻绳做胡子，用一个小棍子做马鞭。我们放学把书包一放就自己做（演），我记得那时候最风行的就是电影，例如小白玉霜的《秦香莲》、严凤英的《天仙配》。好像我与戏有缘似的，就喜欢演。还有就是我当时家庭条件比较困难。我的家庭，如果按

① 汉剧十大行之四旦著名演员，陈伯华的弟子，国家级汉剧传承人。另有采访。

“文革”的标准算，是个“黑五类”家庭。因为我的父亲、哥哥都是国民党的高级将领。

黄　斌：都在大陆么？

贾振南：都在大陆，我的哥哥就在前不久一百岁时死了，他是中央民革名誉副主席，叫贾亦斌。他是起义将领，在纪念中国人民抗日战争胜利60周年的时候，他是在人民大会堂获得纪念勋章的10位老战士之一。这个就不说它了，反正在那时候的情况呢，家庭生活条件不是很好，一个是爱好，我个人喜欢唱戏，但是小孩子又不懂，完全是模仿。后来五七年，当时汉剧团招生，在大兴路，有两三千人报考，只取了二十八个，我就进了训练班。

黄　斌：您进去之前看过汉剧没有？

贾振南：没有看过汉剧。但是我进去之后，你看我现在胖吧，他们都喊我小胖子。当时我进汉剧训练班的时候，陈伯华大师在北京，他们剧团在全国城市 ，如北京、上海、南京、天津、济南巡演。教我们的是二团的，另外的一批老艺人。陈伯华是一团，但是他们从北京回来的时候，我们都戴着红领巾去老车站迎接她。我还记得当时我们是1957年6月1号开的学。这样我就进了剧团，刚进剧团的时候，对汉剧不了解，都是从头学。当时在考我的时候，老师觉得我这个小胖子还蛮有灵气。其实当时为了考这个汉剧团，我的一个邻居临时教了我一段唱腔。因为我京戏汉戏都搞不清白，他说你去考试，你不会唱怎么办，就教了我几句戏，那个戏叫《斩雄信》。

黄　斌：那是个二净的戏呢！

贾振南：但是他教的不是二净的戏，他教的是程咬金的唱：“一杯酒来满满斸。”这几句，京剧叫“流水”，我们汉剧叫“一字板”。当时主考官问我，你这个小胖子会不会唱？我说会唱《斩雄信》，他们听了一喜，以为我要唱雄信，是唱花脸的，我一开唱他们都笑起来了，原来是我唱丑角的。他们问，你还会什么呢？我说我还会新疆舞，就跳了一段。他们说这个小胖子胆子大。他们还搞了一个临场发挥：你现在在房间里看书，突然爬进一条蛇来，你是个什么反应？我就根据我当时看的一些电影来表演：一看窗户，然后吓得往桌子底下钻。他们主考官说："好！可以了！"当时还要考嗓子，让唱《东方红》这个歌，看你嗓音高低，因为《东方红》的旋律比较高，最后一句"呼尔嗨呀"，看你上不上得去。当时我都能够达到要求，这样我就进了剧团。进了剧团以后，老师们一看我，让我唱什么呢？开始都跟着三生，后来发现我的嗓音偏于宽厚，当时因为是小孩子声音还谈不上苍老。身材还胖胖的，长相富态，于是他们认为这孩子唱末角好，就把我安排了学末角。学了三个月我就登台了，这是很惊人的成绩。一登台，一炮打响。

黄　斌：第一出戏是什么剧目？

贾振南：是《兴汉图》！观众说"小桂林"，有的说"小洪元"出世了。半年不到我就招待伟大领袖毛主席，在洪山宾馆二楼会议厅里面，他正在开武昌会议。就只有我一个年轻人，其他都是高百岁、夏菊花他们，汉剧就我招待的。为了选这个戏，当时中央文化部的副部长叫徐平羽，连着看了我三次演出，最后定的《兴汉图》。我演这个戏，在洪山礼堂，高百岁看到我非常高兴，叫我"这是小桂林啊"，当时还不知道我叫贾振南。包括演完戏在后面吃宵夜，后面厨师都赞叹不绝："这个小孩子真是有味，这么小个孩子，戴白胡子演刘备演得有模有样。"我记得当时我演完之后毛主席站起来拍巴掌。当时有个规定，我记得当时我去是辛普带队。他们带队，宣布纪律：不能说为毛主席演出，不能说见了毛主席，戏演完了之后不能到底下去。因为我小，我就一个人跑到大厅去了，我一看中间就是毛主席坐的沙发，我就往上一坐。我说："这是毛主席坐的！"他们也不好说我，保卫也不好作声。因为毛主席看了我的戏，大家都宣传我。我刚学戏之后第一个经历就是这个。我们只学三四年之后就提前毕业了，到剧团去了。我在剧团的学习条件比其他人优越，老一辈的老师都喜欢我，所以我的学戏条件得天独厚。汉剧的很多历史都是老师们茶余饭后谈论的一些东西。

黄　斌：这些东西太宝贵了，我们以后还要好好地采访挖掘。

贾振南：比如说陈伯华大师，虽然不是唱一末的，但是她非常喜欢我，我们形同母子，我经常到她家里。在艺术上，我也得到她很多教益。

她总喊我小胖子："小胖子，我跟你说啊，演员要用心演戏。""我是用心了。""是心里要演戏！要通过心里走，来演戏。不管是观众多还是观众少，不管是城里还是乡里，都要认真、卖力演戏，因为下面坐的是我们的衣食父母，我们要对得起衣食父母。"我那么小她就总是跟我谈这些话："要用心演戏。"再就是告诉我，平时坐有坐相、站有站相、睡有睡相，为了艺术要牺牲一切。"你看妈妈，一生不吃烟、不喝酒、不喝茶、不熬夜、不打牌，我的思想就是两个字——艺术。"以前老前辈说的——"行也子曰，坐也子曰"，哪怕上厕所都要背戏。这是陈大师经常讲的。

我直接的老师，一个是胡桂林，一个是周天栋。我不是唱周天栋他那个行当的，但是我非常敬爱周天栋。周天栋是真正的汉剧表演大师，他一上台，整个戏都到他身上去了。这时候，胡桂林是我直接的老师，别人说我是他的接班人。他也对我毫无保留，对我也像是对儿子一样。他认为，既然你在我面前，你是我的徒弟，我是你的师傅，我要对你负责，你要对我负责。当时学戏环境很差的，白天不能学戏，因为白天要政治学习、排戏。我找师傅是在晚上十点钟以后，戏完了他回家，师娘给他弄一点宵夜，我就坐在旁边陪他吃宵夜，他边喝酒就边说，这一句怎么唱，那一句怎么唱。主要是靠在旁边去龙套，偷戏，看我的师傅是怎么演的。我的师傅他注重唱，他的唱，到现在都不过时，因为他对戏很通。作为一个老演员，如果今年还在就一百零八九岁了。当年湖艺（就是现在武汉音乐学院）恢复的时候，就把我师傅胡桂林唱的录音带作为教材。"你们听听，这是一个汉剧老艺人唱的，多通啊。"搞声乐就是要通啊。他嗓子特好，一开口就是个老头子，含蓄浑厚，苍劲有力。我主要向他学文戏，他表演上不太讲究，他主要是唱。为了丰富我的表演，他让我去找周天栋学表演，学外角戏。刚好周天栋老师也很喜欢我，他没有儿子，所以收我做干儿子。所以我的表演既有末角的唱，又有外角的表演。他说："你演主角戏，一出台，要做到心中有人，目中无人。心里要有人，目中要无人。底下坐的观众无论是谁，是首长也好，你不要到处望，不要打野。演对手戏，要知己知彼才能百战百胜，他有什么长处，我有什么长处。你演配角戏，既要有戏，又不能夺戏。"这都是经典之谈，这都是艺德啊。旧社会的一些老艺人，他为了有饭吃，为了跑红，上台就撒狗血[①]，在上面很卖命，他根本不讲人物，他只要在上面唱得观众摇旗喝彩。到了我们这大师傅这里，他就知道，演配角既要有戏，又不能夺戏，要辅助主角。到了对手戏，就要知己知彼，你的东西我可以借鉴。演主角戏呢，上台马门帘[②]一扒——我们戏剧有一个特点，跟话剧不一样：话剧是整个生活化，戏曲呢，是既有人物，又有演员这个人——扮个诸葛亮，拿个八卦扇，既有诸葛亮的文雅稳重，还有角儿味：嘿嘿，我贾振南出来了！既有人物，又在人物之外，进而慢慢再全部进入戏中。出来这个角儿味一定要有，这叫台风！观众一看："哟，角儿来了。"台风要潇洒又稳重。特别我们唱末角的更要稳重，京剧里面的诸葛亮是黑胡子的，汉剧里面的诸葛亮是白胡子的。末角来演，为什么末角来演，因为末角稳重，稳如泰山，你看我演诸葛亮有一张照片，这是我演戏时候台上照的，草船借箭完了以后，我眼睛一侧，我瞄周瑜的。我最反对扮好戏再照，你既然看戏就看我的人。你看了我的乳娘（汉剧《宇宙锋》中的一个人物），我演一个配角，是怎样辅助赵艳容的，我做到了既有戏又不夺戏。

黄　斌：您演过好多配角，我记得您还在《狱卒平冤》里配了一个巡抚。

贾振南：对，是楚戏方面的人接我去的，当时中央文化部说这个戏不换扮巡抚的演员不能上北京，后来一换我，中央文化部一看就说可以了。现在楚剧方面人士很看重我，因为这部戏得了十个大奖，我得了配角一等奖。我演得这个巡抚轰动了北京。

黄　斌：我对您当时表演时的语言、眼神都有很深的印象！

贾振南：我在里面用了很多周天栋的表演，老师对我的帮助非常大，我不是年轻的时候就会演人物，我是逐渐会的。我认为陈伯华是我们汉

---

① 本指汉剧中特有的一种表演技法，通过夸张的表演表现人物特殊的情绪。这里是指用过分的表演来吸引观众。

② 指过去戏台的上场门帘。

剧的代表人物。

黄　斌： 我去年一年里看汉剧的最大感受，就是汉剧的一末太宝贵了。

贾振南： 别的剧种都没有。

黄　斌： 我在想京剧的麒派为什么不来学汉剧的一末，汉剧的一末学会了，麒派的东西就出来了。

贾振南： 裴咏杰跟陈少云都是麒派的吧，一个上海一个长春的吧，他们来看了我的乳娘，接我去吃宵夜，要拜师，要我教他《扫松》。我说周信芳有《扫松》啊，他们说，我们学你的路子，在省里朱世慧说汉剧贾振南的《扫松》好。

黄　斌： 我刚刚看的楚剧演出的《扫松》，那出戏的表演者是您教的。那个孩子二十岁能演出《扫松》的味道来，那是您教得好！那个戏其实不出彩。

贾振南： 那个戏是人保戏，不是戏保人，那个戏很冷，完全靠表演，靠眼睛、髯口、步伐、说话的神态。年轻的时候我演戏比较过火，不会演人物，现在我就比较会演人物，主要是陈伯华老师经常说要演好人物。我是演了现代戏以后才会演人物的，刚开始我是演少剑波之类的人物，比如《革命自有后来人》里面的李玉和，是高维廉跟我排的，移植了哈尔滨京剧团的演法。后来搞样板戏，《红灯记》我演鸠山，《红色娘子军》我演南霸天，人家就送我绰号“活鸠山”“活南霸天”。我演的南霸天在北京又不得了，人家甚至说我演得好过样板团的南霸天。当时军代表相当着急，虽然他们不懂得戏，但是他们晓得正派反派。我演的南霸天很轰动，他们就担心我欺了英雄人物、正面人物，就一天到晚跟我说“不要夺戏!”“在台上不要站高了!”“不能太张牙舞爪!”但我这个人物又要张牙舞爪哇！我就开始想，我怎么把这个洪长青烘托好？我的反派人要多用心理表演的东西，只能靠眼神，这个时候我开始琢磨南霸天怎样既要有戏，又不夺戏。

为什么我在那个《狱卒平冤》里演那个巡抚得到曹禺和阿甲的肯定呢？阿甲说：“一台都不是官，就巡抚是个官，他不是你们楚剧演员吧?”“是的，他是汉剧演员。”内行就说，我一上台就有气场。胡和颜的爱人就说，他一上台就有气场，他把观众的全部眼神都集中到你身上去了。所以演员在台上有没有气场很关键，有的演员演一辈子都没有气场。

黄 斌：有人在台上演得很卖力也没有气场，您基本没有什么动作，靠神态、靠嗓音就能出人物。

贾振南：一个巡抚相当于湖北省的省长。

黄 斌：相当于省长加军区司令员。

贾振南：对！还带点武的东西，手上还有兵权的。但是我去帮了楚剧的人，汉剧的人把我快骂死了。他们有门户之见，汉剧瞧不起楚剧，他们觉得楚剧是小调剧种，汉剧是地方大戏，是京剧的祖宗，觉得楚剧是街上乡里演的戏。他们说我是叛徒，连陈伯华都呕了：“小胖子，你去辅助楚剧啊，我是最不喜欢楚剧的。”现在楚剧又接我去，为什么接我去啊，他们是想我把汉剧一末的东西带到楚剧去。我想都是中华戏曲，不管哪个剧种，只要能够吸收我的东西就行。你要我教你戏，我不是原模原样给你，我要把你变成楚剧。汉剧有个学生，但是这伢中途走了弯路。这伢叫陈曦，大概也只学了半年，登台在和平剧院演出，别人都说：“有您老的味道。”我的《扫松》还是中国唱片公司给我灌了唱片的。我说这么半天就是——演人物。一个演员，不会演人物，根本算不上好演员。还有一个（原因），我们是旧戏演员，不重视文化，但是文化修养很重要。

黄 斌：这也是我想说的，您是又能演出又能写（文章）。我觉得您老的文化功底还是很深厚的。

贾振南：不行，我是剽学的。我聪明，我偷东西，我爱看爱学，我文化水平不高，我是小学没有毕业进的剧团。我是靠社会经验积累的，所以汉剧、京剧老一辈的梨园故事，都是我的老师讲给我听的，我都记得。

黄 斌：您得尽快把这些资料整理出来。

贾振南：这一直在排《宇宙锋》，抽不出时间。

黄　斌：资料里看到您准备出书，您现在开始动笔没有？

贾振南：书名是《我和汉剧前辈们》，写一点丢一点，我想把这个（《宇宙锋》）弄完之后，有机会明后年我跟你合作，我口述，你执笔。

黄　斌：我们一定把这个事情给您做好。

贾振南：当演员要有灵气，有没有灵气从小就看得出来。没有灵气，再怎么勤学苦练都不行。我的师傅周天栋说，唱戏的伢们，天生的要三分调皮，太老实了学不好戏。开始要模仿，你不模仿，不能把老师的东西摸到。当小孩的时候就开始模仿，逐步地把老师的东西化为自己的。老师的东西好看，不见得在你身上就好看，因为你们的个子不一样，长相不一样。你要把他的精华化为自己的东西，就得跟自己自身条件结合起来，融化在自己身上。我就把胡桂林老师的东西融化得比较好。

柯　琦：贾老师您好，有的资料里谈到您在《四进士》里面的笑的绝活，您能不能给我们讲解一下您这个绝活。

贾振南：笑的时候真的有那么长的气吗？不可能，你要偷气。比如《收姜维》，诸葛亮把姜维收了，开始姜维不愿意，后来他投降了。诸葛亮站在城楼上，他把八卦扇一背，看到姜维跪在城下，想到他终于投降了，然后就有一段笑（示范），就是诸葛亮洋洋得意。我的笑就像棉花坨子，是假、真、假结合的。开始把气蓄住，是假的，中间是真的，后面又变成假的了（示范）。观众掌声一起，我马上收。黄教授您看了我的《宇宙锋》的，我扮演的乳娘谢幕你们看了没？

黄　斌：看了。

贾振南：赵高从那边出来，我扮演的乳娘从这边出来。我自己安排的，我一看见赵高，袖子一抖转身就走。他们都说我连谢幕都有人物，这个你就要琢磨了，这都是艺术啊，谢幕也要有艺术啊。

黄　斌：您这一招一式一言一行都是戏，现在很多年轻人不动这样的脑筋。

贾振南：我接这个角色压力很大。我从来没有演过乳娘这种老太太，我原来跟着陈伯华的时候，我主要看陈伯华的表演，再把赵高看一下，哪个晓得去看乳娘呢。我现在又胖，肚子又大，我家里有个穿衣镜，我每天都对着镜子看自己像不像乳娘，她还是个哑巴，又是个智慧的哑巴，又是个善良的哑巴。赵丽蓉是主角，她唱的时候，我只能静观，最多只能眼睛看一下她跟赵高在做什么。因为你一动，观众的注意力就放在你身上了。到了我的表演，我就上前了。我在家里琢磨，我182斤跑圆场，我演的不是纯老旦，我是在花旦和老旦之间创造的这个人物。她这个人物很美，不是纯粹的老太婆的样子，我走的都是花旦步子。文化局现在很重视我，把我当个老宝贝。我本想把艺术传下去，但是我跟你们说，艺术不是随便就能传下去的，你不是那个条件，我怎么教你都不行。学生要有悟性，我可以教已经成熟了的，可以在台上演出的人，画龙点睛的工作我可以做。

柯　琦：但是您的艺术太宝贵了，一末的余派，六外的周派，这是汉剧的两大精髓，是汉剧跟其他剧种相比最有特色的地方。

黄　斌：我之前只看过京剧和昆剧，看了汉剧的表演之后觉得汉剧也有很多自身特有的创造和优势。

贾振南：那是因为你是内行，你是没有看到我的老戏。“文革”以后，有一次叶剑英来，关正明的《空城计》，我的《收姜维》，一晚上招待他这两出诸葛亮的戏。

黄　斌：我发现您的录像很少，在网上找不到。

贾振南：我八五年就转业了，我调到民主党派了，我的工资关系现在是在统战部。

黄　斌：您的视频在网上很少，就一个《狱卒平冤》。

贾振南：还有一个跟王蓉蓉在北京合演的《三娘教子》，那时我嗓子已经不行了。我今年5月23号在人民剧院清唱了一段。这回我们建院五十周年，很多戏要展演的。去年《王昭君》我也演了一个老黄门，你们看了没？

黄　斌：看了。

贾振南：那跟乳娘是两个完全不同的人物。

黄　斌：您这个末行的发声太难学了。现在楚剧、越剧，包括黄梅戏，发声都是越来越美化了，听着软绵绵的。

贾振南：我基本上坚持原生态的，我觉得我的末脚是独特的，因为我要搞点原生态的东西。我们末脚还有一个地方难，他们有的行叫一字清，我们末脚要变音。《兴汉图》导板唱完之后，就把手一背。你们看过余洪元的这张照片吧，这张照片是民国时期的，1920 年代之前照的，这种老艺人，你一看照片就知道他是一个不得了的大王。

二　对汉剧及一末行当的艺术体会

黄　斌：那贾老师我们问第二个问题，就是请您谈一谈汉剧一末的表演特点。汉剧十大行的划分是汉剧表演的精髓，你在表演中要谨守行当的规范，但是您又经常把它打通，您兼学一末六外，还能反串乳娘，您对行当分类的规范和表演的贯通之间的关系是怎么理解的？

贾振南：你们首先把这句话记住，这是周天栋老师亲口跟我说的：我跟你说啊，我们汉戏一末三生六外，不看我们的戏。吴天保、胡桂林、周天栋三个人站在底下照张相，你就能分出哪是一末哪是三生哪是六外。只看相片就能分出行当。一末总称为衰派老生，其特点是第一要稳重，第二要苍劲，第三唱要声如洪钟，有穿透力。做要稳如泰山，末角不能瞎动的，连手头都不一样，生角是双指指出去，末角是单指指出去，余洪元老先生的手势还有自己的特点（视频示范）。“孤把这江山一梦了”，慢慢手一背。唱要声如洪钟，坐要稳如泰山，这就叫分量，所有末角戏都是要讲分量的。它有王帽戏，类似刘备；蟒袍戏，乔玄这种戏；仆人戏，《三娘教子》《扫松》这种。我们统称就是末角既有富人又有老百姓的。他的扮相首先要富态，如果太瘦的人演末脚，这种形象不能给人老迈龙钟的感觉。比如说，我的《青风亭》得了一等奖的，当时 1981 年。末脚跟外脚不同点在于，末脚重唱，也重道白，表演为辅。外脚以表演道白为主，外脚要洒脱，而且在台上要机灵。比如，《烹蒯彻》是周天栋大师的看家戏，周天栋的道白，演蒯彻在金殿上摆韩信的十大功劳，当前羞辱刘邦。他有情绪，第一，他已经准备死，赴油锅，他的无畏精神表现出来了。第二，他在临死之前，要把你刘邦羞辱一次，所以他的态度是很高傲的。但是他对旁边列公大人还是很尊敬的，对刘邦他是藐视的：韩信这种为你卖命的人你都把他杀掉了，我这种小人物你还放在眼里？我临死之前要为韩信叫屈。所以他有这种心态，他临死之前站在台上，刘邦在台上坐着，他对刘邦说："万岁，既是雄兵百万，战将千员，为什么与那楚霸王交兵之时，连败七十二阵?"周天栋说这个戏你不字字分明，没有力度，喷口不够，你就不能演这个戏。我的《狱卒平冤》用的就是他的《审头刺汤》和《审刺客》。周天栋有很多戏，比如《清官册》里的寇准，他的道白有音乐性，开口有抑扬顿挫，每次道白下来，观众一个满场好。往日有一句话"重斤白，四两唱"[①]，道白重斤，唱是四两，老一辈重视这个道白。比如演《四进士》里的宋士杰，完全靠道白，他又是个风趣老头，还要跟婆婆撩下子，跟顾渎、毛朋也怎么样（指剧中的道白表演）。我又扯回来，说末脚，老薛保是一个仆人，出场不光是走，还要把身上掸一下，他在后面厨房做事的，听到前面吵吵闹闹的，知道是小东人跟三娘在争吵，于是他走出来掸一下衣服，这才开口："老薛保……"刘备、皇帝出来，就要端着一点，要目中无人，走路都要亮靴底。比如演乔玄，他是个风趣的宰相，出来之后水袖一抖。诸葛亮走路要迈方步。但是我们有些演员，这个角色是这样走，演那个角色还是这样走。

黄　斌：我是看了十几年的京剧，最近才开始看汉剧，我觉得汉剧的表演比京剧要细腻一些。

贾振南：是细腻一些，我们有我们的特点，他们有他们的特点。

黄　斌：但是从谭鑫培开始，他又演《南天门》，又演《定军山》，又演《失空斩》，又演《秦琼卖马》。

贾振南：我跟你说，你提出了《南天门》，那就说说余洪元跟刘炳南两个老前辈，余洪元那是泰斗咧，还有个跟他一起的，叫刘炳南，他们俩一个状元，一个榜眼。刘炳南有观众面，他嗓子好，是教师爷出身的。余洪元就不同，余洪元斯斯文文的，有大老板（指在戏剧界举足轻

① 这句话通常说成"千斤白，四两唱"。

重的人）的味道。他们都演过《南天门》，我们汉剧叫《广华山》，京戏叫《南天门》。观众问刘炳南："你演曹福跟余老板不一样啊，鹅毛大雪，你满头大汗，你在上面瞎卖力，唱得汗流浃背。"余洪元就不同，演一个义仆，他就完全靠水袖在抖（来表示寒冷）。从这里就看出来一个名演员跟大家的不同，你是名演员，但你不是大家。像我们陈大师，她不是讨好观众，非要观众拍巴掌，她都是一段唱腔完了之后观众一阵巴掌。中途她不追求廉价的掌声和所谓的剧场效果。我们汉剧有些演员，他在唱，让观众拍巴掌，我们老汉剧演员把这叫作"托观众托杨绊"[①]。

柯　琦：贾老师好，现在讨论汉剧脚色概念的时候总带入了京剧概念，比如说青衣、花旦。特别您这一行，别人说末脚就是老生，说外就是京剧里面的文武老生。总感觉这些京剧、汉剧的概念并不是一一对应的。

贾振南：对了，不是划分得非常死的，真正划分死了是不对的。有些戏，一末跟六外是不分家的。一末的老生，有武的基本功基础，同样可以唱《扫雪打碗》，《打渔杀家》《烹蒯彻》末脚可以演，外脚也可以演，这叫不分家。但是末脚跟生脚戏是分家的，因为他们整个嗓音都是不同的，生脚要高亢，末脚要苍老，唱法都不一样，比如唱导板，生脚的导板跟末脚就不一样。

黄　斌：京剧把生末外打通，都归到老生。

贾振南：你听末脚开口跟生脚不一样吧，京剧除了流派不一样外，他的发声都是一样的，黑胡子也是这个喉咙，白胡子也是这个喉咙。你后面还要采访程良美的吧，你看我唱一句跟程良美就不一样，完全不一样的嗓子。

黄　斌：程先生的戏我看过的，上回看过他的《辕门斩子》。

贾振南：我跟他嗓子完全不同，我就是白胡子的嗓子，他就是黑胡

---

① 杨绊是湖北地方戏《杨绊讨亲》中的人物，喜欢讨便宜，但又极易被骗。所以武汉话中把自以为精明而不在行、不机灵的人叫杨绊。"托观众托杨绊"就是"哄观众、哄杨绊"的意思。

子的嗓子（演唱示范：1：07：05）。我们汉剧分十大行是有道理的，生活中就有这种话——“一末带十杂，烧火带引伢”。哎哟，我忙得不得了。汉剧的“一末带十杂”在观众心目中扎根还是很深的。

柯 琦：贾老师，我还有一个问题，大家称余洪元为“伶王”。

贾振南：对！汉剧皇帝，汉剧大王。在我们历史上，只有他是。吴天保是三生大王。陈伯华是代表汉剧的汉剧大师。

柯 琦：当时的很多报道谈余洪元的特点都谈得很泛，您有没有直观感受过余派和其他末脚的区别，也就是余派真正的特点，让余洪元之所以成为伶王的地方是什么？

贾振南：因为余洪元我也没有见过，我只听过胡桂林、周天栋师傅讲过。余洪元除了唱以外，他在二十年代就讲人物，他连化妆都在讲人物。他演《白帝城》，都不化妆的，刘备托孤的时候都要死了，所以这时他不化妆的。他在别的戏里演刘备，才打点红在脸上，因为他是皇帝。他演曹福、《三娘教子》，扮相都很淡雅。他的步伐都不一样，他的手头都不一样，周天栋说他最传统的手头（视频演示），在哼这个腔的时候就出来了。现在保留的余洪元的唱片，不是真的，他没钱吃鸦片以后，梅兰芳为了给他解决烟钱问题，找人代替录的余洪元的唱片。他也有几张唱片，有个《李陵碑》，有个《求高计》，是他唱的，不过时间久远，唱片都损坏了。

黄 斌：我个人还有个具体问题想请教您，您过去学戏的时候，念白有些什么样的讲究？有没有十三辙、中州韵？

贾振南：有十三辙，湖广中州韵也有啊。比如说，我们现在老一辈念法都不一样。比如吴天保，“吃饭”他念“chifan”，就不是湖北话。但有的老师在台上就念“qifan”。又比如每日“mei’er”就念“meiryi”①。

黄 斌：京剧里面的老派也是念“meiryi”。

贾振南：他们说中州韵是京戏学我们汉戏的。

---

① 这是近似的标音，指过去戏曲艺人把“ri”这个音节念成“r + yi”的念法。下面“zhyi”的标音也是这样的。

黄　斌：您接触的过去的汉剧老艺人有没有分尖音团音的？

贾振南：分啊，但是最反对尖峰字，老师说“知之为知之不知为不知”不能念成“ji ji wei ji ji bu ji wei bu ji”，所以尖团就是瞎搞。你说的是尖团，不是尖峰。

黄　斌：像京剧里很多“知不知”就念成“zhyi”。像“千岁”，京剧里面就要念“cian sui”，念尖音。

贾振南：我们是“qian sui”，我们的音不做作（演唱示范：1：13：16）。这是末脚的引子，生脚的引子不是这样打的，我们在道白上不刻意去搞尖峰这些东西。

黄　斌：但是汉剧里面还有几个字音很怪，比如这个“贼”念作“zei”。

贾振南：“我把你这贼（zei）啊……”

黄　斌：汉剧基本上是武汉话，但是这个字偏偏不是，这个字是怎样来的，您有没有听老先生讲过？

贾振南：这一个是为了押韵，一个是为了靠近十三辙，这一段是这样用的。我们也有老艺人唱“你这贼（ze）啊”，吴天保唱“贼”（zei），吴天保是吸取了京剧的（字音）。

黄　斌：但是京剧里的贼反而不念“贼”（zei）。京剧都是念“贼”（ze），比如京剧杨宝森的《李陵碑》里面都是“贼（ze）潘洪”。

贾振南：我们还是唱“贼（ze）潘洪”，吴天保的“我把你这贼（zei）啊”就是在《未央宫》里的，《哭祖庙》里也是。

黄　斌：是吴天保这样唱的？

贾振南：是的。

黄　斌：汉剧的史料太少了，按理来说汉剧比京剧早，但是我们的很多汉剧的史料很少很少，基本很难找到。所以您说要把老艺人口传的一些东西整理出来，那就太宝贵了。我们这是《论语》说的“礼失而求诸野”，就是古代的制度失传了以后怎么办？就去老百姓里面问，老百姓前辈流传的故事里面还保存着一些。

柯　琦：贾老师，我有个问题想请教一下您，从余洪元到吴天保，末脚生脚前后相继，各领风骚，我想请教一下您，这里面有没有什么内在的原因？

贾振南： 比如说《哭祖庙》，原来不是吴天保的，是汪笑侬给余洪元的，余洪元唱了一次《哭祖庙》，就说我们这个行当不能唱刘谌，不适合，跟这个人物不一样。他就推荐给天字科班，最开始唱的是萧天惠，他还在吴天保之前，萧天惠嗓子倒了以后就是吴天保。吴天保一唱，交给外头一个文人叫答恕之，给他把剧本一改，这戏一炮走红，就成了吴天保的代表作。至于说为什么余洪元下来就是吴天保呢？当时末脚只有余洪元，余洪元病倒了以后，就出了三生。当时我们汉剧有三个铁扁担：一末是铁扁担，三生是铁扁担，四旦是铁扁担。这是可以挑班子的。

柯　琦： 那在您的印象中四旦指的就是现在的青衣么？

贾振南： 就是青衣，花旦是八贴。

柯　琦： 您刚才谈到了一末三生六外的区分，那您能不能谈一谈在汉剧里面怎样把它打通的问题。因为这三个行当区分是比较严格的，汉剧里有没有把它们打通的说法？就是兼演，两行都演，或者两行的表演唱腔相互交融。

贾振南： 这三个行当在唱腔上是水火不相容，特别是末脚跟三生，那完全是两种发音，两种唱法，老生不能唱三生腔，三生不能唱老生腔。那为什么可以唱六外呢？六外在唱腔上，对嗓子的要求相对低一点。原来周天栋是唱三生的，他倒嗓之后，改唱六外。六外注重表演成分多，对嗓音没有特别的讲究，所以有些戏末脚可以带着唱。一末三生的高音上去的高度，一般人上不了。

黄　斌： 我原来对麒派的来源不清楚，是有一回看了昆曲郑传鉴的表演，后来又看了汉剧一末的表演，才领悟到原来麒派的来源……

贾振南： 就是做工老生。

黄　斌： 就是这回事。

贾振南： 周信芳学了我们余洪元很多东西，我有一回在人民剧院看周信芳的《四进士》，我左边坐着胡桂林，右边坐着周天栋，我问他们，他们就说周信芳学的余洪元。因为周天栋从小就跟余洪元配戏。余洪元大他三十几岁，他只十几岁，他配诸葛亮，余洪元演刘备。余洪元演前常常要戏单看，没有周天栋他就不演。他喊周天栋喊“栋”：“栋，今天的诸葛亮是你的啊？”他说话有点带弹舌头。

黄　斌：有的资料说一末发声带痰音。

贾振南：那是老人的味口，我说的是余洪元舌头带点弹，有点夹：“先生，你这是何苦啊。”

柯　琦：贾老师，现在末脚的规范跟当时的表述是不是有区别？[①]

贾振南：末脚鼻音很重，鼻音是共鸣音，脑腔也是共鸣音。这材料上说的是对的。

黄　斌：贾老师，在我们编的这本《汉剧史料汇编》中收有扬铎先生的文章。他关于十大行的分类，跟我们现在已经采访的几个老师谈法有所变化。比如四旦八贴的分行跟他这个分行就很不一样。扬铎分的四旦里面的戏不多，像滑稽派的老鸨、马二娘在京剧里面就是彩旦了，实际上四旦本行的戏就很少，就只有《失子惊疯》《贺后骂殿》。很多戏都划到贴行里去了，像《三娘教子》都划到贴行去了。

贾振南：这里面有原因的，他是余洪元那个时期的人，那个时候青衣根本就不吃香，那个时候都是看末脚戏，都是以男行为主，青衣发展起来是陈伯华出来之后。

黄　斌：这里面《三娘教子》《大保国》这些青衣戏都划到八贴里面去了。像《重台》的陈杏园也是八贴，《百花亭》（《贵妃醉酒》）也是八贴。

贾振南：那这不对。

柯　琦：他是把这些算在青衣里面，但是又把青衣划在八贴里面，所以八贴又有青衣又有花旦，还有跷子，跟现在的出入有点大。

贾振南：是有点大，现在我们称四旦为唱功青衣、大青衣，花衫也

---

① 末角常扮老头，故行腔以苍老为主，其吐音之运用，皆运气于丹田，行腔于上膛，就间使透鼻孔而出最佳，否则亦须假痰音相逼而成，末角用音，较生角浑成，全靠气力，与生角有刚锐之气吐音宜清越者不同，内家有谓：“末角不能使观众落泪变色者，必非名角”，此之谓也。

可以列在青衣里面，四旦就是纯的。花旦、闺门旦、娃娃旦、丑旦、瑶旦、武旦都可以归在八贴里面。

黄　斌：还有个问题想请教一下您，汉剧关于“花衫”有些什么样的说法？

贾振南：本身没有花衫这个行当，陈伯华在青衣里面不是唱青衣的，是唱花旦的。她在科班的时候没有嗓子，嗓子是后来出来的。花衫戏在我理解的话，穆桂英是属于花衫戏，大青衣是《宇宙锋》里的赵艳容。有些角色不能分行当，这是一个行当里面的种类。比如说《坐宫》的铁镜公主，青衣可以唱，花旦可以唱，花衫有嗓子同样可以唱。陈伯华的《柜中缘》就是花旦，陈杏园就是青衣啊，她跨两行，谁有本事跨两行就跨两行。我有本事啊，末脚的戏我可以唱，外脚的戏我也可以唱。

黄　斌：演员的戏路宽往往就要跨行。

贾振南：你们在写的时候就要注意，我们汉剧有些行当是戏不分家，比如《打渔杀家》《扫雪打碗》，一末和六外都可以演，比如铁镜公主，四旦和八贴都可以演。说是严格，也不是很严格。

柯　琦：看演员有没有这个唱腔和表演的能力。

贾振南：像那个乳娘，我就可以演。所以京剧的流派分得很死，同是《空城计》，有杨派、余派、马派可以唱，今天是杨派，听一下，明天是余派，听一下。但最适合的还是余派跟杨派的，但是《草船借箭》呢，马派潇洒，所以马派演得好，马派是注重唱和做。余派和杨派是注重韵味，就像是扎的纸人在上面，风都吹得倒的。

黄　斌：贾老师，您的这篇《秦腔在前，汉调在后》有些地方说得很委婉，你这里是不同意他说的这个汉剧是来源于山二黄么？

贾振南：是的。

黄　斌：但是汉剧跟秦腔到底有没有关系？

贾振南：我认为没有关系，汉剧是汉水流域，从陕西汉中、安康那一带，最后落到湖北这个地方，成了基本根据地。唱得好的汉剧前辈，很多都是汉阳人。陈伯华是汉阳人，吴天保是汉阳人，周天栋也是汉阳人。而且我们有些老艺人，在襄阳很多。后来流落到东南亚，东南亚也有汉剧啊，广东的梅县，福建的龙岩，都有汉剧，陕西汉中、河南南阳，最典型的新加坡，也有汉剧。广东汉剧的音乐都变成粤调的那个味了，道白是普通话，他们现在不认同我们这个汉剧了。

黄 斌：西皮跟秦腔有关系么？

贾振南：这里面跟周贻白有关系，跟程砚秋的一些言论也有关系，当时程砚秋在陕西，他跟秦腔易俗社接触很多。他把话一说之后，你想想，京戏老祖宗谭志道是唱汉调的，我们当时汉调又叫楚调，后来又叫汉戏，最后成了汉剧。余三胜，湖北人，汉戏出身。徽班进京，班是徽班调是汉调。现在很多京剧，包括周信芳、唐韵生，还有《赵氏孤儿》里面魏绛唱的“我魏绛……”，这都是汉调。京剧里面李丽芳唱“装卸工……”，我们汉剧唱“宝雕弓打不着……”，这是不是汉调？周信芳唱的《扫松》都是唱的汉调。你不承认这一点？我不说汉剧是你京戏的祖宗，是个母体总可以算吧，派生出来的。不过你京戏跑到前面去了，为什么？京戏吸收汉剧东西多，汉剧现在很多东西，到底是京戏学的汉剧还是汉剧学的京戏，现在说不清楚。但是秦腔的表演，我跟刘毓中、苏育民他们都一起开了座谈会的，他们都说汉剧是我们秦腔的老大哥。他的表演完全跟我们汉剧不同，他是他们西北的味道，他的花脸我听来不能入耳，纯边音。他的旋律很简单，上下句很多。现在我认为，到此时，不必再争论这个问题了。你要说百戏之祖，那是昆曲啊。我们现在说汉剧有四百年，以前说是三百年，现在是四百年。

三 对老一辈艺人的回忆

黄 斌：我再问您一个问题，您是离老一辈艺术家距离最近的人，我们现在关于他们的很多史料都没有了，您要写的《我与汉剧大师》那本书，您也说了准备这两年把它写出来，您现在开始做计划没有？

贾振南：我现在，第一，水平有限，第二，我不想动笔。所以非要找你们这些文人帮忙。

黄 斌：这个没有问题。说实话，您现在的使命很重。因为现在汉剧老艺人走一个就带走很多东西。所以有个很迫切的事情就是赶快把这些东西保留下来。

柯 琦：您在这篇文章（《秦腔在前，汉调在后》）里提到你和徐慕云和扬铎两位老先生有交游。

贾振南：对，扬铎这个人是汉剧史学家，叫扬闻泉，又叫扬铎。他老婆叫红艳琴，唱末脚的，昆生。他爱汉戏一是因为他爱余洪元，二是因为他的老婆是唱汉戏的。他丢着国民党的盐业局长不当，来汉剧这做一个研究者。他也喜欢我，因为我唱的是余洪元那一派，他的老婆嫁给他以后就没有上台了。我在清芬剧场上台的时候，他老婆看了一次我的戏，他老婆回去之后他就问："这个伢么样？"他老婆就说："有点余洪元的味道。"他后来跟我说："我的内人都很称赞你，你有余洪元的风范。"陈伯华有一次跟我说，她感觉奇怪："你又没见过余洪元，怎么你身上有余洪元的东西呢？"我自己经常幻想这到底是什么样的状态。陈伯华说："你身上有富贵气，你跟妈妈一样，有富贵气。"徐慕云看了我一个《取成都》，他当时住在花桥。到后台去，找我："我要找那个唱《取成都》的伢"，告诉我你这个咬字要怎么样怎么样，虽然是汉剧，你的尖团字还是要分清楚。后来他经常打电话给我，那个时候他有电话，我哪里有电话，他就打到汉剧院的门房传我，要我礼拜六、礼拜天去他家里吃饭、谈戏，他说他非常喜欢我的戏。可惜他死得早。扬闻泉也是相当喜欢我，老一辈都相当喜欢我。扬闻泉有很多资料都是别人不知道的，他是亲自看了余洪元戏的人。余洪元是晚上不睡觉的，我们解放前演出，得连演四个小时到五个小时的戏，不是现在两个小时。他的戏是夜晚十一点钟，专门有管事的、跟包的催，叫："余老板！您的戏快到了！"这样他才起来。余洪元起来以后，把鸦片一吃，吃一点点心，黄包车叮当叮当地就到了剧场。到了剧场之后，观众都说余洪元来了，听他的。他最后出场，把妆一化出去，把引子一打，大家都说："今天这两块钱花的值得，余洪元的喉咙在屋里。"听他几句，过瘾了，值得了，回去洗澡去，打牌去。他的戏完了以后都是转钟了，他的几个坐庄朋友都是文人。（余洪元）"福兴和楼上宵夜啊！"于是大家边吃宵夜边谈戏，

“余老板您今天的戏么样？”“您今天的戏跟那天的戏不同咧。”然后他就说我今天为什么这样唱。“您今天的嗓子不好。”“我把唱腔减了，嗓子不是蛮舒服。”“您今天演得好啊，观众看得不得了。”“我今天嗓子好啊，身体还可以。”“余老板，我给您提个意见，这个字是不是这样念，你的动作跟诸葛亮的动作还是有些不同。”他就是在宵夜当中谈他的戏，一直谈到天亮，他再回屋里去，过早睡觉，一直睡到晚上再起来。他在当时那个社会就是这个情况，但是他就是这样在磨炼他的技艺的。

黄　斌：闲谈实际上很能磨炼人的技艺。他们说王瑶卿“通天教主”是怎样当的，就是在家里开流水席，一拨一拨人地在那里聊天。

四　汉剧现状及展望

黄　斌：现在整个戏曲事业都不是很景气，你作为一辈子从事汉剧艺术的艺术家，您对汉剧的未来有没有什么看法，您自己有没有什么计划？

贾振南：当务之急，培养学生是一个，第二个要把我们汉剧老一辈的录音资料赶快配像。都说胡桂林好，他那个带子要像京剧一样音配像。我搞过一次音配像，给胡桂林配了一个《兴汉图》的小导板，这一折凤凰卫视转了的。那是我们创作中心的杨德萱搞的。陈伯华多好的唱腔啊，当时没有录像的手段。吴天保，还有很多老艺人，包括周天栋、大和尚、李四立、胡桂林，这些人的音配像一定要提上议事日程。京剧方面李瑞环抓的这个工作确实好，现在老戏越演越短，为了应付比赛，只能半个小时，掐头去尾，再一搞整个戏都抬不了头了。老一辈的录像在，大路子就看得出来，包括唱腔、表演这些方面。搞保护，音配像这是很重要的。再一个就是要加强基本功训练。人家说现代戏不好演，要有生活。我说，演现代戏，你没有传统基础，没有基本功，还不行呢。基本功是演员必须要的。现在的伢，基本上不练功了，以前五六点起来，戏园里打鼓的，拉胡琴的，练嗓子的，翻跟头的，现在你们来看到过他们练功吗？

黄　斌： 我记得小时候看他们草台班子，每个星期早上看他们跑圆场，踢腿。

贾振南： 我不练跟头，因为我个子大，再说我唱末脚。我练的是骑马裆，手臂上放一块板子，师傅喝茶的杯子放上面，看你敢不敢抖，抖了师傅就一个马鞭打过去了。他为什么要我练这个功，因为他要我走路分量重，落地千斤重，现在演员走路轻飘飘的，像走大街的。

黄　斌： 我看到有些演《三娘教子》的演员演的时候总是像喝醉了酒一样颤颤的。

贾振南： 我们的末脚身法都比京剧各流派的好看。巡抚是什么身法，张广才是什么身法，刘备是什么身法，我都是有区别的，包括抖水袖都是有区别的，他们就是哪一派哪一派。我们现在不光要保护，是还要抢救啊。我们汉剧人老的基本上都死完了，就剩一个陈伯华。她大脑思维很清楚，但是不能表现出来。男行的，我们变成老家伙了，要是我们一下不见了，拿什么去保护啊。我当时跟他们建议，他们现在是为了招学生才把食堂恢复起来，我说你们要倾斜，鼓励练功的人。只要你练功到场，我们公家补钱给你，到食堂开伙。要是还没下班就想着屋里菜还没有买，想着回去生炉子，这样没有艺术氛围怎么行呢？现在汉剧成了保护单位，你就可以躺着睡大觉？这话你不能跟他们头头说，我是有看法的，包括我们的某些文化部门也好，政府部门也好，现在就是——评奖，要得奖。每个戏都是花很多钱，得了个奖，就放在旁边不管了。这样的结果是少数人得利，多数人吃亏，埋没了一大批人才，这是不对的。为什么旧社会出那么多才人？他要养家糊口，他要生活要生存，场子数量又多，这个场子搞不赢我到那个场子唱。农村的一天到黑唱，有的是铁嗓子大王，我们那个时候都没有麦克风的。我在汉阳归元寺那个剧场，唱《白帝城》全部下来不带麦克风的。你们看我现在说话多响堂，这是基本功练出来的。现在的演员全部靠麦克风。

黄　斌： 现在还是舞台太少了。戏曲没有舞台没有观众。

贾振南：有舞台啊，就是观众太少了，演出还要亏本。空调一开，灯光一打，得多少钱。我们在国家大剧院，就白天走个台，五万。还有一个挫伤感，你得了奖了，工资、房子、待遇、政协委员都来了，但是旁边人没有，旁边人为你卖命，却什么都没得，就会想你这是搞么哟，搞来搞去最后你们得了好处。这都是挫伤积极性的。一年多少比赛，钱都投进比赛里去了，不搞舞台的基本建设，剧团的基本建设。京剧的《水上灯》，都是花千万啊，楚剧的《三月茶香》都是花大几百万上千万，一个歌舞剧的花销都吓死人。

柯　琦：现在经济的主要来源不是观众，观众不是衣食父母了，那演员自然投入的感情就不一样。

贾振南：我是清清楚楚看到老一辈的做派的：有的戏赶上下雪天，只有一二十人看戏，就是六渡桥的清芬剧场，我们大师们在上面演戏啊，规规矩矩！再一个就是演员实践机会少，光排戏不演不行，不实践不行。

黄　斌：我在武汉最头痛的就是演出少，有时候个把月没演出。

贾振南：就是。再一个就是要有角儿，一个剧团，（不能）没有好演员。

黄　斌：现在也要有一个领军人物，要有一个角儿。

贾振南：以前评工资是叫票房价值，哪里是一级演员、二级演员？你挂你的牌，满座，那就为大；你能把观众拉进门来就行。观众是上帝，观众肯定你，就有票房价值。现在，得一个奖，就可以养你一生了。我一九八五年得了那么大个奖——第二届全国戏剧会演一等奖，全国京剧都参加了的，第一届得奖的是陈伯华的《宇宙锋》。

柯　琦：但是您身上的艺术的确是汉剧最有特色的一部分，不演出太可惜了。

贾振南：京剧的一个导演石玉昆，说我是典型的汉剧“活化石”。

黄　斌：从您的艺术经历中，感觉您在戏曲之外，还有许多的经验和体会。

贾振南：一个好演员，要结交文人，能增加你的素养。不能跟那些打浑的酒肉朋友在一起，要跟有知识的人在一起，过去叫达官贵人、文人学者。梅兰芳就是这个板眼，他结交的都是上规格的人，上层人士，对他的戏有帮助。

黄　斌：您从艺过程有没有结识过这样的人物，行外的，对您的启发比较大的？

贾振南：有啊，我刚才说的，忘年交的徐慕云、扬铎。我得他们的帮助很多，当时只要一演戏，他们是文联的，剧协的，对我有提携。还有一个去世了的，武汉大学的一个教授，李国平[①]。他以前迷我的戏，他是红学专家，没死的话只怕今年有九十、百把岁了，要不怎么叫忘年交呢？再有一些银行的金融家。我除了跟文人，我喜欢跟名演员在一起，跟老艺术家在一起接触，包括沈云陔[②]我都接触，还有京戏的陈国峰这些人，我都经常听他们说戏，他们京戏都喊我“小桂林”。沈云陔巴不得我唱楚戏去：“到我们楚剧来唱戏，就差你这样的人。”

黄　斌：除了汉剧自身，您对其他的艺术也有过借鉴和学习吗？

贾振南：外来剧团的演出，我都去观摩学习。一些京剧的大家到武汉演出，还有秦腔的苏育民来，我都看了他们的戏。我现在在屋里看 CCTV11 频道，评剧我也看，黄梅剧我也看，越剧我也看。我在研究他们，以前那么不兴旺的，怎么现在占领了市场，他们成了五大剧种了？我在研究，他们台上阳光，个个漂亮，化妆、舞美、布景、表演、唱腔，都有改革，它们与时俱进了，它们就跑到黄梅戏前面去了。豫剧跑到评剧前面了，河南豫剧不存在危机，很多茶馆唱豫剧，戏迷唱要交钱的，一百块一段或五十块一段。唯有汉剧，汉剧是个夹生的，深奥不如京剧，改革不如新戏，但是人家要想上口学，又感觉十分艰难。九腔十八板，弯一大圈。弯一个多小时，从硚口弯到江汉路来了。我们的行当划分也

① 李国平（1910～1996），原武汉大学数学系教授，著名数学家。在中国古典文学和诗词上也有造诣。

② 沈云陔（1905～1978），楚剧艺术大师。

是繁，唱腔也是繁，京剧就从“繁”简化为“简”了。

黄　斌：精华也就在这里。

贾振南：这也是说我们的特点也就在这里，是不是啊？我这个人还是没有眼光，没有远见。我在十八岁的时候，我陪着陈伯华演了《王昭君》，我在里面演了一个宰相叫匡衡，当时书画家叶浅予给我画了一张速写，画的我就是《甘露寺》里乔玄的那种打扮。我最后画也不晓得丢到哪里去了。

黄　斌：汉剧院这回新排的《王昭君》是用的哪个本子？

贾振南：我们有三个本子，第一个本子是陈伯华演的，是姚雪垠编的。第二本还是跟现在的第三本一样，跟我们的《王昭君》不同，我们是最后一个。这里面也根据导演的要求整个地发生了变化，他把原来的第二稿，就是邱玲他们演的那一稿的全部演员都换了。我为什么到汉剧院来呢？就是因为《王昭君》把我带到汉剧院来以后，就牵扯不断了，我想退出，但没有人敢接我这个角色。唱得好是个戏饭，唱不好是个气饭。

黄　斌：现在看不到您的戏，太可惜了。

贾振南：演戏太吃亏了。我年纪大了，演戏又投入。你看我演的那个乳娘，下来浑身都是汗啊，冬天都是汗，太累了。一在台上就要精气神，腰杆要立着，多累人啊。我学戏都是挨了打的，这些戏就要记得清楚一些，到现在都忘记不了。

黄　斌：您的这些艺术一定要传下去。

贾振南：现在评我是省级传承人，更加没有办法了，不能不教。

黄　斌：我们特别期待能有机会在舞台上再看到您的风采，也特别期待您能把您的艺术传给下一代。

贾振南：谢谢。我们以后常联系。

黄　斌：谢谢您今天接受我们的访谈。我们还要经常向您请教学习！

An Interview with Hanju Opera Performing Artist Jia Zhennan

Jia Zhennan, Huang Bin, Ke Qi

Abstract: This interview is a part of the project "A Research on Hanju Opera History" supported by National Social Science Fund, as well as a part of the project "An Interview with Hanju Opera Artists" supported by Hubei Social Science Fond, which were presided over by Professor Zhu Weimin. His singing art absorbed the merits of different artists, being deep, vigorous, dignified and bold. From the personal perspective of Han Opera artists, this paper reflects the development of Hanju Opera in the history including art learning experiences, artistic thoughts about the "Mo" role of Hanju Opera, the memory of artists in the older generation, and the discussion about the current situation and expectation of Hanju Opera.

Keywords: Hanju Opera; The "MO" Role; Oral History; Jia Zhennan

About the Author: Jia Zhennan (1944 –), born in Xinzhou, Hubei. In 1957, he became a member of Wuhan Hanju Opera Troupe training class. He is a First – level actor, famous Mo role's performing artist of Hanju Opera and the provincial inheritor of intangible cultural heritage.

Huang Bin (1965 –), Associate Professor in School of Chinese Language and Literature, Hubei University. E – mail: 35744181@ qq. com.

Ke Qi (1989 –), M. A. in School of Chinese Language and Literature, Hubei University.

先天不足　后天失调

——“非遗”工程乱象“乱说”

鄢维新*

【摘　要】“非遗”工程十余年，极大地扩大了民族民间文化遗产及其传承人的社会影响力，提升了民族民间文化遗产及其传承人的社会地位，激发了传承人传承民族民间文化遗产的积极性，增强了他们保护、传承民族民间文化遗产的自觉性，吸引了更多的社会力量和资金投入“非遗”项目的生产性保护与开发性保护。“非遗”工程对传承优秀传统文化起到了一定的积极作用。但因为缺乏事前的调查研究、试点和中期的经验总结，加之某些职能部门缺乏自我纠偏动力，个别地方“护短”心态颇重，致使一些不应该出现的现象逐年积累，渐成痼疽，严重背离了“非遗”工程的“初心”。本文梳理了历年来“非遗”工作中的一些不足，指出其成因，并提出了自己的建议，以求“非遗”工程健康前行。

【关键词】非遗　不足　失调　乱象　乱说

从2006年开始，隶属于文化部的国家非遗中心归口国务院，并先后

* 鄢维新（1958.12～），湖北省民间文艺家协会驻会副主席（副研究员），研究方向为区域民间文化，策划、主持编著有《幻真世界——长江流域神话传说》、《楚俗研究》（一二三集）、《巴楚文化研究》、《巴楚文化源流》、《荆楚民间文化大系》等。

公布了4批1998项国家级“非遗”名录、1986名国家级“非遗”名录项目代表性传承人。对于传承民族民间优秀传统文化起到了一定的积极作用，但也因诸多因素的综合作用，此局部、彼方面存在这方面的问题、那方面的不足，导致工作效果与“初心”距离尚远。传承蔚为大观的优秀传统文化，“非遗”工程已力不从心。笔者浸淫省市县级申报评审工作之中甚久，所见虽“不多矣”，所闻却不少。权罗列数端，以供方家一哂。

一　从“名录”看问题

中国国家级“非遗”名录共分为民间文学、传统音乐、传统舞蹈、传统戏剧、曲艺、传统体育、游艺与杂技、传统美术、传统技艺、传统医药、民俗等类别（以第四批名录为例）。仅从名录类别来看，它涵盖了中国传统文化的大部分，但未必是全部。从申报的程序来看，两年一次的申报，使它只是逐渐接近传统文化中“非遗”内容的绝对值，而事实上是永远达不到这个绝对值的。一些项目，可能在“轮到”它申报时，它已失去了活态传承的能力。

传承优秀传统文化，“非遗”工程力不从心，因为在“非遗”申报、评审阶段就出现了问题。“申报”过程中存在的乱象如下。

1. “掐菜薹”式的申报

“非遗”的基层组织是县区“非遗”中心，依托的是乡镇文化站。因为县市级文化馆自建立以来的中心工作是“群众文化”，“非遗”是新增加的而非他们的传统工作内容。况且自项目启动伊始，文化系统从上至下既未进行系统的研究，也未进行系统的培训，更未进行试点操作，从而也就没有科学而行之有效的操作程序。此情此景，当然就无从责备“非遗”基层工作人员“眼中只有‘菜薹’，胸中全无圃畦”了。

如果“非遗”基层工作人员对“非遗”工作“胸无成竹”，又缺乏进取之心，采用懒惰型被动式的“申报”方式：谁来找我，我就理谁；谁冒尖，我就“青眼”谁。守株待兔，来者有别，依个人眼光，掐“鲜嫩”者“呈之”。殊不知，你不去撬开贝壳，再大的夜明珠也难见天日。

笔者曾在湖北西部听到民间艺人的投诉：一个说，某某人能成为传承人，完全是因为他住得离文化站近，哪像我们，离镇上几十里，走路得大半天；另一个说，我们不是手上的活比不上人家，是人家的“脸熟”。虽然“人情关系”之说，不可全信，但路程远近的考量也可能是不可排除的因素。

2. “摸象”式的评审

社会对于“非遗”工程人才储备严重不足，培训力度也不够。一些“非遗”项目评审工作的组织者既对“非遗”资源所知不多，又对了解“非遗”的专家分布情况和专家特长了解不多，加之望文生义，想当然地以为拥有“博士”头衔者便会知识广博无边，教授们也应是无所不知，无所不晓。所以在组建专家组时，大胆“乱点鸳鸯谱”，全不管专家学者的专业是否对口；某些接到“绣球”的学者，也将担任“非遗”评委视为一种荣誉，全然不顾自己“家中米坛中有几粒米”，抱着“我不懂，别人更不懂”的心态，以临危受命、沙场救危、慨然赴义的姿态恬然受之，施行跨界营运。因为是跨界营运，评审者对被评审对象一无所知，或所知甚少，所以，严肃的全面比较评审，很容易滑向申报文本格式的评审。相比那些充数的“专家”，那些摸象的盲人更值得人们敬重。因为，他们对未知世界充满了强烈的求知欲，绝不会不懂装懂，献媚屈从。

湖北省“非遗”中心就曾长期将二位从事民俗研究多年的专家学者安排在民间文学组，而将对湖北民俗基层情况未曾“了了”的历史学者安排在民俗组。

3. “矮子里面挑将军”式的推荐

因为县一级的“掐菜苔”式的申报，市一级的“摸象”式的评审，到了省一级也就难免出现“矮子里面挑将军”的现象。如此一来，向国家“非遗”中心推荐的国家级候选项目也就难免“泥沙俱下”了。

在湖北，伍子胥的传说以监利县数量为多，谷城县的数量也不算少。但监利县舍伍子胥的传说不申报，而申报了另两位明清历史人物。据说是因这两位当地历史名人的后裔人丁兴旺……

造成以上3种乱象的原因主要有以下5个。

1. 缺乏扎实的普查环节

因为事起“仓促”，主事者急于见到成效，执牛耳者果断略去了首批“非遗”项目申报、评审前的“田野普查”环节，迅疾上马。虽不至于做“无米之炊”，却也捉襟见肘，让人不知所措。

20世纪80年代，全国进行了民间文化十套集成编纂，其起始就是培训、普查。全国数十万人，历时十余年告竣，尚有遗珠之恨。相比较而言，“非遗”启动时，基础工作的薄弱是不言而喻的。

或许，主事者以为，民间文化十套集成的编纂成果，足敷“非遗”工程使用了。殊不知，出发点上的差之毫厘，会造成结果的“失之千里”。

后来，虽然以建数据库为目标进行了一次普查，却也只能算是“浮光掠影”、略略地“瞄”了一下。

2. “仆人”不识斤两

应该说，专家学者是“非遗”申报评审工作中的关键，“非遗”中心工作人员应是为专家学者服务的。这些服务人员既要粗懂业务，更要有一种敬畏之心。遗憾的是，借用某省文化厅分管“非遗”工作一位副厅长的话说，相当一部分——有时甚至是大多数“非遗”工作人员，基本是外行。不仅业务知识储备不够，有时潜意识地遵行“无知乃胆大”的规律，奉行“位置=知识”的准则，以为自己在关键位置上就自然有了相应的知识储备，闹出不少笑话。如某省组织“非遗”项目名录出版，该省“非遗”中心副主任见到历经数代人的糖人担子十分“老相”的照片，不禁勃然大怒，“大发雌威”，当即果断下令：赶快去重新做一个新的，重新拍一张新照片来。

还有的“执钥匙者”视自己为“非遗”智库掌门人，视专家学者如家奴，施行“我把你当专家，你才算是专家”的信条，反仆为主，率性而为，甚或夹带一些私货。

湖北兴山县曾以“昭君五句子歌”为题申报省级“非遗”。第一轮讨论时，大多数人认为，昭君是兴山县标志性的文化元素，五句子歌又以峡江地区较为丰富多彩，拟予通过；第二轮讨论时，有人提出：命题有歧义。是昭君独创的五句子，还是以昭君事迹为内容的五句子，抑或是昭君唱的五句子？再从湖北五句子歌的分布来看，不论是在汉族地区，还是在土家族地区，兴山县“昭君五句子歌”都不是最典型的。

讨论的结果是反对意见超过半数。评审会后，经历了若干程序，兴山县《五句子歌谣》进入了湖北省第三批省级非物质文化遗产名录。

3. 评委胸无全局

因为某些评委是“跨界作业”，本身对本土民族民间文化资源缺乏全局性的基本了解，有时甚至对评审对象的历史文化背景所知甚少，对某些申报项目甚至是闻所未闻。在其初次听闻后，兴奋之余就只剩下“自豪”了，哪还有严格审查的意识！

对于评审项目，如果组织方给予的审读材料时间太短，评委也没工夫去“做功课”，便只能满足于项目申报文本和视频的阅读、观看。如此，怎能指望他们能对评审对象做出合乎实际的判断？

4. 现场考察者少

按现行申报评审体制，评委根本不必到现场进行实地考察，只能看申报文本和随文本报送的视频。评委既无感性认识，也无充裕的时间仔细审视申报报告的真伪和核查相关资料。

严格地说，21世纪所存在的民俗现象，经历了“五四新文化运动”、土地革命、土地改革、“文化大革命”、新农村建设，传统民俗文化已发生了或多或少的变化，有些甚至是脱胎换骨的蜕变。就传承人而言，如果把清末民初时的传承人算作第一代的话，到21世纪，至少是第三四代了——这中间还多次被人为中断。作为民俗事项的传承人，依据记忆恢复的民俗程序，已不是“原汁原味”的了。作为民间手工艺人的传承人，已先后引进了新的工具和加工方法。也就是说，传统已“昨日不再”！作为“非遗”项目的评委，首要任务就是“打假”。这一要求对现时的“非遗”评委来说似乎就有点“过分”了。

湖北南漳县端公舞中的“苞茅缩酒”就有传承人“作伪”的嫌疑。据湖北某地方文献记载，“苞茅缩酒”是将苞茅截成数寸长，用麻线捆立于方木盘中，祭祀时，将奠酒浇入直立的苞茅芯中，以示神灵享用。而南漳的民间艺人在表演“苞茅缩酒”时，是将苞茅捆立，将酒直接浇在茅尖上，再落地渗入土地中。

如果评委们既缺乏历史文化知识的储备，又短于民间文化田野工作的磨炼，面对当今泥沙俱下的“非遗”申报项目缺乏比照系统的现实，也就只有人云亦云了。

5. 南郭评委者众

学历不代表学识，职称不代表水平。严格地说，不论学历、职称有多高，只要对本土民族民间文化遗产未进行长期的调查研究，都不能算是真正的“非遗”专家学者，这样的人参与评审工作就是滥竽充数。遗憾的是，这样的事，既未被禁止，也当然未曾消失。其原因当然是社会专业人才储备不足，组织者也未严格执行宁缺毋滥的原则。

二 从“传承人”说问题

文化传统的传承，核心问题就是传承人的问题。传承人问题的关键有三个。首先，是不是最高水平的传承人？其次，是否具备传承能力？再次，传承人的业绩如何评定？

从“非遗”的操作来看，传承人问题首先是传承人的评审问题。

基层文化馆推荐“非遗”项目代表性传承人时，“近水楼台先得月”是有可能的；离集市近，“交通方便”也是客观存在的。

候选的“传承人”在县市汇总后，“论资排辈”的比较排列也是不稀奇的事儿。

名单到了省级专家面前，因为是“背对背”的评审，专家们只能依据申报表格作同意或不同意的选择。如果肯否意见相持不下，就从场外拉一位候补专家来“一语定乾坤”了。谁能保证申报表格里没有“毛延寿的大作”呢！

如此种种问题导致评选的结果是：没评上的气鼓鼓，东说西告；评上了的，心里不爽，疙疙瘩瘩。更要命的是，被评上了的，年事已高，只能动嘴不能动手，传承的任务大半落空；年纪尚轻，能说能动手的，大多排在后面“候补”。更令人尴尬的是，经过层层筛选，沙里淘金评选出来的某些“非遗”传承人，竟然只能“承”，不能“传”。某省某位刺绣艺术传承人已经穿不了针，绣不了一幅完整的绣品，而他居然仍是某级别的传承人。

究其原因，首先是标准失误，其次是方法失当，再次是评委未必具备专业评审能力（尤以民间工艺为甚），最后是未建立传承人退出机制。

针对这些原因，应制定以下对策。首先是明确、细化评审标准。以汉绣为例，“粗、俗、艳”是个别艺人绣品的特点，绝不能当作汉绣行业的标准。

其次对评委也要进行资格认定，至少在评审前要进行评分细则的讨论。

再次，评选标准、程序中，应增加两个内容：一是参评人员的现场制作；二是将传承人弟子们的制作水平纳入传承人的计分体系。不同师傅的徒弟们之间进行横向比较，徒弟们的名次作为相应师傅的总分构成要素。

最后，评选方法中，除了所谓的专家评选打分外，还应有参评选手互相打分的程序。当然，参评选手不能给自己打分。

三 “传承人”培训——“非遗”工程的昏招

“非遗”工程中，最让人诟病的昏招，就是对传承人进行培训。

试问谁有资格对“非遗”传承人进行“培训”？

从历史上来说，有资格对传承人进行指导、培训的，是传承人自己的师傅。就现实而言，大多数传承人的师傅已经故去，而旁人是不能为其师的——因为，他们不属于一个门路。传承人只能以“心”为师，自己摸索着前进。

那么确有必要对“非遗”传承人进行培训吗？也就是说，对传承人进行培训的目的和动机是什么？这是一个浅显而又不太好回答的问题。

现实通常的做法是，将传承人集中到某一大学里，由大学教授或某些传承人给传承人们授课。

对“非遗”中心的组织者而言，对“非遗”传承人进行培训其实是在认认真真地走过场，完成任务而已。因为，他们也不知道对传承人培训些什么。

以传统美术和手工技艺中的民间工艺传承人为例。现代大学里，盛行的是从西方引进的美术理论体系。由这样的教授来培训中国传统工艺美术的传承人，不就是对他们进行“西化的扼杀”吗？说得好听一点是“削足适履”，说得不客气一点是“阉割”。

也有的省份意识到“西化扼杀”的弊端，改由彼传承人来培训此传承人。殊不知，同一工艺门类中流派众多，用其中某一门派来培训其他门派，这是泯灭艺术个性的“一律化”。长此以往，中国民间工艺的千姿百态、百花齐放将不复存在。

既然如此，还有必要评选传承人吗？为什么不在高等院校里直接挑选一些大学生作为“传承人”来培养呢？

还有的省份尝试另一种培训方式：让对传统工艺进行现代意识拓展较为成功的“创新派”来培训传统工艺的传承人。这种做法也未必妥当，因其仍有对传统工艺进行“阉割式改性”的嫌疑。

站在传承人的角度，唯一有资格并且适合对传承人进行培训的人，应当也只有传承人自己认定的师傅。从社会的角度来看，只能由传承人来培训后来人，而不能颠倒过来。

传承人的历史责任是，尽可能地全盘继承父祖辈的衣钵，在技艺上达到并尝试超越父祖辈的水平。至于进行与时俱进的现代意识创新，则是在完成传承再现传统之后的另外一码事了。

如果要对“传承人培训工程”进行反思，可以说，它源于决策者的幼稚、执行者的渎职、附和者的邀功。其结果是劳民伤财，贻害无穷。

作为政府主管“非遗”工程的职能部门应该做的事是：经常组织“非遗”技艺类项目传承人参加项目展示活动，让传承人相互观摩、切磋；定期举行传承人传承成果评比——分级别确定名次，并作为师傅的传承绩效，再与津贴挂钩。

四　“非遗”项目宣传乱象

重申报，轻保护，更不及其他。这似乎是当今“非遗”工作的通病。不知是因为无暇顾及，抑或是因为能力不逮，一些“非遗”保护中心对于进入本级名录的“非遗”项目的定性和宣传，缺乏掌控，有时甚至是放任自流。

湖北省十堰市房县“尹吉甫传说”申报成功后，全力打造“诗经”之都，置文学常识于不顾，鼓吹尹吉甫是中国“诗祖”、房县是中国“诗经”之都。弄得一直鼓励、支持房县建设“诗经文化之乡”的中国诗经学会的老会长夏传才先生不得不在《中国社会科学报》上声明：说房县是“诗经”之都，于史无据。场面一时十分尴尬。

为了宣传诗经文化，房县专门编印了市民、学生、干部《诗经》读本。在房县气势恢宏的“诗经文化”广场上，好事者选了数十首《诗经》篇章刻在广场的地面上。显然，决策者完全不懂当年普通中国人都自觉“敬惜字纸”的传统，其举动真是践踏传统，斯文扫地。

将《诗经》中某些篇章的句子缀上民间口语，有人称之为“诗经民歌”，并奉为“瑰宝”。这样的东西并非鲜见。这里，仅举两首房县以外的例子。湖北省荆门市京山县一首婚礼仪式歌唱道：

关关雎鸠在两旁，
在河之洲陪新郎。
窈窕淑女生贵子，
君子好逑状元郎。

湖北省恩施州一首土家族情歌唱道：

关关雎鸠做双鞋，
在河之洲挂起来，
窈窕淑女树下坐，
君子好逑等郎来。

此种民歌可视为民间歌师傅“翻坎子”“掉书袋子”的产物。说它是自商周《诗经》产生以来一直流传下来的产物，同样“证据不足”。

更有湖北省十堰市郧西县打造“七夕”文化品牌，宣称“七夕在中国，天河在郧西”，其依据是全中国只有郧西有“天河”的地名。这种事比比皆是，让人啼笑皆非。

更出格的是，主管“非遗”工作的相关部门对于名为造势宣传，实为阻挠民间文化遗产进入世界“非遗”名录项目的行为竟然不置一词。

湖北省黄石市某位官员，一时心血来潮，要把与秭归、汨罗、苏州一同进入世界“非遗”名录的黄石端午“神舟会”“打造成第二个秭归”，别出心裁地派两条龙舟护送“神舟”（瘟船）登江。“神舟”顺流而下，龙舟返回，还没靠岸，老百姓呼啦一下全跑了：谁能保证，龙舟不把瘟疫又带回来了呢？

更为荒唐的是，有人为了观众的安全起见，还打算把“神舟会”挪到黄石市的城中湖磁湖中表演。这种建议遭到湖北省资深“非遗”专家吴志坚的严厉斥责才罢休。

同时，在秭归县，进入世界“非遗”名录的端午习俗，被以抢救、保护、弘扬、宣传的名义活活糟蹋成“伪民俗”：为了满足电视媒体的播出需要，可以将端午节提前到五月初三过；将本来分散在一家一户进行的“艾叶水浴儿”内容移到大街上进行，满眼都是活色生香的“小鲜肉”；屈原祠前，连续几年，搬演的都是专为公祭屈子排练的歌舞；长江水面上漂浮的都是制式龙舟。“活态”倒是十二分“活态”，只是不知传统在哪里！

五 “非遗”项目能进行生产性保护与开发性保护吗？

在“非遗”项目民间文学、传统音乐、传统舞蹈、传统戏剧、曲艺、传统体育游艺与杂技、传统美术、传统技艺、传统医药、民俗中，有的可以用于表演，有的可用于展演。它们大多数是数千年农耕文明的结晶，在后工业文明时代，必将走向式微。所以，有人提出，要对“非遗”项目进行生产性保护与开发性保护。这句话可以解读出这样几层含义：

> “生产性”、“开发性”的目的都是为了“保护”。
>
> 生产性保护与开发性保护应该都是“活态”的。

这里的“生产”，可以是集约型手工式，也可以是机器生产，更可以是半手工、半机器式。除了第一种，后两种均背离了传统手工模式。

既然是“开发”，就意味着并非原样复制，是一种有变化的发展。这似乎又与“原汁原味”的原则相抵牾。

当前，正在进行的是传统民间工艺美术作品的生产性保护与开发性保护的试验。

传统工艺美术作品可粗略地分为生活用品和装饰品。前者如不事雕琢的桌椅板凳，后者如刺绣服装和剪纸作品。需要说明的是，传统民间工艺美术作品本身具有实用性，如民间殷实之户使用的“雕花床”（又有“三滴水”“宁波床”等称呼）。

能够进行“生产性保护与开发性保护”的，只能是装饰性较强的工艺品，如木雕、石雕、金属雕、刺绣、剪纸等造型艺术品。

在这里，“生产性保护”是目的，是要达到对传统样式、工艺进行活态传承的目的。作品制作求质不求量。而“开发性保护”重在开发，意在开发适应市场需求的产品，以获取的利润来保障传承人传承传统技艺。此愿景甚佳，但大多数传承人是不具备这种“财力”和“才力”

的。如果政府不予以资金投入或鼓励社会资金进入，“开发性保护”就只是“画饼充饥”。

对于那些不能进行生产性保护与开发性保护”的“非遗”项目，国家应视项目传承人为特殊行业，可以制定各级财政“包养”政策，让传承人无衣食之忧，潜心致力于该项目的活态传承，并带徒授艺，形成梯队传承。

综上所述，“非遗”工程的“先天不足”是：

> 工作方案不够科学、系统，漏洞不少。
>
> 既未进行试点工作，也未进行“非遗”资源的普查。
>
> 既未系统培训“非遗”工程组织工作队伍，也未系统培训评审专家队伍。特别是市县队伍。

形象地说，譬如一支队伍，尚未整队，也未宣布军规军纪，粮草不济，便浩浩荡荡，一窝蜂地启程了！

“非遗”工程的“后天失调”是：

> 每一批次的“名录”中，总有一些并非最优秀的。
>
> 每一批次的“传承人”中，总有一些并非顶尖的。
>
> 每一批次的“项目扶植金”中，总有相当一部分被挪用。

虽然也组织过若干次不同级别、规模的“非遗”学术研讨会，但对“非遗”工作具有指导意义的论文佳作却不多，其原因何在呢？

本来，省市县区“非遗”数据库是使用纳税人资金建立的社会公有文化资源，应对大众开放。有些人却把它变成小团伙的私有财产，轻易不示人。湖北省“非遗”中心数据库就是一例：没有某个级别领导的同意，就连同是一个系统，在一块儿办公的湖北省群众艺术馆的人员也不得一睹数据库真容，更遑论他人。如此封锁资源，何来理论研究？又何来上级领导以外的指导意见？

“非遗”工程启动十余年来，从未对1~4批的“非遗”名录及其传承人进行复核、检查；对项目资金使用情况也未进行督查；对传承人的培训效果也未进行真实有效的验证、考察。耗费纳税人巨额资金，却徒然助长了“重申报，轻保护”现象的蔓延。

“非遗”工程的“后天失调”致使正能量满满的民族优秀文化遗产抢救、保护、传承工作变为文化部门的“面子工程”、“黄鹤楼上撒金叶子”① 工程。“非遗”工程这种种乱象，该引起有关方面的重视了！

The Inborn Defect and Postnatal Deficiency: Discussion on the “Intangible Cultural Heritage” Project

Yan Weixin

Abstract: The “Intangible Cultural Heritage” Project of more than ten years has hugely expanded the social influence of the national folk cultural heritage and the inheritors, promoted the social status of the national folk cultural heritage and the inheritors, stimulated the inheritors’ enthusiasm of inheriting the national folk cultural heritage, enhanced the inheritors’ self - awareness of protecting and inheriting the national folk cultural heritage, attracted more social powers and investments to protect the “Intangible Cultural Heritage” with its productivity and exploitation. The “Intangible Cultural Heritage” Project has played an active role in inheriting excellent traditional culture. However, due to the lack of prior survey, the lack of experimental units, the lack of medium - term experience summary and the government’s bad working habit of lacking self - correction motive, in addition that some governments even try hard to shield their mistakes, some phenomena that should not happen have accumulated and become big issues to deal with,

① 民间传说，明代大富豪沈万山的儿子为寻开心，在黄鹤楼上撒金箔，让人们在下面疯抢。没多久就将沈万山留下的遗产败得精光。

which has seriously deviated from the original purpose of the "Intangible Cultural Heritage" Project. This paper has pointed out some deficiencies of the "Intangible Cultural Heritage" Project in past years, analyzed the reasons and put forward my suggestions to ensure the healthy development of the "Intangible Cultural Heritage" Project.

Keywords: Intangible Cultural Heritage; Defects; Deficiencies; Complicated Phenomena; Discussion

About the Author: Yan Weixin (1958 –), Vice – Chairman of Hubei Society for the Study of Folk Literature and Art. Research interests and specialties: regional folk culture. Magnum opuses: *The Mythical or Real World: Myths and Legends in Yangtze River Valley*, *Study on Chu Customs (Three Volumes)*, *Study on Ba Chu Culture*, *The Origin of Ba Chu Culture*, *The System of Jingchu Folk Culture*, etc.

热点聚焦

文化形态学视域中的戏曲兴衰

戴义德*

【摘　要】 中国戏曲作为中华艺术文化的一种经典形态，也在中华文化的历史发展中兴衰流变。当代中国戏曲的困境首先是管理体制的困境。社会生产力的进步，经济的发展导致了戏曲经典形态的嬗变。艺术生产与物质生产发展不平衡的规律决定了中国戏曲不可能再以历史上的经典形态被生产出来，它将分化为精彩的审美文化“碎片”，成为新的演剧形态的艺术“基因”。

【关键词】 文化形态　文化碎片　管理体制　戏曲特征

一　当代中国戏曲的兴衰轨迹

中华人民共和国成立之初，在建立社会主义公有经济和无产阶级文化事业的大背景下，国务院于 1951 年 5 月 5 日颁发《关于戏曲改革工作的指示》，在全国戏曲界展开了“改戏、改制、改人”的“三改”运动。一时间，有史以来靠跑码头找市场，寻观众讨生计的民间戏曲班社变成了由政府包揽一切的“国营剧团”。祖祖辈辈闯江湖、卖技艺的旧艺人从此进入政治体制之内，成为新时代的“文艺工作者”，社会地位空前

* 戴义德（1948 ~），湖北省艺术研究院研究员。研究方向为戏剧文化、文艺美学，著有《不满足感：审美超越与文艺创新的基础》《当代文化转型与传统戏曲形态的嬗变》等。电子邮箱：daiyide@ 126. com。

提高。作为“戏码头”的大城市，自不待言，就连区、县级政府也都收罗辖区内的戏曲班社和艺人，组建“地方国营剧团”或者“公私合营剧团”。许多原本只是演“三小”（小生、小旦、小丑）剧目，唱地方小调，跑乡村草台，甚至无乐队伴奏的地方小戏也纷纷升格为“某某剧种”。有些在音乐上本来属于同一个腔系，方言也属于同一区域的地方戏，也按照行政区划各自挂起不同的剧种招牌。仅长江中游一带的“花鼓戏”“采茶戏”就名目繁多。据统计，经过“戏三改”之后，我国的戏曲剧种竟达到368个之多。各地方、各剧种的名角大腕更是备受政要们的青睐和关爱，成为座上宾，被封为“艺术大师”“人民艺术家”。中国戏曲的传统剧目，经过主流意识形态的筛选或修改，也继续作为对广大民众进行“高台教化”的生活教科书。当时的中国，经过长期的内外战争刚刚稳定下来，生产方式与生活方式基本上还保持着农耕时代的文化特征。戏曲依然是全社会文艺欣赏和娱乐消遣所首选的文艺品种。经过“三改”之后的戏曲界，以“翻身做主，扬眉吐气”的新精神面貌，肩负着建设社会主义新文艺的政治使命，戏曲界人士心情舒畅、意气风发地从事戏曲事业。在那个百废待兴的历史阶段，敬业爱岗的戏曲艺人与依旧保持着农耕文化审美兴趣的广大观众共同营造了中国戏曲的一个兴盛局面。从此以后，人们评判当代中国戏曲的兴盛或衰微，都自觉不自觉地以这一阶段的戏曲态势作为参照系。

其实，就在戏曲“三改”期间，文艺界的思想批判和阶级斗争已经开展起来。对电影《武训传》的批判，对俞平伯《红楼梦》研究的批判，对胡风文艺思想的批判，一浪高过一浪。在这些遵照“最高指示”开展的政治化文艺运动中，文艺为政治服务，为阶级斗争服务，是参加论辩的各色人等毋庸置疑的思想前提。这种极左的文艺思想，在戏曲“三改”的“改戏”中更是被极端地表现出来。（中国当代文学史初稿编委会，1980：41～60）如果说，当时这些文艺斗争所触及的主要是文人学者，戏曲艺人还沉浸在编入体制、名列政府公仆、事业兴旺的喜悦之中的话，那么，在接踵而来的更猛烈更广泛的思想斗争中，戏曲艺人也在劫难逃了。

1963年底开始，阶级斗争的疾风暴雨开始席卷包括“各种艺术形式”的整个文艺领域。“至今还是‘死人’统治着”、“热心提倡封建主义”、主要表现“帝王将相、才子佳人”的中国戏曲，自然首当其冲。“文革”一开始，传统戏曲剧目就被当作“四旧”糟粕之最的文艺垃圾，被全部禁演。至于戏曲艺人所遭受的从触及灵魂和肉体的残酷迫害，更无须赘言。在权力更替，历史转折之后，将“文革”十年定为中国戏曲的衰败期或者说灾难期，恐怕绝大多数人不会表示异议。然而，令人困惑的是，在改革开放之后，戏曲的“困境”或“危机”日益严重的情况下，在思考探索走出困境的对策时，许多经历过“文革”的戏曲演职人员，对那时戏曲事业的状态反而保持着温情的眷恋。究其原因，大概有两点。一是经过反复锤炼，精雕细刻的“革命样板戏”（宣扬阶级斗争的思想内容另当别论）在中国戏曲的艺术形态上高度成熟，成为难以企及的“艺术典范”。二是有幸躲过残酷斗争和无情打击的大多数演职人员都成了“移植”“学演”革命样板戏、宣传毛泽东思想的“革命文艺战士”。在那个政治上人人自危，生活上清苦度日的年代，革命文艺演出所到之处，演职人员都受到隆重接待，热情欢迎，享尽了红色赞誉和“暴风骤雨般的热烈掌声”。同时，这些“革命文艺战士”的生活待遇也明显高于其他行业的“革命群众与干部”。如果撇开政治内容的对错清浊暂且不谈，仅从文艺事业的社会职能看问题，在那个时期，我国各级各类演艺团体，无论是在宣传革命还是“教育人民”方面，都发挥了重要作用。“拿笔”的“文艺战士”与“拿枪”的军队战士一样，成为社会舆论关注与羡慕的“风流人物”。再从戏曲剧目的生产来看，“样板戏”虽然只有八个，但是演出场次之多，覆盖观众面之广，轰动效应之大，与古往今来的其他戏曲剧目相比或许是空前绝后的。况且，“样板戏”的艺术形式水准确实达到了至今无法超越的高度，成为中国戏曲形态流变发展进程中不能否认的标杆。由此看来，“文革”期间的戏曲事业究竟是兴旺还是衰败，有过亲身经历的业内人士可能心中自有见解，只是出于政治上的顾虑不便明言罢了。

“文革”结束后，针对文化专制主义的反弹情绪迅速爆发出来。被封杀了十年的戏曲传统剧目又重新上演，被“扫进历史垃圾堆”的“帝王将相、才子佳人”又粉墨登场。观众出于文艺欣赏多样性的需要和一探究竟的好奇心，也踊跃观赏传统戏曲。从二十世纪七十年代后期到八十年代中期，中国的戏曲舞台呈现出一派紧锣密鼓、急管繁弦的兴旺局面。然而，好景不长。改革开放之后，随着社会生产力的发展，物质文化生活水平的提高，思想观念的解放，艺术民主和创作自由的扩大，戏曲舞台反而又沉寂下来。演出市场急剧萎缩，戏曲人才大批流失，演艺团体举步维艰。从此以后，戏曲危机论、戏曲衰亡论的呼声便不绝于耳了。近三十年来，从戏曲演艺圈到学术理论界，从政府管理部门到国家高层领导，为挽救戏曲的衰微局面，分析原因，商讨对策，采取措施，进行了不懈的努力。但终究收效甚微，戏曲“振”而不“兴”。

对中国当代戏曲的兴衰轨迹经过这样一番简略勾勒之后，我们不禁要追问，造成当代中国戏曲发展之路如此起伏震荡的深层根源究竟在哪里？“振兴”戏曲所要达到的目标是什么？是要重建造一个元明时代那样的辉煌高峰呢，还是要再现民国年间那种流派纷呈、大师辈出的繁盛？

二 在文化形态学视域中考察文艺现象

中国戏曲既然是中华农耕文化场域中审美意识的物态化形式，承载着丰富的文化意义，那么，就应该在文化形态学的视域中观察解析戏曲形态的流变历程。

“形态学”原本是生物学研究的一个概念，是指通过分析与比较生物现象的外在形式、内在结构和生长过程，来确定它们的种属关系与生命特征的方法。这一方法后来被地质学、地理学、语言学等许多学科所采用。二十世纪初，置身于学院建制派之外的德国哲学家奥斯瓦尔德·斯宾格勒将形态学的方法运用到他的历史哲学研究之中，称之为“世界历史的形态学”。出于对当时建制派哲学惯用的理性思辨、逻辑推演的思想方法的逆反，他标榜自己的形态学是“观相”的形态学，即通过对世界历史现象进行感性的直观与整体的把握，确定历史现象的文化属性与特征，因而也称之为“世界文化形态学”。在他看来，“文化”是人类一切活动的“符号化”表征，人是生命有机体，因此一切文化形态也具有生命有机体的属性，都具有一个从出生、成长、成熟到衰老、死亡的生命历程。依据这种思想方法，斯宾格勒于1918年出版了一本具有轰动效应的皇皇巨著《西方的没落》，旨在颠覆西欧文化中心论。基于本文的主旨，我们在此无暇对斯宾格勒及其《西方的没落》的毁誉评价置喙。但是，他将具体的文化形态放置在广阔的文化视域中进行比较研究，把握其历史脉络，揭示其命运轨迹的文化形态学方法是具有首创意义和借鉴价值的。不过，他偏执地反对理性思辨和逻辑推演，这也削弱了其观点的说服力。本文在研究戏曲艺术形态的流变历程时，将尽力避免他的偏颇，从宏观的历史性规律中进行必要的逻辑推理，对戏曲形态的特征要素也将进行深入的结构性分析。

在广阔的文化视域中考察某种艺术样式的文化形态，应该同时关注艺术的他律与自律。既要多视角多维度地关照艺术与同时期的其他文化现象（如政治、经济、科技、宗教）之间互相影响、互相生成的复杂联系；还要把握其本体属性，透视其内部要素的结构变化。这样便能对艺术形态的流变历程做出具有理论深度和历史依据的合理解释。

综观坊间多年来关于戏曲危机与振兴戏曲的见解，归纳起来主要集中在戏曲作品的生产与消费两个方面。在戏曲消费方面，这些见解认为，由于商品经济大潮的冲击，外来文艺、通俗文艺、时尚娱乐大行其道，挤占了戏曲的市场，庸俗化了人们的审美趣味。从而对“高雅”的戏曲艺术，尤其是作为“国粹”的京剧艺术的欣赏趣味淡薄了，欣赏能力也降低了。为了扭转这种状况，他们呼吁通过文艺评论、学术研究加强对戏曲的宣传，“培养”观众对戏曲的欣赏兴趣，提高其欣赏能力。据说，这些工作还要“从娃娃抓起”。在戏曲生产方面，因为演出市场萎缩了，观众流失了，导致戏曲剧团的人才溃散，经费紧张，创作和演出越多越亏损，形成恶性循环。于是持这些见解的人不断地呼唤政府出台扶持政策，千方百计地申请政府财政增加对戏曲剧团的资金投入。显然，这些见解是站在“戏曲作为党和政府的社会文化事业”的立足点上讨论问题的。“事业不兴旺，依靠党和政府来帮忙”，这种习以为常的惯性思维，初看起来似乎顺理成章，但是却没有触及戏曲作为一种审美的艺术文化形态的性质、特征及其在当前文化背景中的流变趋势。本文将致力于把这两个方面的戏曲现象放到文化形态学的视域中进行深入的考察分析。

三 现行的戏曲管理体制不适应审美文化创造

所谓审美文化，就是具有审美价值的文艺形态。要说明现行的戏曲管理体制（也就是包括其他文艺样式在内的官办文艺体制）为什么不适应审美文化的创造，首先必须重申文艺的审美本质。

马克思的美学观认为，人“是自由的存在物”，“人以一种全面的方式，也就是说，作为一个完整的人，把自己的全面本质据为己有”。因而，“动物只是按照它所属的那个物种的尺度和需要来进行塑造，而人则懂得按照任何物种的尺度来进行生产，并且随时随地都能用内在固有的尺度来衡量对象；所以，人也按照美的规律来塑造”。（马克思，1979：42～85）这就是说，人在运用已有的物质生产手段感性地占有对象世界之后，还将按照自己尚未全面实现的自由欲望，用精神生产的手段创造一个比现实的感性世界更符合自己“内在固有的尺度”的理想化境界。人通过对这种理想境界或曰“自由意象”的审美观照便使在现实生活中不能全面实现的自由本质可以暂时获得一种象征性的实现和替代性的满足。这便是人类一切审美创造活动的人本主义逻辑起点。由此可见，文艺的审美本质就是超越人的此在状态。文艺就是在现实生活的极限处，运用可驾驭的媒介材料创造出高于现实生活的理想化生活情景。因此，文艺在本质属性上不是反映生活，复制生活，而是对当下的实际生活进行人性化的扬弃、批判，朝着全面实现自由需求的目标进行提升。将真善美的东西集中给人看也罢，将假恶丑的东西撕开给人看也罢，都是如此。所以，真正的文艺家的思维方式和精神品格就是离经叛道，标新立异，敢为人先，批判生活。

文艺家秉承审美的精神品格，总是自觉或不自觉地与当时的社会体制保持一种“间离”关系（包括主动地疏远和被动地遭受排斥两类情形），以审视的眼光观察现实生活，以怀疑的态度评判主流价值。与所处的社会体制“亲密无间”、高度融合的文化人往往缺乏“自由之精神，独立之人格”，难以产生超越庸常生活状态的思想火花与批判精神。这种人的作品自然就不可能创造出激动人心、昭示理想的高致境界。古往今来，但凡海晏河清的承平盛世，人民群众安享太平，文人学者认同主流价值、融入社会体制的时候，尽管盛世欢歌遍地唱响，技艺性质的文艺作品也有所收获，但是真正启迪思想、震撼心灵的传世大作却鲜有问世。反倒是世道浑浊、社会动乱的时期，思想活跃，大师辈出。这种物质生产与艺术生产不平衡、现实主流价值与文艺审美价值反向震动的历史规律，是由文艺超越此在状态的审美本质决定的。

我国占统治地位的文艺思想早就将文艺设定为政治体制的“齿轮与螺丝钉”。战争时期，文艺界是一支“拿笔杆子的军队”。建政以后到改革开放以前，作为巩固政权的“文艺战士”，包括戏曲在内的全社会文艺资源都被收纳到“一大二公”的官办文艺体制之内，在经济上由纳税人优厚供养，在思想上受长官意志支配。对于文艺从业人员来讲，这种体制一方面在客观上是提高了他们的社会地位，保障了他们的经济生活。另一方面，在主观上则限制了他们的独立自主精神，禁锢了他们的审美创造意识。而后者正是艺术文化的灵魂与根基。

从二十世纪八十年代中期开始，随着改革开放的深入，思想领域的宽松度、社会舆论的自由度都有所扩大，但是文艺事业在体制内的角色定位依然没有改变。因此，在审美意识日益觉醒、自由选择文艺消费的观众面前，戏曲演出市场不断萎缩必然是不可避免的。1995 年，针对戏曲剧团当时严峻的生存困境，本文笔者在第六届全国艺术管理研讨会上，就曾率先在《遵循两个规律，建立戏剧的产业型体制》一文中提出明确的理论主张。该文归纳列举了当时剧团生存困境的五种“怪圈现象”，阐述了几个需要突破禁锢、正本清源的理论观点，并为剧团产业型体制建设提出了一些过渡性的操作建议。这篇论文在研讨会上引起了较大的反响，随后也被多家报刊全文或者摘要性地发表。但是，在分小组讨论时，当时出席会议的全国艺术管理机构的相关领导人则委婉地表示："许多问题，在理论上尽管能说清楚，但在实践中却难以做到。只能慢慢来。" 在此后二十多年的平稳谨慎的文艺体制改革过程中，该文所提出的一些过渡性改革措施"慢慢地"得以推行。近十年来，大多数由政府主管部门直接管理的"国有"剧团"独立"出来组建成"国营"的"演艺集团"，挂上了"企业化"的招牌。但由于艺术创作与剧目生产的运行机制并未发生实质性的转变，对戏曲事业的发展也未产生多大的促进作用。剧团内部演职人员的危机感、政府财政部门的负重感也是有增无减。事实一再证明，人们常常笼而统之所说的戏曲"危机"或"困境"，实质上是这种戏剧（包括其他文艺门类）管理体制本身的危机，是体制内人员遭受的行业困境。

关于现行的文艺体制为什么不适应审美文化的创造，由于篇幅限制，此处不便详细展开学理性阐述，只能简要揭示一个基础性原理。将社会文艺资源纳入行政体制内，由纳税人供养，遵循经世致用的工具论评价体系，实行官场中的奖惩激励机制。应该承认，这一套设计的初衷包含着关怀现实人生的良好愿望。只不过，它所要解决的是文艺从业人员实际的生活需要与执政者治理社会秩序的政治需要，这都属于现实功利价值的范畴。而文艺与宗教一样（关于文艺与宗教的区别，作者另有论述），作为人类创造的超越性文化形态，它们所满足的是人生终极关怀的需要。文艺创造超越现实生活的审美境界，宗教描述超越此岸世界的彼岸世界，它们都是超越现实功利价值的。在人类创造的各种文化形态中，只有一方面通过诸如政治、经济、道德、法律、军事等承载现实功利价值的文化形态，以满足人的实际生活需要，另一方面又通过诸如文艺、宗教等承载非功利价值的文化形态，以满足人的心灵皈依需要，这才构成了完整健全的社会形态，从而也让社会成员获得了完整健全的人生状态。对于人而言，文艺与宗教只是"养性"的，不是"养命"的。如果政治凭借自身强大的社会能量，将这些非功利的文化形态整合到自己的政治功利体系之中，就使得社会的文化形态在结构上出现了功能性残缺。君不见，那些依照官场游戏规则而获得高位殊荣的文艺家（包括部分已经世俗化的宗教界头面人物），他们的精神品味与文化贡献，有几个受到国人心悦诚服的赞赏？

反倒是中国历史上许许多多或主动或被动地与体制形成“间离”关系的文艺家，创造了彪炳史册的审美文化。陶渊明不为五斗米折腰，挂冠而去，造就了我国山水田园诗的第一个高峰。李白虽然骨子里始终保持着儒家“兼济天下”“安社稷”“济苍生”的爱国、爱民情怀，他的性格情趣与处事态度则更多地受道家思想影响，自由率性，特立独行，蔑视权威。同时他也深受游侠思想影响，豪迈自信，一辈子恣情快意地漫游。因此，他年轻时尽管也曾有过入仕求官的念头，却从来没有也不屑于参加科举考试。四十二岁时，唐玄宗下诏征他入朝，并亲自“降辇步迎，如见园绮”，任命他供奉翰林。这不仅让他进入到体制内的高层，而且受到格外的礼遇，但他的精神人格决定了他不能“摧眉折腰事权贵”，三年之后还是请辞而去。从此以后，李白抨击现实，揶揄权贵，赞美自然，抒发愤懑的诗兴更加喷涌酣畅，写出了大量“落笔惊风雨，诗成泣鬼神”的雄奇诗篇。苏轼生活的北宋中叶“百年无事”，文坛气象更新。其父苏洵率领苏轼、苏辙兄弟赴京应试，兄弟同时金榜题名，全家在朝中深受器重。在这种世事承平、仕途通顺的情况下，如果苏轼在朝廷体制内顺势而为，官场上飞黄腾达抑或可期，但文艺创作定然平庸无奇。由于苏轼生性耿介中正，对王安石、司马光两派针锋相对的政治势力均表达不同政见，受到两派政治势力的前后夹击，一再遭受贬谪，甚至锒铛入狱。可以说，苏轼一辈子都是在体制的边缘颠沛游离。这样反而成全了他，让他可以一方面痛切体验官场污浊，一方面深入了解民生疾苦，同时自由地从儒释道多维视角表现复杂的内心世界，从而取得了文学艺术多方面的辉煌成就。即使像欧阳修那样在朝中勤勉谨慎、大力擢拔人才倡导一代文风的北宋文坛领袖，到头来也深感官场氛围的压抑，借用《画眉鸟》表达自己冲出精神牢笼、回归自然的自由向往。这些信手拈来的例子绝不是特殊的个案，而是审美文化创造应该与政治体制保持“间离”关系的一条重要文艺规律。

在中国戏曲发展史上还有两个分别处在体制内外、艺术成就却绝然相反的直接例证，就是“梨园弟子”与“书会才人”。梨园弟子的典故出自唐代。唐代设有“教坊”，是专门为宫廷培养音乐歌舞人才的艺术教育机构。唐玄宗精通音律，喜爱歌舞，便从太常乐工与宫女中各挑选数百人，由他亲自教授音乐，指导排练。地点就设在长安禁苑附近的“梨园”，并在苑中专门修建了“梨园亭”。从白居易的《长恨歌》诗句“梨园弟子白发新，椒房阿监青蛾老”流传之后，人们便将唐玄宗亲自教习的这帮音乐歌舞艺人称为“梨园弟子”。直到元末明初，高则成在《琵琶记》的开场白中写了“今日梨园弟子，唱演琵琶记”之后，“梨园弟子”便成了戏曲艺人的雅称。在唐代的艺人中，梨园弟子身处皇家体制之内，地位高尚，条件优越，技艺精湛，但除了一部阵容庞大、服饰华丽的《霓裳羽衣舞》之外，并没有创造出具有审美价值的艺术作品，反倒成为白居易咏叹爱情悲剧的同情对象。然而，从南宋到元明时期，在勾栏瓦舍中讨生活的书会才人，尽管社会地位卑微，文艺素质也良莠混杂，却创作出了大量风靡于当时、流传于后世的戏曲、曲艺、话本作品。受到书会才人的影响，一批又一批或者官场失意或者报国无门的文人也参与其间，从而造就了中国戏曲史上空前绝后的辉煌，也促进了中国古典小说的成熟。这一时期，中国艺术文化呈现出繁盛局面，其外部原因，当然是当时的政治、军事、经济、民族等各种因素的重要影响；其内部原因，则是因为“书会”，这种自发自由的民间文艺组织适应了审美文化创造的规律。

自从“梨园弟子”被用作戏曲艺人的雅称之后，古代的戏曲班社大多供奉李隆基作为祖师爷。那只不过是为了自抬身价，在江湖中装潢门面而已，梨园行当与朝堂官家没有任何经济和组织联系。中国当代戏曲自“三改”后，戏曲艺人便成为真正的当代梨园弟子。于是当代戏曲的管理体制和运行机制不可避免地与盛唐皇家教坊的运作模式具有了相似性，戏曲产品的文化形态特征也与之具有了相似性。一方面是技艺要素不断精进提高，外在的物化形式恢宏富丽。呈现出被人们津津乐道的“盛唐气象”，或者当下的“盛世华章”。但是，另一方面，创作主体超越此在状态的审美意识，离经叛道的创新意识，则极度萎缩。这样一些回避现实矛盾、审美品格残缺的作品也就只能是“自产自销”，在社会上层圈子中“流通”了。

四 造形媒介的丰富导致了艺术品物化形态的嬗变

艺术形态学常识告诉我们，创造艺术形象的物质媒介是划分艺术样式门类的依据。不同的物质媒介决定了不同艺术门类的物化形态特征。因此在人类艺术发展史上，随着社会生产力的发展，提供给艺术家的造形媒介愈来愈丰富，艺术品的物化形态也就随之不断地发生嬗变。艺术品物化形态的嬗变，是在全社会各种艺术文化形态之间既不断地分化又不断地综合进程中完成的。分化的结果使得艺术样式愈来愈丰富，综合的结果使得每一种艺术样式的信息量愈来愈大，审美功能愈来愈多，美感效应也愈来愈强烈。每一次分化都催生了新的综合，每一种新综合艺术样式的诞生同时又是艺术门类的一次分化。例如，从线条简略、色彩单一的原始壁画到色彩丰富、光影复杂、质感逼真的油画，经历了许多绘画体裁的分化，在这个过程中油画又同时吸收综合了许多艺术品种的表现手法和物质生产所提供的愈来愈丰富的造形媒介。

中国戏曲的经典形态就是它诞生之前的各种艺术文化形态不断分化与综合的建构结果。中国诗、乐、舞三位一体的原始表演艺术形式，经历了各自相对独立的分化发展之后，到中古时期又在更高的水平上被综合起来，产生了戏曲。在这种农耕文化的高级综合艺术样式中，各种形式要素互相渗透，协同运作，互相促进，彼此放大。因此，戏曲音乐的旋律、调式、配器，戏曲舞蹈的造型语汇、姿态动作比当时独立的音乐、舞蹈要丰富得多。戏曲文学表现生活内容的丰富性和思想感情的复杂性也是此前的叙事诗和抒情诗难以企及的。与唐传奇、宋话本、明清小说相比，戏曲表现生活内容的广泛性和转换时空的灵活性固然要逊一筹，但是它所创造的审美意象的具体可感性和生动直观性则是小说不能比拟的。而审美意象的具体可感性和生动直观性是艺术之所以成为人超越现实必然、满足心灵自由的审美对象的基本特征。

与后来的工业文明、信息文明相比，农耕时代所能提供给表演艺术的造形媒介和技术手段无非是丝竹管弦、锣鼓简板和演员的声音腔调、姿态动作等。表演艺术的传播也只能限制在同一时空的现场进行。无论是乡间的稻场草台、市井的勾栏瓦舍还是宫廷内雕梁画栋的戏台，都只能是演员高台表演，观众当面欣赏，表演艺术的审美信息不能复制保存，不能跨越时空进行传播。因此，在只能以舞台作为视听审美信息的传播载体的农耕时代，戏剧当然就是一种能够全方位满足社会各阶层接受大众的审美需要的高级综合艺术样式。不论是城镇还是乡村，也不论是达官贵人还是市井凡夫，只要有戏剧演出就常常阖家出动，共聚一堂，呈现出一种节日气氛。在农业文明的审美格局中，世界各民族的戏剧艺术都曾出现过类似的鼎盛辉煌局面。

进入工业文明时代之后，艺术的造形媒介和技术手段空前丰富起来。在新一轮的艺术文化形态分化与综合的建构过程中，各民族的传统戏剧形态便不可避免地受到挑战。近代以来，中国的民族音乐和民族舞蹈从古代的连体形式中分离开来，各自发展成为体制完备、体裁多样、技艺独特的独立艺术门类。中国戏曲中的舞蹈语汇和动律素材被分解提炼出来，整理成独立的中国民族舞蹈。如果说传统戏曲曾经靠载歌载舞的表演形式让观众陶醉倾倒的话，那么当代观众要欣赏音乐舞蹈就会不假思索地去看歌舞专场演出，去听音乐会。功底深厚、唱做俱佳的戏曲演员，苦练数年功不如流行歌手一夜红的现象，不能作为判断当代接受大众的审美趣味雅俗高下的依据，而是时代审美格局自然选择的无情结果。同样的道理，现代的武术、杂技、体操等艺术样式的广泛传播也使得传统戏曲中的武行功架、技巧绝活相形见绌。再从艺术形象的具体可感性和生动直观性来看，被照相技术和电子技术孕育出来的电影和电视大大超过了传统戏曲，而且更加鲜明逼真，丰富多彩。作为高级综合艺术，戏曲在艺术形态家族中的盟主地位已经无可争议地被电影故事片和电视剧所取代。由此可以看出，戏曲当代危机的发生，不仅仅是因为传统戏曲的思想内容和价值观念落后于时代，同时还在于它那种“以歌舞演故事”（王国维对中国戏曲的定义）的外在形式也正在被当代审美格局的建构过程逐步分解和扬弃。这不是致力于编演表现当代生活内容的新剧目所能扭转得了的必然趋势。正像文学领域中的古典格律诗词一样，尽管它曾经为中国文学史谱写了令世界叹服的灿烂篇章，但由于它的格律形式不适合表现现代的生活内容和情感节奏，因而逐渐淡出了诗坛。

五 戏曲形态内部结构要素的再生活力减退

众所周知，中国戏曲经典形态的两个突出特征是虚拟性和程式性。这两大特征或者说戏曲形态的这两个内部结构要素，是在农耕时代的大文化环境中生成的。在现当代的工业文明与信息文明的文化环境中，它们的再生活力正在逐步减退。

先说虚拟性。戏曲演员在舞台上运用虚拟性的动作进行表演，不仅使戏曲的故事发展和人物活动突破了狭小舞台的时空局限，同时也使表演动作舞蹈化，增添了戏曲的形式美感。这种虚拟性特征的形成有两个必然性的历史条件。第一，如前所述，在戏曲的孕育和形成期，表演者在有限的现实三维空间（演出场地或舞台）中所创造的审美意象，既要是超越现实时空的又要是具体可感、生动直观的，而农业文明的物质生产力所能提供的造形媒介却只有演员的肢体和一些简单轻便的道具。当戏曲的情节发展、事件交代、人物活动需要变换场景，需要涉及一些舞台上无法存放，无法及时搬移的大物件时，便只有靠演员运用一些非现实性的特殊动作姿态来进行暗示或者象征性地表达。第二，这些非现实性的虚拟动作姿态不是随心所欲杜撰出来的。它一方面是对生活现象的提炼概括，另一方面是对过去艺术文化传统的继承和借鉴。例如宋代民间舞蹈中的“旱划船”“男女竹马”等舞蹈动作就被戏曲吸收改造成行船、趟马的虚拟表演。总之，戏曲的虚拟性特征不是其创始者为了故意强化戏曲的形式美效果而向壁虚构出来的，而是历史的物质条件和文化传统所导致的必然选择。所以，戏曲的虚拟性特征在以农业生产力为物质基础的审美格局中存在是合理的，它既是合理的审美对象，同时又被审美主体所合理地接受。但是，在以计算机为标志的物质生产基础上所形成的当代审美格局中，审美对象的种类、特征、结构，审美主体的理想、趣味、价值取向都发生了深刻的变化。戏曲虚拟性的审美价值也就逐渐失去了合理存在的基础。在戏曲舞台上，当用现代科技手段制作的机关布景、灯光音响所构成的具有时空纵深感的立体场景逐步取代传统的“一桌二椅”场景后，戏曲表演的虚拟性特征自然就被淡化和简化了。电影、电视剧的表演更几乎全部是实景、实物、实动作，蒙太奇的切化组接使得时空转换非常灵活方便，得心应手。在这些以高新科技手段为基础的当代综合艺术品种中，其艺术形象体系的具体可感性、生动直观性、逼真实在性已经将传统戏曲的虚拟性排挤得无影无踪了。由于审美对象形式特征的改变，接受主体的审美心理也随之发生了相应的变化。戏曲虚拟性表演所传达的审美信息必须由观众调动自己的生活积累和欣赏经验进行联想充实、揣摩领会。而接受当代影视艺术中的审美信息则不需要付出这些心理能量消耗，观众可以“无所用心”地凭借自己的视听感官直接感受其中的审美信息，即使是他们闻所未闻、见所未见的异域风情或者离奇故事、凶险场面也都能够感同身受，如身临其境。于是，当代接受主体便逐渐养成了一种“崇真尚实”的审美趣味。在这种已经被当代审美格局认同了的审美趣味面前，传统戏曲的虚拟性表演不被人欣赏是无可奈何的。例如，同是观赏打斗场面，如果让那些已经被影视动作片中的真枪实弹、刀光剑影养成了审美定式的当代青年去看传统经典剧目《三岔口》，他们会对戏中武生演员虚拟黑夜打斗的舞蹈化表演感到莫名其妙。也正是由于审美格局的这种变化，几千年一直作为中国文学主流样式的诗歌、散文逐步被叙事性强的小说和通俗故事代替了主导地位，近年来甚至连小说和通俗故事又因其具有虚构性而受到纪实文学乃至案例报告的冲击。

事实上，在审美格局从侧重“写意”，陶醉于诗意情景向当代的侧重“写实”，乐于感同身受，向往身临其境的转变过程中，表演艺术本身也经历着这种变化。歌曲从吟唱、清唱到伴奏、伴舞直到配以视觉画面的MTV；舞蹈从“不知手之舞之，足之蹈之”，即旨在抒情而不可言喻的肢体动作到以叙事为主的舞剧；即使是直接展示表演者的技巧、力量和机敏的杂技也正在尽可能地对节目进行情景构思或情节设计；甚至连驯兽表演也日益人格化，“黑猫警长”“猴子侦探”之类的动物戏呈方兴未艾之势。尽管西方模拟戏剧从诞生之时起就明确昭示要“按照生活本来的样子或应该有的样子模仿生活”（亚里士多德语），但是在农业文明时期，西方的模拟戏剧的演剧形式也同样不可避免地要对舞台时空和戏剧情境进行一些“假定性”和“象征性”的处理，以“虚”喻“实”。近代古典主义所推崇的“三一律”戏剧创作规则，实际上是西方工业文明初期的审美格局进一步强化其文艺的“写实”传统的结果。它对戏剧情节、地点、时间三大要素的“整一性”要求虽然束缚了艺术创造的自由精神，但是却使演剧形式尽可能地避开了“假定性”“象征性”的“虚拟”处理，使戏剧的艺术形象体系更加逼近“生活本来的样子”。随着工业生产力的发展，文艺的现实主义思潮日益成为西方审美格局中的主流，他们对戏剧模仿“生活本来的样子”提出了更严格的要求。到十九世纪末期，俄国小说家、剧作家契诃夫甚至提出了“幻觉主义”的戏剧主张。他要求从剧本文学到舞台表演都必须运用写实的手法，让戏剧情境具有“日常生活的真实的正确性”，使观众产生幻觉似的真实感。随后，斯坦尼斯拉夫斯基又从表演学的角度抨击了“表现派”，提出了“体验派”主张。他要求演员把镜框式舞台的台口当成“第四堵墙”，只当是台下没有观众，从而真实地生活于戏剧“规定情境”之中，通过切实的体验，找到角色应该有的真实而连贯的行动。他们企图用这种写实的手法在舞台上制造逼肖“生活本来的样子”的艺术幻觉，让观众失去剧场感觉，看到的不是做出来的戏，而是真实的人生。近现代的光电科技成果使他们的这种审美追求在电影、电视中得到了最充分的实现。因而“崇真尚实”的欣赏倾向也进一步“积淀”为人们选择审美对象的无意识前提。

中国传统戏曲的表演方式是将真实的生活具象抽象和提炼成虚拟的舞蹈动作，因而其直观的“戏剧情境”就是一个与“生活本来的样子”不同的人工符号系统。演员在塑造人物时必然要展示自己掌握这一套人工符号的才艺技巧，即唱、念、做、打的功夫或者拿手绝活。演员既要创造人物性格，又要展示自己的才艺，自然不可能全身心地体验角色，忘我地投入到“戏剧情境”之中。这就造成了演员与角色的脱节，情节发展的中断乃至整个“戏剧情境”的破碎。观众的审美注意也常常从“戏剧情境”中被排挤出来，转移到外在的演剧形式和剧场氛围上。他们关注的往往不是舞台上“演什么”而是演员在“怎么演”，对演员的扮相、行头、唱功、做功品头论足，玩味褒贬。在农业文明的审美格局中，人们对看戏尽管趋之若骛，而剧场中总是台下比台上更热闹。因为观众的娱乐快感并不完全是来自于戏曲本身的审美价值，而在于以这种演剧形式为凝聚力所营造的剧场欢乐气氛。所以，在文艺品种和娱乐方式极大丰富的信息文明社会，在“崇真尚实”的审美趣味面前，戏曲经典形态的虚拟性特征便逐渐淡出了审美关注的视野。

再说戏曲的程式性特征。人们对戏曲程式的界定有各种说法。笔者以为，戏曲程式实质上就是戏曲的各种形式要素排列组合的规范原则或结构模式。譬如古典格律诗词，从意义的起、承、转、合，句子的衔接对仗，到句尾的韵脚呼应，字数的限制，乃至每个字音的平仄变化，都有严格的规范原则，从而形成了各种诗体和词牌的结构模式。戏曲从文学剧本、乐队伴奏到演员表演也有一套形式方面的结构规范。剧本情节分折分场，唱词宾白讲究音韵，锣鼓有经，乐曲有牌，调式有板，动要舞蹈，静要造型。从表演方面来看，如上所述，戏曲的虚拟表演动作是对生活具象进行抽象提炼同时运用音乐、舞蹈、装饰的手段进行美化了的人工符号。表演程式的功能就是将这些人工符号结构成一套规范的能够被创造者和接受者共同理解的符号系统，以便于叙述事件，刻画人物，表达情感。例如，“走边”的程式，是表示人物夜间潜行，靠着路边疾走。“起霸”的程式是通过一套整理盔甲的舞蹈动作表明武将准备出征，并显示其威武气概。在传统戏曲中，走路、喝茶、写字、骑马、进门、上楼等日常生活行为都有相应的表演动作程式，必要时将具有生活联系的几个动作程式连贯起来进行表演就可以完整地描述一个过程或者事件。例如，通过演员带马、扶鞍、执鞭、上马、扬鞭、勒马、圆场等一系列程式化动作的表演，观众不仅准确无误地理解了人物骑马的过程，同时也享受到了富有节奏感和舞蹈性的形式美。传统戏曲的审美价值主要就在于它的程式性所造成的形式美。

但是，传统戏曲的程式在当代审美格局中却失去了合理存在的前提。在农业文明的物质条件下，人们的代步交通方式是骑马、坐轿、乘木船，舞台上便产生了相应的表演程式。由于古代将士身穿盔甲，手持兵器作战，才产生了舞台上“起霸”的程式以及翎子功、把子功。如果没有古代中老年人留胡须的习惯也就没有戏曲舞台上要架胡子的程式。人类历史经过工业时代现在已经进入到了信息时代，社会的物质生产水平和生活方式已经发生了并将继续发生巨大的变化，现实“生活的样子”与传统戏曲的程式化动作所表示的生活物象已经迥然不同了。唐知县上任时的那段“车轿”程式动作无论怎样优美风趣，却不能用来表现当代官员上任坐小轿车的情景。《打渔杀家》《秋江》中用一把船桨代表一条小木船的一套上船、划船、行船程式动作也不可能表现当代巨轮乘风破浪、快艇风驰电掣的生活内容。传统戏曲最常用的开门、关门、进门、出门等程式动作是以古典建筑的高门槛、横门闩的两扇门为物象原型的，面对当代普遍存在的弹簧锁单扇门、旋转门、电子感应门，他们便无能为力了。总之，在当代审美格局中，就客体而言，传统的戏曲程式无法表现当代的生活情境和人物动作；就主体而言，传统程式与当代观众尤其是青少年观众之间缺乏共同的生活物象原型基础，传统戏曲程式因而难以被他们理解和接受。

为了给传统的戏曲程式注入新的活力，许多戏曲艺术家和理论家早就提出要从现代生活素材中提炼概括出新的程式动作，用以表演现代戏曲。时至今日，收效甚微，究其原因恐怕是忽视了“形式与内容”这一对辩证范畴的矛盾运动规律。表演程式属于传统戏曲的形式范畴，戏剧情节、环境、人物性格和主题意蕴则属于内容范畴。事物的内容总是丰富多彩，积极活跃，不断发展变化的，而形式一旦成熟之后则总是相对稳定的；当旧形式无法表现已经发展到更高阶段的新内容时便会被新的形式所取代。农业文明时期社会发展的速度是缓慢的，人们的生产方式、生活方式、情感方式代代因习，大同小异。进入工业文明特别是当代信息文明之后，社会发展呈“加速度”的累积推进，社会面貌日新月异，人的生活内容、生活方式乃至价值观念都在不断更新。更何况我国当代社会的发展既是对农业文明的时代性跨越，又是工业文明和信息文明的复合性推进。戏曲程式的创新速度和稳定周期是无法跟上如此活跃易变，丰富多彩的“生活样子”的。譬如，过去农民劳动总是抡锄头、撒种子、挥镰刀，搬运工人便是肩挑背扛走“过山跳”；生产工具的机械化程度提高之后，农民种植、工人生产都用机器操作；待到不久的将来电子计算机大普及的时候，工人、农民的生产劳动行为也和知识分子的写作、设计动作一样，都是十个手指在电脑键盘上跳动。面对这些发生在“弹指一挥间”的生活样式的变化，试问戏曲为不同社会身份的角色所设计的各行当表演程式将怎样被提炼概括，又怎样被规范稳定呢？即使是经过一番艰苦努力从当下的主流生活素材中提炼出了比较成熟的表演程式，也会随着生活本身样式的迅速变化而很快丧失原有的表现力。曾记得在戏剧改革时，一些新创作的戏曲总是用西装革履、长裙高跟鞋表现资产阶级男女，用搭毛巾、扎腰带、扇草帽表现劳动者。今天看来，这些程式化的动作或装扮显然又过时了。正因为传统的戏曲程式与现代的生活内容存在难以调和的矛盾，所以，“没有程式不成其为戏曲，拘泥程式又难以创作出吸引观众的好剧目”就成了长期困扰戏曲创作的一道两难选择题。

与表演程式紧密相连的另一个问题是行当。行当是传统戏曲中人物角色的类型划分以及演员与之对应的专业分工。不仅表演程式，从文学剧本到音乐锣鼓，从行头、脸谱、道具到演员的长相和声音特征都要符合角色类型的要求。因此，也可以说行当是戏曲程式和造形媒介以人物角色为中心的集合体。由于程式是结构稳定、规则严格的形式系统，演员的长相和声音特征也是与生俱来的客观存在，这就使得戏曲行当具有了固定的结构模式。传统戏曲的行当大体分为生、旦、净、丑四个基本类型，每个类型都有若干分支，每个分支又有若干细目，以便尽可能地接近戏剧情境所规定的人物的自然属性、社会属性和性格特征。尽管如此，由于行当划分的严格规范和每个行当所具有的固定模式，就不可避免地导致了行当的类型化、模式化与人物的典型化、个性化之间的矛盾。我们知道，文艺作品塑造人物形象的上乘目标是表现他们不可重复的独特个性。而传统戏曲的每个行当却只能反复运用它那一套固定不变的表演程式和物质手段去表现自然属性和社会属性大致相近的一类角色。至于怎样运用典型细节去塑造典型环境中的典型人物，去表现典型人物与众不同的言谈举止、气质风度和生活习惯，戏曲行当的造型手段是无能为力的。在传统戏曲的不同剧目中，只要性别、年龄、职业、地位相近，人物角色的穿戴打扮、动作姿态、唱念腔调都大体相同。他们不是黑格尔所强调的“这个”，而是贺拉斯所说的“这一类”。难怪古典戏曲的人物第一次出场都要来一段“自报家门”的定场白，否则，观众便不知道“他是谁”，闹不好，发生“关公战秦琼”的误会也是难免的事。尽管许多戏曲表演大师在突破行当局限、表现人物个性方面进行了卓有成效的探索，但是在传统戏曲的人物画廊中，终究未能产生一批可以和其他艺术门类媲美的典型人物形象。这显然是因为戏曲行当的类型化，戏曲程式的模式化“同化”了剧中人物的个性特征，“消解”了人物性格的典型性。在行当的严格规范内，剧中人物只不过是一个具有“类型”规定性的载体，是演员表演一套经过音乐、舞蹈、装饰等要素美化了的“唱念做打”程式的依托。戏曲的演出效果充分证明了这一点：观众往往不是被剧中人物的命运和独特个性所感染，而是被演员的程式化表演功夫所鼓动，优秀演员的一段唱腔、一个亮相或一种绝活技巧总是博得满堂喝彩。对于这种以表演形式美为基本特征的传统戏曲，如其定义为“以歌舞演故事”还不如说是“借故事演歌舞”。事实上绝大多数经典传统剧目的故事情节都是移植改编而来的，早在该剧目定型之前就通过其他的艺术样式广为流传了。

六 戏曲经典形态的分化与流变

传统戏曲形式大于内容的美学特征也给它的内容因素带来了负面影响，造成了戏曲在思想内容方面的两个缺陷。第一是概念化、模式化。

传统戏曲一般以帝王将相、才子佳人的生活为题材，表达“忠孝节义”的封建伦理主题。故事情节也无非是贤臣良将精忠报国，奸佞小人枉法弄权，圣君明主惩恶扬善；公子逃难小姐偷情，金榜题名终成眷属之类的模式。即使是新编的现代戏曲，故事情节的发展也不能摆脱程式规则的支配真正做到自然而然地随着人物命运自身的逻辑向前推进，而总是不得不依赖人物性格之外的力量解决矛盾冲突，实现“大团圆”的结局。第二是戏曲所表现的内容一般总是滞后于时代前进的步伐，故事陈旧、观念保守、重复演绎社会共识的主题。而敢为天下先、发人之所未发的作品则成活率极低。原因固然是多方面的，而戏曲超稳定结构的外在形式制约了生动活泼的生活内容是其中重要的一个。从事戏曲文学创作的人都有一个痛苦的体会，就是在进行选材立意、构思谋篇时必须对丰富多彩的生活内容进行“削足适履”式的加工改造，使之符合固定不变的戏曲程式的规范。而处在时代前锋位置的新生活方式和思想观念，以及在当下状态还只能意会不能言传的新价值取向，都难以通过固定不变的戏曲程式表现。在飞速发展的当代社会，戏曲反映现实生活的滞后缺陷更加突出。当代人的居住环境、生产生活方式正以前所未有的速度和广度走向城市化和工业化，而大多数现代戏曲却依然热衷（也擅长）于描绘具有农业文明特征的生活画卷。在市场经济的运行规则和价值观念早已成为人们现实生活的普遍准则的情况下，许多现代戏曲作品的审美判断和感情倾向却仍然自觉不自觉地因循着“重农抑商”“士不理财”的旧观念。

由于戏曲的形式和内容之间的矛盾在当代审美格局建构过程中愈来愈激烈，因而它的生产机制也就失去了昔日的活力，生存状态出现了危机。我们知道，古典戏曲的生产机制是在我国封建社会中后期已经萌芽的商品经济中形成的。元杂剧之所以在元代的至元、大德年间兴盛起来，是因为当时的统治者一方面采取各种措施恢复农业生产，一方面改善手工业者的生活待遇，给城市商业经济带来了兴旺局面。城市居民对戏曲的爱好，鼓励和刺激了戏曲生产。戏曲作品能够以商品的形式投入市场，作家和演员的劳动便得到了社会的承认，可以与同样作为商品的其他生活资料进行交换，获得补偿，于是他们从事戏曲生产的积极性和创造性就被充分调动起来。马克思说："消费，作为必要，作为需要，本身就是生产活动的一个内在要素"，"没有需要，就没有生产"（马克思、恩格斯，1972：97、94）。由此看来，在商品经济社会，只有消费才是生产机制的内在核心和原动力，而生产过程的组织管理形式则是生产机制的运行模式和操作规范，它所带来的生产效率和产品质量，其目的是巩固和扩大既定的消费需求，而不可能创造消费需求。我国在企业改革过程中，转换经营机制和调整产业结构这两个目标是非常明确的。当一个企业原有的产品已经丧失消费需求，没有市场的时候，它改革的首要目标是改产转向，重新配置资源，开发适销对路的新产品。当产品有了既定的消费需求时，它改革的目标便是转换经营机制，通过调整生产组织形式，加强管理，提高生产效率和产品质量，增强市场竞争力。而我们的戏曲体制改革则似乎缺乏这种清醒的战略思路和果断的市场定位。一些钟爱戏曲的人不愿意正视戏曲正在丧失消费市场这一严酷事实，而希望通过调整戏曲生产的组织形式，强化管理，多出精品，来激活戏曲的生命机制，结果却总是事倍功半，难以奏效。这正如在油灯已经被电灯普遍取代的今天，一个生产油灯的工厂，无论它的组织管理如何科学，技术设备如何先进，生产效率和产品质量如何高，都是无法生存的。没有消费的生产，如果盲目进行，只会受到市场价值规律的惩罚。事实上，戏曲领域近年来确实生产了大量的精品，但就是"叫好"不"叫座"。生产一部精品的同时也给剧团自己生产了一个沉重的债务包袱，这已经成为普遍现象。综上所述，我们可以概括地说，在农业文明时期，由于戏曲是人们的主要艺术消费对象，从而初级商品经济促进了它的兴盛和繁荣。在工业文明向信息文明过渡的时期，由于戏曲正在迅速失去审美消费需求，因而当代高度发达的商品经济将会加速它的消亡。

戏曲在当代审美格局中这种尴尬处境，归根结底，是艺术生产与物质生产的发展不平衡规律所导致的必然结果。马克思对此曾有过精辟的论述。他说："关于艺术，大家知道，它的一定的繁盛时期绝不是同社会的一般发展成比例的，因而也绝不是同仿佛是社会组织的骨骼的物质基础的一般发展成比例的。例如，拿希腊人或莎士比亚同现代人相比。就某些艺术形式，例如史诗来说，甚至谁都承认：当艺术生产一旦作为艺术生产出现，它们就再不能以那种在世界上划时代的、古典的形式创造出来；因此，在艺术本身的领域内，某些有重大意义的艺术形式只有在艺术发展的不发达阶段上才是可能的。……大家知道，希腊神话不只是希腊艺术的武库，而且是它的土壤。成为希腊人的幻想的基础，从而成为希腊神话的基础的那种对自然的观点和对社会的观点，能够同自动纺机、铁道、机车和电报并存吗？……任何神话都是用想象和借助想象以征服自然力，支配自然力，把自然力加以形象化；因而随着这些自然力之实际上被支配，神话也就消失了。”（马克思、恩格斯，1972：112、113）马克思以古希腊史诗和神话为例揭示了艺术生产与物质生产的发展不平衡、不成比例的规律。在艺术生产和物质生产都不发达的阶段所产生的“某些有重大意义的艺术形式”不一定随着物质生产的发展而同步发展，相反，在物质生产发展的新的更高阶段上，这种艺术形式原有的物质基础和思想观念基础消失了，它自身也就不得不随着消失。在工业生产力所创造的蒸汽机、印刷机、避雷针和电报电话面前，古代神话关于风云雷电和腾云驾雾之类的幻想肯定是要消失的。同样的道理，在信息生产力所创造的生命工程、光电技术和数字化音像传播面前，只能用虚拟的动作、僵化的程式演绎简单故事，传达陈旧主题的传统戏曲失去昔日的辉煌也是必然的。

传统戏曲的衰落已经成为不争的事实。而对于它终将消亡的历史结局，则总是意见分歧，误解颇多。为此，有必要对“消亡”这一概念作进一步辨析。第一，不能把一种艺术文化形态的消亡等同于一个有机生命个体的死亡，不能机械地理解传统戏曲的消亡是意味着它从此消失灭绝，彻底的销声匿迹。其科学的准确的含义还是马克思所说的，是指它“再不能以那种在世界史上划时代的、古典的形式创造出来”。在未来的审美格局中，传统戏曲的生命机制丧失了再生的活力，古典形式的新剧目创造停止了；但它将同古希腊的史诗、神话、我国的古典格律诗词等已经消亡的文艺品种一样，以文化遗产的姿态存在着。第二，任何一种文化形态从成熟到兴盛、从兴盛到衰落、从衰落到消亡，每一个阶段都是一个较长的社会历史过程。我国当前从农业文明向工业文明和信息文明的跨越是一个历史性的进程，需要经过较长时间的艰苦努力，因而传统戏曲的文化生态环境尽管正在缩小也还会部分地遗留较长时间。例如，在一些经济落后，物质文化生活贫乏，居住分散的边远农村，演戏可以给他们带来节日性质的综合娱乐享受。城市中老年人过去对传统戏曲的审美经验的积累，使他们的审美趣味和鉴赏能力都与传统戏曲建立了一种审美心理定势，他们会不同程度地乐于选择传统戏曲作为自己享受休闲时光，寄托怀旧情绪的审美对象。第三，作为古希腊优秀文化遗产的史诗、神话对希腊艺术乃至整个西方艺术的发展发挥了“武库”、“土壤”和“范本”的作用，同样中国传统戏曲也将会为中国艺术尤其是表演艺术的发展提供丰富的历史营养。中国戏曲的经典形态将发生分化，化为文化的“碎片”融入其他艺术样式的综合过程。例如，舞蹈艺术从戏曲的虚拟动作中挖掘整理出了中国民族舞蹈这一独立的分支样式。歌曲将戏曲音乐素材进行歌谣体转化并运用某些戏曲乐器的独特表现力创作出了一大批老少咸宜、脍炙人口的“戏歌”。话剧舞台借鉴戏曲舞台美术的写意手法，简化了布景道具，丰富了场景内涵，同时也为演员腾出了更宽绰的表演空间。特别值得一提的是小提琴协奏曲《梁山伯与祝英台》。作曲家选择被我国许多地方戏曲剧种都反复演出的家喻户晓的民间传说为题材，以越剧的曲调为主要素材，根据协奏曲的形式特点进行提炼改造。在体裁结构上，他们运用西洋协奏曲中的奏鸣曲式很好地表现了戏曲原有的戏剧性矛盾冲突。在艺术处理上，他们运用了戏曲的许多表现手法，如在呈示部尾吸取了戏曲中歌唱性的“对话”形式来表现“梁祝相爱”的主题，展开部中的“哭灵投坟”则用了京剧的倒板和越剧的嚣板；在小提琴的演奏上也借用了戏曲乐器的某些演奏技法。从而使这一部具有浓郁民族特色的交响曲成为世界级的杰作。

最后还要强调指出，在马克思所处的工业时代，古代希腊神话幻想的基础消失了，并不等于后代希腊人从此放弃了幻想。作为能动的实践主体，人永远都需要通过现实的社会生活和审美的艺术想象两个途径来全面地实现自己自由本质。不管人的现实生活达到怎样的现代化程度，他们都要以自己当下所能够把握的自然观和社会观为基础展开合理的想象，为自己创造一个更高级更理想的自由境界。这便是人类进行审美和艺术创造的原动力。唯其如此，当马克思宣布，在当时的工业生产力面前建立在远古农业生产力基础上的古希腊神话的幻想消失了的同时，法国小说家儒勒·凡尔纳就正在以当时的工业生产力水平上的“那种对自然的观点和对社会的观点”为基础，展开着更高层次的幻想，创作出了《格兰特船长的儿女》《海底两万里》《神秘岛》等一批既具有科学价值又具有审美价值的科幻小说。在当代信息科技水平高度发达的美国，借助幻想以征服宇宙灾难、支配外星生命的科幻作品更是层出不穷。同样的道理，建立在农业文明的自然观和社会观基础上的，以固定程式和虚拟动作为基本形式的传统戏曲在当代审美格局的建构过程中衰落了，消亡了，但中国人绝不可能放弃“演戏”，只不过演剧形式将呈现新的时代特征罢了。因为“演戏”是人直接运用自己的语言和动作作为造形媒介的审美创造方式。这种审美创造方式可以使人超越现实的审美欲望外化成一种酷似客观现实的“本来样子”的感性存在。人通过“演戏”可以直接以接近于“感性占有”的方式生活在自己营造的理想化情景之中，获得比其他艺术门类更直接、更强烈的审美享受。人在本质上都具有超越现实必然性的束缚进入理想化的生活环境的欲望，因此人人都具有“演戏”的内在冲动。至于未来的演剧形式究竟是个什么样子，我们不必妄作断言，不过有一点是可以肯定的：在演戏过程中，现场人员的广泛参与，表演者和欣赏者按规定情境交流互动，多方位多层次地满足参与者的感官需求等特征将愈来愈突出。我们知道，由专业演员在镜框式舞台上像“疯子”一样表演、广大观众只能像“傻子”一样在台下观看的演剧形式是社会分工的结果，这只是人类历史进程中一个阶段性的现象。在没有职业分工的远古社会和分工不太固定的当代土著部落、山村边寨，人们的乐舞活动都是普遍参与、集体互动的，娱己、娱人、娱神几种目的融为一体。在分工明确的社会环境中，观众对于“演戏”的参与意识和互动要求，也总会以各种方式表现出来。票友的热情和追星族的痴迷便是突出的表现。随着物质生活水平提高和科技手段的发展，"演戏"所必需的表演技能将不再作为谋生手段而在广大群众中普及，人们对"演戏"的参与意识和互动要求便会广泛的得以实现。早已风靡各地的"卡拉OK"演唱方式和当前悄然兴起的化妆民俗风情旅游，可以看作是正在从动作和演唱两个必要的方面为将来广泛参与、集体互动、感性享受的演剧形式准备条件。可以设想，用规定的故事情节和人物命运将这两种游乐方式综合起来，专业演职人员参与其间，加以配合引导，就有可能造成一种与未来审美格局相适应的新型的戏曲演剧形式。传统戏曲的精华"碎片"将会在这种新型演剧形式中大放异彩。

参考文献

马克思、恩格斯，1972，《马克思恩格斯选集》第二卷，中共中央马克思恩格斯列宁斯大林著作编译局编选，人民出版社。

马克思，1979，《1844年经济学-哲学手稿》，刘丕坤译，人民出版社。

中国当代文学史初稿编委会，1980，《中国当代文学史初稿》上册，人民文学出版社。

Rise and Fall of Chinese Opera from the Perspective of Cultural Morphology

Dai Yide

Abstract: As a classic form of Chinese art culture, Chinese opera also has experienced rise and fall during the historical development of Chinese culture. Contemporary Chinese opera is facing the dilemma of management system. The progress of social productive forces and the economic development have led to the evolvement of Chinese opera's classic form. The principle that art production cannot be balanced with material production determines that Chinese opera can never be produced as its classic form in the history. Instead, it will be divided into wonderful "pieces" of aesthetic culture, becoming the art "gene" of a new Chinese opera form.

Keywords: Cultural Morphology; Cultural Pieces; Management System; Chinese Opera Features

About the Author: Dai Yide (1948 –), Researcher in Hubei Research Academy of Arts. Research interests and specialties: drama culture and literary aesthetics. Magnum opuses: A Sense of Dissatisfaction: *The Basis of Aesthetic Transcendence and Literary Innovation*, *Contemporary Cultural Transformation and Evolvement of Traditional Chinese Opera's Form*, etc. E – mail: daiyide@126. com.

诗歌与城市漫谈

魏天无　魏天真[*]

【摘　要】 武汉连续举办了五届公共空间诗歌活动，热闹的活动现场常常诗情澎湃。然而，城镇化、都市化、国际化进程似乎在一点点驱逐抒情诗，现代生活与抒情诗构成悖论。所以，无论是在乡村还是城市，诗人都要去发现无法逆转的现代化进程为他所提供的新的诗歌灵感，改造诗歌语言和抒情方式，创造一种与现代人生存境况相应和的诗歌类型。

【关键词】 诗歌　城市　现代化进程　新的抒情方式

魏天真： 今年年初武汉又举办了公共空间诗歌活动，又来了好些国内大诗人，现场气氛一如既往的好。一个地铁换乘站，熙熙攘攘中，停下来听诗歌朗诵的人还真不少。很疑惑，小众的诗歌就这么走进地铁，走近大众了吗？

魏天无： 这是第五届了，我参加过其中的四届。每一届的活动包括一场诗歌朗诵会和地铁线上的诗牌展示。五年来，在武汉地铁已开通的

---

* 魏天无（1967 ~），博士，华中师范大学文学院教授。研究方向：文学基础理论、文学批评学、现代诗歌理论。著有《新诗现代化进程的矛盾与演进——九十年代诗论研究》等专著（合著）四部，诗评集一部。电子邮箱：wtianwu@ vip. sina. com。

魏天真（1966 ~），博士，武汉大学中国语言文学博士后，现执教于华中师范大学文学院。研究方向：中国现当代文学。著有《自反性超越：女性小说的非女性主义解读》等专著（合著）四部。电子邮箱：iamher@ sina. com。

五条线上，一共展示了中外760多位优秀诗人的1000多首诗歌，征用了3700多块广告牌，举办了5场迎新朗诵会。不仅是参加这一活动的省内外的诗人，很多市民都感觉武汉变得更有诗意了。

魏天真：这一届活动的主题我还记得，是“记住乡愁”。这跟我们要谈的这个话题有关系。似乎乡土诗在中国根基很深，城市诗对读者来说却还很陌生。在我的印象中，有不少的文章或对话谈论过城市诗歌这个话题，但我对什么是城市诗也不甚了了，只觉得许多人似乎有一个共识，就是我们现在并没有真正的城市诗歌。我看到好几篇文章，在说到“真正的城市诗歌”时都提波德莱尔，是这样的吗？你对这个问题是怎么看的？

魏天无：有没有真正的城市诗歌，这个可以讨论，大家观察的视角、欣赏的趣味和衡量的标准都有差异。如果要以波德莱尔为标杆，也可以这样说，毕竟波德莱尔只有一个。

魏天真：那当然。以波德莱尔为标杆，肯定有他的道理的，但是看来你不同意？

魏天无：也不是不同意，因为不要说什么是“真正的城市诗歌”，就是“什么是真正的诗”，也是没有答案的。波德莱尔毕竟是19世纪的巴黎诗人。在《深圳特区报》《诗歌报》举办的“中国诗坛1986’现代诗群体大展”中，就有明确以“城市诗”自我命名的诗派，成员是上海诗人张小波、孙晓刚、李彬勇、宋琳，都只有二十多岁。他们在《艺术自释》中说：“我们生活在城市。作为诗人，我们对发生在城市中的一切怀有特殊的敏感是天经地义的。当我们在市场上看着来往的人群像灰尘一样慢慢堆积，又四散开去，那些生动的、木然的、狡黠的脸，由不同的个性或宿命构成，又都在物质的重压下显示一个相同的平面，我们开始处在一种境地：渴望‘全面卷入’，又被一只手不客气地推出。那种不是产生于逃避而是产生于向往的孤独，便是城市诗得以出现的肇始。”三十多年后回望这段话，很是让人感慨，因为他们描摹的城市人群的形象，并没有多大改变。

魏天真：这是很独特、很真切的中国式的城市景观及体验。看来确实有也应该有城市诗。

魏天无：是的，不管诗人是否以“城市诗”来命名。我觉得重要的是，他们当时就已经提出今天诗人还在讨论的话题，尽管他们的艺术主张是针对当时的写作状况的。一个是反“寻根”，也就是反对回到历史，反对复制过去的经验——这实际上是在反对传统抒情诗，尤其是乡土诗歌。一个是反“区域性”，也就是诗歌表达的是人类普遍情感和经验，与地域性无关——今天有人在提倡“地域性”，似乎要回到过去。还有一个就是“反抒情”，也就是反抒情诗中的陈词滥调和既有模式，要用语言的混乱、无序去应和生命的躁动不安。一年后这四人出版了《城市诗》，销量接近2万册。有批评家说，迄今为止，“城市人”仍然是中国最具典范意义的城市诗群。

魏天真：可以说他们的生存体验、欲望和处境决定了他们的写作观念和艺术追求。这跟波德莱尔应该是相通，或者说可以类比的吧？

魏天无：肯定有波德莱尔的影响。波德莱尔是西方诗歌由浪漫主义转向现代主义的关键人物，他确立了我们今天说的“现代诗”的基本形态。而他主要的诗歌作品都是以19世纪的巴黎为背景的。是否叫“城市诗”不重要，重要的是我觉得他写尽了“在人群中的孤独”。你对波德莱尔的诗还有印象吗？

魏天真：年轻时读《巴黎的忧郁》《恶之花》，觉得他放纵、颓废，像个坏人，因为他恶狠狠地骂读者，写妓女，诅咒世界。前些年读了他的论文集，其中两篇印象很深，一个是《1846年的沙龙》，还有一个是写1853年或哪一年的沙龙。后一篇写得更好，但我忘记题目了。我觉得他也是一位很理性很有见地的批评家，一位思想者。前两年又读他的传记，比较能理解《恶之花》了。

魏天无：他是一个特别有意思的人，经常给母亲写信哭穷，说他很清楚该如何在破外套和裤子里面穿上两件衬衫，这样风就不会穿透它们；还知道怎样在鞋底已经磨穿的鞋子里面垫上稻草或者纸；他很担心自己一不小心动作太大扯裂他的破衣服。他最后一次中风后，母亲陪伴着他乘坐朋友们为他安排的一个火车包厢回到巴黎。一下车，当他看见等候的好友眼含泪水时，禁不住放声大笑。好友的心凉透了，怀疑诗人的心智是不是还健全。可是，他们待在一起还不到一刻钟，好友就发现他比以往任何时候都更加清醒，更加机警。此后，朋友发现，波德莱尔对来看望他的许多朋友之间的谈话都如饥似渴地倾听着，而且会竭尽努力表明自己的心领神会。看来他也是害怕孤独的。你说的那两篇论文我也很喜欢，后一篇是《1859 年的沙龙》。

魏天真：我是觉得在中国，“文革”之后，现代汉语诗都跟城市有关。最起码的，哪个诗人不是在城市里写诗？你能想象一个生在农村，长在农村，始终在农村生活的诗人吗？是有很多的出生于农村的诗人，但是在来到城市之前，他们至多只能说是潜在的诗人。

魏天无：有啊，余秀华成名前就一直生活在农村，她现在当然频繁穿梭于城市，国内的国外的，但她的家还在农村。不过在成名前，她通过网络论坛与人交流，阅读了大量的作品。如果一个人完全封闭在一个偏僻、与现代文明隔绝的深山老林里，确实无法说他是不是诗人。诗人是写诗的人，并且要让大家看到你写的东西。这是撇开广义的“诗人”而谈的，广义的“诗人”通常是指一个人的情怀、气质。

魏天真：余秀华太特殊了。她受困于她的处境，就像那些受困于大城市的人一样，再说，托互联网的福，她跟城市人在很多方面——正是这些方面促成了她以诗人的形象鸣世——没有什么差别。你认为我们有城市诗，有真正的城市诗歌。这下我放心了！我的疑问不是针对城市诗的，而是乡土或乡村诗歌。我觉得所有的诗都跟城市有关。就当下很多写乡土、乡村的诗人来说，几乎都是由于城市生活挤压出了诗人内心的乡土情怀，或回归乡村生活的意识。

魏天无：你说的可能跟你自己、跟我们这一代人的出生背景、生活经历有关。出生在 20 世纪 60 年代的诗人，是现在中国诗歌的中坚力量，他们大多数是通过高考走进城市的，甚至在读高中之前都很少去县城，大学毕业后才留在城市工作。比如我们武汉的许多诗人朋友们，他们很难融入城市，自然也很难深入城市文化的肌理部分。他们诗中的乡土情怀、乡村意识确实是被他们所厌恶的城市挤压出来的，或者说是对抗出来的。他们是背对着城市写作，他们作为诗人的面目也是在朝向故土、家园的那一面变得越来越清晰。这些诗人也可以说是城市里的“浪荡子”“游手好闲者”，但与波德莱尔不一样。波德莱尔是一头扎进城市人群中的“浪荡子”，他厌恶人群，痛恨人群，但又片刻离不开人群。就像他说的，他扎进人群就像扎进了蓄电池，城市让他获得能量，但这种能量不是通过把他推向外省的田园美景获得的，而是更加劲头十足地揭开、凝视城市的疮疤，或者再砍上几刀。

魏天真：可以说只有城市诗，没有乡土诗。

魏天无：“乡土诗”是个极具时代特色、中国特色的概念。它的内涵和外延基本上固化了，被遗弃是在所难免的。现在的诗人谁还谈论“乡土诗”呢？我评论黄沙子的时候谈过一个观点，乡土诗是在对乡村中国的现代性想象中建立起来的，经由包括诗歌、小说、散文、书信等中国现代文学诸多文本铺排出来。就像我们今天说“想象中国的方式”应作为一个问题提出来，“想象乡土”也有一种方式，但似乎没有得到反思。

魏天真：近年来，我看到剑男写鄂东南幕阜山，黄沙子写他的洪湖曾台村，张执浩写荆门岩子河，还看到很多诗人喜欢用自己方言来写诗。但这些诗似乎也跟城市的关系更密切：是立足于城市而面向想象的乡土。

魏天无：这是你的判断，我认为是背靠城市回望乡土，这种回望里有很多童年记忆，也掺杂有成为城市人后不断返回乡土的感触。我说原来的那种“想象乡土”的方式已经瓦解，是因为我们现在看待诗歌的眼光变了，另外诗人的诗歌观念和写作手法也发生了很大的变化。比如，他们的诗歌不再像以前的乡土诗人那样，借景或咏物来抒发廉价的赞美、慨叹、惋惜之类的情感。这种抒情方式还在，但更多指向的是人的生存状态，也就是诗人对自我生存状态的检视、警醒。你看他们的很短的抒情诗都会触及人的生与死、活着的人如何对待即将死去或已经死去的人这样的“宏大主题”。

魏天真：而且他们写得很具体。想象的比现实的更真切……

魏天无：具体到幕阜山有什么野花野草野果子，洪湖有什么鱼类鸟类水生植物，岩子河的豆娘泥鳅黑鱼……不像以前的乡土诗，总是故乡、田园、牧童、山丘、亲人、鸟鸣、稻香、麦黄、炊烟、清澈的溪水等一些可以到处挪用、没有具体所指的“大词”。像剑男、黄沙子，还有张执浩、川上的诗有个特点：他们写得很具体，这种具体来自他们自己的生活——不是别人的生活，二手的生活，这同时也增强了诗歌的真实性和读者的信任度；但是诗歌最终指向的是在这个急剧裂变的时代，人如何安身立命的问题，也就是现代诗最核心的问题：现代人的生存现状及其可能性。比如剑男去年写了一首《最近一次和母亲谈话》：

> 我明年七十五，你要考虑一下我的后事
> 棺木我自己已准备好，刮了三次灰
> 刷了三遍漆，就放在老家西边的厢房
> 过年你再去江西请一个先生给我看块地
> 我说，你看姨妈活了九十一，舅舅
> 如果不是跟儿子赌气，那个算命瞎子
> 说他能活到八十七，小区里的一棵枫杨树
> 去年被雷击，今年长出了那么多新枝
> 你不过是拿掉了肝上多余的囊肿
> 腰椎打了颗小钢钉，我的意思是说
> 寿命是有遗传的，任何遭受重击的生命
> 都有恢复生机的可能，可母亲说
> 她身上到处是多余的东西，她已没有力气
> 还回去，她没有力气把萎缩的胃
> 还给饥饿的六十年代，把风湿性关节炎
> 还给七十年代的清水塘水库，把
> 偏头痛还给倔强的父亲和两个苦命的姐姐
> 她说这是她的命，她都要一一带走
> 无论还能活多久，我必须先给她找一官土
> 要离父亲近些，能望到山外的路

能在每年清明远远地就能看到我去看她
母亲说这些话时是在我武汉的家中
不知怎的，它让我忽然想起三十年前
父亲离开人世时的那个昏黄的下午
久阴不晴的天刚亮了一下，又突然暗了下去

他写的是“自己的母亲”，他不会写“所有的母亲”，但是读者从“这一个”母亲身上，自然会想到自己的母亲，以及那些仍然在乡村度过风烛残年的母亲。而以前的乡土诗人，他们写的是“所有的乡村”，他们不会写“自己的乡村”，没有语言能力去呈现“这一个”乡村。

魏天真：这种能力是在远离乡村之后获得的。现在的诗人或许骨子里是农村人，或者生在城市、长在城市，但他们也厌恶现代文明而怀念那种前现代的田园诗意，是厌恶城市而向往农村生活的人。但他们在城市里写诗，他们的诗表达了这种向往，但跟实际的乡土、农村也很隔膜的。

魏天无：所以要不断返回。一个是不断返回乡土、农村的“现场”。青年作家林东林新出了一本书《跟着诗人回家》，就是跟着6位出生于60年代的、很有影响的诗人返回“现场”，去指认，去思考。这很有意思。另一个是返回我们诗歌的传统，这个传统里没有“乡土诗”“城市诗”这样的分类，是浑融一体的。

魏天真：那我们不谈“城市诗”和“乡土诗”这样的类型，只谈“城市”对于诗歌写作的影响。

魏天无：广义的影响无处不在。诗人都是在城市接受了现代文明的洗礼，我们的基础教育和高等教育也都经过了现代社会体制的改造。现代文明创造了太多世界“奇观”，在早期新诗中可以看到这些“奇观”的呈现。当然，在乡村，现代文明更多展示的是它丑陋的、破坏性的一面。说回诗歌，现代诗可以说是诞生于城市，因为城市是现代社会的产物。狭义的现代主义诗歌在西方始于对浪漫主义诗歌的激烈反叛，是“反抒情”，反田园咏叹调，把诗歌从单一地缅怀过去、赞美自然，扭转到多向度地表达人在城市生活中的复杂、多变的情感和经验，诗在语言上变得“晦涩”是自然的。

魏天真：这么说现代诗天然就有城市的因子，有城市的生活经验、生存体验，有对城市的批判，也有行走在城市的意念、想象。

魏天无：可以这样说。当然不是说现代诗都要写城市，而是要传达现代人生存经验，就像前面提到的上海“城市诗”群所张扬的：“传统文化导致国人均集忧患困顿于一身，而我们不是回到历史，复制过去的经验，我们将在对未来的每一瞬间的高度疑虑、恐惧、思念、狂想中把握自身存在的现代特性，从而实现对生命本质的真实占有。”

魏天真：这段话倒是挺有现代性的。打出旗帜、发表宣言好像也是现代诗人、艺术家喜欢干的。

魏天无：波德莱尔讲艺术的现代性其实说的是“现时性”，带有过渡、偶然、短暂的特征，这种特征与现代人碎片式的、漂泊无依的生活状态和思维习惯是吻合的。另外，他反对一切“自然而然”的东西，崇尚“人造之物”。在他的观念里，诗歌是另一个“艺术世界”，是人工创造的，它真不真实只能从这个世界的内部去判断。简单地说，在转瞬即逝的事物中捕捉永恒以及诗的真实性要从文本内部去判断——这两个方面影响着一百多年来现代诗的基本走向。

魏天真：所有的诗歌都有一个“城市”的参照物或隐或现……

魏天无：只要我们把“城市”当作现代文明的象征物，当作现代性景观的集散地。

魏天真：如果不是因为城市和城市化进程，现在的乡土诗或者说写乡村的诗也不会是现在这个样子。城市对乡土诗也有根本性的影响。

魏天无：肯定是这样。中国当代诗歌史上的乡土抒情诗，在二十世纪七八十年代曾经有很大的影响，像湖北的诗人饶庆年、刘益善等人的作品，在全国获过奖。而且，这些诗歌特别适合朗诵，传播面很广。那个年代城乡差距没有现在这么大，域外诗歌的译介也不像现在这样活跃，更没有各地频繁举办的国际诗歌节，也没有与世界各国一线诗人的面对面交流。现在的诗人眼界更加开阔，可以利用的写作资源也越来越丰富。

所有这些都与城市经济发展、文化繁荣分不开。这个时候再来看、再来写乡村的诗，会有很不一样的感受和体验。

魏天真：你提到的这些老诗人，我觉得他们的诗跟现在的诗应该不是一个界面的。他们的诗是面向众人说话的，可以说是操演性的，城市还是乡村对他们而言没有什么区别，大家都是群众的一分子，都面向群众。而现在的诗则大多数是倾诉或对话性的。

魏天无：因为诗人的身份、诗歌面临的情境都已发生很大变化。在一般人看来，城市生活碾压着诗意，并且把它沉重的履带延伸到了乡村。国家的城镇化、都市化、国际化进程似乎在一点点驱逐抒情诗，现代生活与抒情诗构成悖论。所以，无论是在乡村还是城市，诗人都要去发现无法逆转的现代化进程为他所提供的新的诗歌灵感，改造诗歌语言和抒情方式，创造一种与现代人生存境况相应和的诗歌类型。

Discussion on Poetry and Cities

Wei Tianwu　Wei Tianzhen

Abstract: Wuhan has successively held five lively activities on public space poetry. However, urbanization, metropolitanization and internationalization are driving out the lyric poetry which is against the modern life. Therefore, not only in the countryside but also in the city, poets need to find the inspiration for the poetry in the irreversible process of modernization, change the poetic language and the lyrical way of expression, so as to create a new type of poetry which corresponds to the living situation of modern people.

Keywords: Poetry; Cities; Modernization; New Lyrical Way of Expression

About the Author: Wei Tianwu (1967 –), Ph. D., Professor in School of Chinese Language and Literature, Central China Normal University. Research interests and specialties: literary basic theory, literary criticism, modern poem theory. Magnum opuses: *Conflicts and Evolvement within the Modernization Process of New Poetry*: *Study on Poetry Theory in 1990s*, etc. E - mail: wtianwu@ vip. sina. com.

Wei Tianzhen (1966 -), Ph. D., Post doctor at School of Chinese Language and Literature in Wuhan University, Associate Professor at School of Chinese Language and Literature in Central China Normal University. Research interests and specialties: Chinese modern and contemporary literature. Magnum opuses: *Reflexive Transcendence*: *Non - feministic Analysis on Feminine Novels*, etc. E - mail: iamher@ sina. com.

机遇与挑战

——基于比较视阈中的湖北出版产业的发展战略研究

张　琦*

【摘　要】 出版产业已进入融合发展的时代，面临着巨大的挑战与机遇。如何在新的发展机遇期，转型升级抢占先机至关重要。本文以湖北长江出版传媒集团为例，对标分析全国领先出版集团发展状况，对湖北出版产业在发展过程中存在的危机，以及产生的成因进行剖析，并提出针对性的发展建议。

【关键词】 融合发展　新兴业态　产业链

我国的出版企业因为历史的沿革一直以各省为基础组建，存在着一定程度的行业壁垒与地域壁垒，随着国家媒体融合及大文化产业政策的陆续出台，跨地域、跨媒介的大型出版传媒集团的雏形已经初显。在国家政策高度关注的背景下，出版业在媒体融合发展时代迎来了巨大的变革。

近几年，各大出版传媒集团——既有中国出版集团、中国教育出版集团等“国家队队员”，也有凤凰传媒、中南传媒、中文传媒等在全国领先的地方出版集团——纷纷抢占先机，迅速扩大优势。可以预见的是，

---

* 张琦（1978～），湖北大学文学院副教授，主要研究方向为出版文化产业研究，媒体融合发展研究。电子邮箱：33861059@ qq. com。

在国家出版业融合发展产业政策和新媒体技术的推动下，出版业将迎来革命性的变化。未来几年正是出版转型最为关键的时期，如果错失了这一战略转型期，未来极可能被市场无情淘汰。

湖北出版产业从总体来看发展态势良好，与自身过去相比也取得了长足的进步，但依然存在一些结构性的问题，从全国来看，与领先的出版集团存在不小差距。在数字时代全面来临之际，湖北出版产业若不能找到合理路径将问题解决，错失了战略机遇期，将会对自身发展造成极为不利的长期影响。本文以湖北出版产业的主力军——长江出版传媒集团为例，着重分析湖北出版产业存在的问题及其成因，并提出相应的发展建议。

一 湖北出版产业面临的挑战

从出版产业的发展历程来看，各省的出版机构都有着类似的发展背景和轨迹，都经历了由事业向企业的转型，也都纷纷通过改制上市不断发展壮大。作为湖北出版产业龙头的湖北长江出版传媒集团经过多年的发展取得了长足的进步，但与一些全国领先的出版集团相比，无论是发展战略还是企业实力都有着一定的差距。在媒体融合发展的年代，出版企业的发展既有可能弯道超车，也有可能被甩得更远。对标全国领先的出版集团，目前湖北出版产业的发展存在以下一些比较突出的问题。

（一）文化影响力不强，出版品牌有待形成

出版业承担了社会效益和经济效益的双重职责，出版企业需要具有较强的文化影响力，并通过在市场环境中不断发展形成品牌。若从企业的品牌效应和精品图书出版情况来衡量出版企业的文化影响力，湖北出版产业尚未能在全国占有领先地位。

湖北出版产业已多年未能进入全国“文化企业 30 强”，而凤凰传媒、中南传媒、中国出版集团等连续多年入围。在中部六省的出版企业中，湖南、江西、安徽的出版集团都是连续 8 届入选；在 2016 年发布的

“文化企业30强”中，中部地区有江西出版集团、中南出版集团、安徽出版集团、安徽新华发行集团、中原出版集团5家入选，入选数量占10家出版发行类企业的一半（张玉玲等，2016）。另外，凤凰传媒和中南传媒还进入了“全球出版50强”，分列第6、7名（魏申巴，2016），中南传媒旗下5家出版社进入国家一级出版社。

精品图书出版，包括主题出版、重大文化工程、畅销书等方向。在这些领域中国出版集团、凤凰传媒、中南传媒、中文传媒、皖新传媒等出版集团实力处于全国领先地位。以中南传媒为例，其共有86种选题入选“十三五”国家重点规划，入选数量居中部六省第一，全国第二；5个项目入选2016年国家出版基金；3种选题入选中宣部、新闻出版广电总局2016年主题出版重点选题；6个项目入选总局“丝路书香”重点翻译和其他工程。中南传媒2016年在全国实体店图书零售市场码洋占有率为3.47%，居全国出版集团第三，多个品牌保持强势地位，作文、科普、原创文学、古典文学、心理自助类图书品种排名第一，2016年共有15种图书累计47次登上开卷畅销月榜，数量居中部六省第一。（中文传媒，2016）

相较这些全国领先的出版集团，长江传媒在精品图书出版方面存在明显差距。虽然目前长江传媒通过激励政策来扶持精品出版，但是出版行业的成功绝非一蹴而就，需要多年的积累，成果要在若干年后才能逐步显现。

（二）总体经济实力不强，盈利能力偏弱

根据国家新闻出版广电总局下属的中国新闻出版研究院发布的《2015年新闻出版产业分析报告》，在全国出版企业的总体经济规模综合评价排名中，湖北长江出版集团排名第十位，较上一年度上升1位，但与排名靠前的其他出版集团相比，在总体经济实力上仍然存在差距（中国新闻出版社研究院，2016）。根据2015年上市公司年报，在反映盈利能力的主要指标净利润排名中（见表1所示），长江传媒以3.25亿元名列第九，与排名前三的中南传媒、凤凰传媒和中文传媒差距较大，前三

者的净利润都超过10亿元，安徽出版的2家上市公司皖新传媒和时代出版的合计净利润也超过10亿元。长江传媒的各项财务指标中，仅营业收入排名第一，较前一年度增长163%，但这主要是由当年非主营业务的大宗贸易爆发式增长所致，大宗贸易的毛利率极低且潜在的市场风险较大，因而营业收入的增长是否能持续，并且带动利润的增长，以及相关风险如何防控还有待持续观察。因此，从总体上看，湖北出版产业的总体经济实力与盈利能力和湖南出版、江苏出版、安徽出版等相比仍有较大差距。

表1 全国出版类上市公司净利润排名一览表（蓝有林，2016）

公　　司	2015年（亿元）	2014年（亿元）	同比增减（%）
中南传媒	16.95	14.69	15.41
凤凰传媒	11.24	12.05	-6.75
中文传媒	10.58	8.09	30.75
皖新传媒	7.73	6.94	11.31
大地传媒	7.03	6.42	9.58
新华文轩	6.20	6.17	0.55
时代出版	3.93	3.90	0.80
南方传媒	3.77	3.09	22.09
长江传媒	3.25	2.11	54.19
城市传媒	2.33	1.95	19.66

（三）主业增长乏力，大宗贸易业务占比过高

从近年的发展情况看，各出版集团纷纷在进行多元化探索，然而，主营业务仍是各出版集团主要的利润来源。出版集团的主营业务集中在出版、发行和印刷业务三方面，从2015年出版业务、印刷业务和发行业务三项收入合计情况看，中南传媒、中文传媒、大地传媒的相应收入分别为112亿元、68亿元、63亿元，长江传媒仅为44亿元，与竞争对手相比存在明显差距。长江传媒主营业务收入中的大部分来自物资贸易销售，其物资销售收入占比达65.66%（国家新闻出版社广电总局规划发

展司，2016），至 2016 年上半年，物资销售业务占比进一步提高至 82.3%（长江传媒，2016），远高于其他几家公司。而中南传媒、中文传媒、大地传媒的物资贸易占比均不超过 20%，且呈逐年下降趋势（国家新闻出版社广电总局规划发展司，2016）。从出版业的长远发展看，聚焦主业，并沿产业链延伸、融合才能实现可持续发展，偏离主业的多元化经营存在一定的经营风险。

（四）新兴出版与传统出版融合发展战略不明，数字化方向不清晰

数字化与新业态是出版业转型升级、融合发展的重要方向。近年来各大传媒集团都在加速数字化转型与新兴业态的布局。主要体现在以下两个方向。

一是立足于出版产品的数字化项目增长，融合发展不断深化。中南传媒着力于数字化教育，其数字教育业务继续保持国内领先水平。2016 年上半年，中南传媒的子公司天闻数媒主营业务收入 1.08 亿元，同比增长 383%。安徽出版在出版数字化方面也有很多积极探索，安徽出版业的上市公司——时代出版的数字教育平台“时代教育在线”陆续在多省中标，公司“时光流影 TIMEFACE”的数字化产品影响力不断扩大；安徽出版业另一家上市公司——皖新传媒，深耕于发行领域的数字化，全面实施“传统业务 + 互联网”计划，落实文化产业与相关产业融合发展，以技术创新为驱动，积极构筑互联网平台，助力互联网金融与传统产业的融合发展。

二是抓紧布局新业态，加速传统出版转型。各出版集团纷纷以大文化为发展方向不断拓展业务范围，在游戏、艺术品、新媒体、影视等新业态方面发展迅猛。这其中，以江西出版业取得的成绩最为显著。根据 2016 年全国 15 家出版类上市公司半年报，中文传媒以互联网数字业务为主的新媒体、新业态板块实现营业收入 25.02 亿元，同比增长 136.37%，业务收入中新业态占比已达到 41.03%，摇摇领先于全国出版同行。子公司智明星通的业绩高速成长，成为公司发展新的亮点。中文传媒同时与江西教育出版社、红星电子音像出版社和国资创投等共同出

资组建江西新媒体协同创新体；与华为合作研发电子书包软硬件产品；在VR教育产品开发上，完成了VR科普产品、VR仿真实验室项目；“壹书屋”项目用户发展稳定；旗下公司东方全景积极进军影视业，自2015年起由财务投资转向直接投资取得不菲业绩，通过加强与阿里巴巴开展电商定制剧的合作，大力拓展网络电影市场。相比较而言，湖北出版在出版数字化和新兴业态发展方向上虽有所尝试，但多处于追赶状态，发展规模极其有限，旗下几家从事数字业务的公司，尚未形成明确的战略发展方向和竞争优势，在数字化转型及新兴业态的拓展方面亟待加强。

（五）资本运作力度不足，兼并重组定位不明

企业在发展壮大的过程中，需要不断利用资本运营，通过并购、重组、联合的发展方式实现高速成长。资本运营同样也是出版传媒集团发展壮大的重要途径，国内发展较好的出版企业都在不断通过兼并收购实现产业链延伸。并购与重组是出版产业利用资本运营的重要手段。据不完全统计，从2014年下半年起，全国有11家出版传媒集团（公司）共发生14宗并购案例，这其中包括同业并购和跨产业链并购。

同业并购一般是出版传媒集团通过对在出版业内具有一定品牌影响力的企业（主要是民营企业）的并购，迅速扩大相应领域的市场占有率及影响力。中南传媒以1.1亿元收购民营书企博集天卷，迅速拓展其在社科文艺、历史文化、青春时尚等方向的优质产品线；并与郭敬明旗下最世文化达成合作协议，最世文化是国内领先的全IP聚合创造基地，其优质IP的创作及开发等领域都极具发展空间。中南传媒通过并购在顶级IP资源的开发等方面占据先机。2015年4月，皖新传媒以1.575亿元并购蓝狮子，成为该公司第一大股东，通过并购蓝狮子全面进军财经出版领域。

跨产业链并购方面的典型案例是2015年5月中文传媒以26.6亿元收购互联网游戏企业智明星通100%股权，这是“出版业最大的并购案”。2015年智明星通业绩高速成长，为中文传媒贡献了3.23亿元的净利润，已占中文传媒总利润的30%。中文传媒预计到2018年，以互联网

为代表的新业态对其业绩的贡献将达到60%，从而成功实现出版转型。凤凰传媒、中南传媒和中文传媒还专门设立了并购基金，不断寻找优质投资标的。

从各出版集团的资本运作看，战略定位相对清晰，投资力度相对较大，各出版集团都非常重视投资并购，期待通过资本运作实现产业链的延伸和有效的多元化经营。这其中，又以湖南出版、江西出版和安徽出版最具代表性：中文传媒通过跨产业链并购，成功进军高成长、高收益的互联网手游行业，新业态在其公司经营中占比越来越高，有望在未来成功实现传统出版的升级转型；中南传媒、皖新传媒在加大对业内知名民营出版并购以强化出版主业的同时，还着力由出版商向服务商的转型，以及强化与金融的结合，提出“文化+金融”的发展战略。

相比于以上出版集团，湖北长江出版传媒的投资并购力度较小，在K12领域投资了爱立方，出版社并购方面与西苑出版社进行合作等，但是从总体来看，并购的战略尚不清晰，定位不明确，力度较小，目前难以形成规模效应。

二　湖北出版产业存在的问题成因

湖北出版产业的发展存在以上一些问题，其成因是多方面的，既有历史形成的原因，也有地域文化的原因，还有发展思路的原因，等等。总体来看，可将这些原因归纳为以下三点。

（一）缺乏敢为人先的开拓创新发展思路

由于出版产业具有独特的文化属性，一直以来，开放度不高。全国各地的出版产业都有着类似的发展历程，但随着近些年来文化体制改革的深入，在发展思路上开始体现出明显的不同。湖北出版企业的发展思路“以内为主，开放不够，平稳发展，创新不足”，总体上采取四平八稳的方式，着眼于省内较多，放眼全国较少，鲜有全国超级畅销书出版。北京作为全国政治文化中心，拥有大量的出版资源和出版人才，各大出版集团在北京等文化发达地区加大布局，对于政治文化动态的把握迅速准确，因而往往能在第一时间推出相应的畅销出版物。湖北长江出版传媒旗下的长江文艺出版社北京中心属于一个较为成功的案例，但也仅局限在文艺类图书方面，在其他方面的布局严重不足，因而对其他类别图书的市场敏感度不足。

在新业态的影响之下，特别是近年来IP热潮的涌现，出版企业如何寻求媒体融合发展的战略将决定企业未来的生存。而湖北出版业显然在大文化产业链上的延伸尚不足，数字出版、新兴业态发展缓慢，这与其较为保守的发展思路不无相关。

（二）资源整合缺乏整体规划

在充分分析内外部环境的基础上进行资源整合是企业不断发展壮大的重要方式。湖北出版产业在资源整合上缺乏整体思路，导致产业发展缓慢。

从省内资源整合情况看，湖北省的出版企业既有长江出版传媒集团这样的综合性大型出版传媒集团，又有武汉出版集团这样的地方出版集团，还有武汉大学出版社、华中科技大学出版社等大学出版社，以及长江出版社这样的行业出版社，虽然各自都有出版优势，但都分散在不同的领域范围内，缺乏由资源整合而形成的合力。

从省内各出版机构产品线规划及发展看，同样存在资源分散、重复，缺乏有效整合的状况。以教辅的出版为例，出版集团的各下属出版社都有教辅产品线，因而重复出版、跟风抄作的现象比较明显，资源浪费较大。

从外部整合情况看，湖北的出版传媒企业缺乏与外部企业的有效联合。全国领先的出版传媒集团都与发展较好的民营出版机构有着紧密的合作，不少甚至采用直接并购的方式进行出版资源的整合，有的还用“走出去”战略进行海外并购的资源整合，如凤凰传媒用8000万美元并购美国PIL公司童书出版业务、凤凰传媒与培生在教育出版和教育服务领域的战略合作等。

湖北出版在资源整合上缺乏整体规划，影响了湖北出版产业更快更好地发展。

（三）缺乏融合跨界人才的支撑

出版业是创意产业，人才是第一生产力。湖北是科教大省，拥有武汉大学、华中科技大学等7所211院校，数量在全国省/区/市中排在第4位，高校毕业生数量在全国也位居前列。武汉大学信息管理学院的出版发行专业建立多年，在全国具有非常强的影响力；华中科技大学、华中师范大学、武汉理工大学等院校也都开设了新闻传媒专业，培养了大批出版传媒人才。因而湖北就培养出版产业人才上在全国各省中具有得天独厚的优势。但与此形成强烈反差的是，湖北出版产业人才匮乏的现象相当明显，具体反映在缺乏在全国具有较强影响力的出版领军人才、数字出版人才奇缺、出版管理人才不足等方面。而无法留住人才的根本原因在于体制机制的僵化、用人制度的落后，以及激励机制的缺失。人才的缺乏导致出版产品创意不足，有关决策的执行力较差等一系列问题。

除了出版专业人才以外，在各大出版集团纷纷进行多元化业务拓展的年代，多元化相关领域的人才极其缺乏，这已成为制约湖北出版业发展壮大的重要原因之一。

三　湖北出版产业发展建议

从当前情况看，整个出版业正面临着机制体制改革、产业转型升级、新兴出版与传统出版融合发展等重大机遇与挑战。新闻出版广电总局在《关于推动传统出版和新兴出版融合发展的指导意见》中明确提出“以传统出版为根基实现并行并重、优势互补、此长彼长；坚持强化互联网思维，积极推进理念观念、管理体制、经营机制、生产方式创新；坚持一体化发展，推动传统出版和新兴出版实现出版资源、生产要素的有效整合；坚持内容为本技术为用、内容为体技术为翼，运用先进技术传播先进文化；坚持重点突破和整体推进相结合，因地制宜、积极探索、差异化发展”的基本发展原则。同时提出了具体的工作目标是“立足传统出版，发挥内容优势，运用先进技术，走向网络空间，切实推动传统出版和新兴出版在内容、渠道、平台、经营、管理等方面深度融合，实现出版内容、技术应用、平台终端、人才队伍的共享融通，形成一体化的组织结构、传播体系和管理机制”。湖北出版要根据自身特色，“讲好湖北故事”，应该在国家融合发展大政方针下，利用自身优势加速发展。具体举措可归纳为以下六方面的发展战略。

（一）坚持内容生产优先，实施精品出版战略

湖北出版业在精品出版方面应该继续加大力度，以图书的内容生产为重点，坚持社会效益优先，着力打造精品出版。

第一，加大主题出版物的力度。长江出版传媒2015年获国家出版基金资助项目3项，国家“十三五”重点出版物规划31项，相比中南传媒的“十三五”重点出版物规划项目86种、凤凰传媒的56种还有一定差距，湖北出版在主题出版方面要深度挖掘选题、加大奖励力度，以主题出版物强化湖北出版品牌在全国的地位。

第二，高度重视重大文化工程的建设。在“荆楚文库”等国家、地方重大文化工程项目上下功夫，扩大湖北出版的文化影响。

第三，以畅销图书为着力点，扩大湖北图书的全国影响力。长江传媒曾出版过《狼图腾》《张居正》等超级畅销书，取得了较好的社会效益和经济效益。在互联网时代，应聚焦于畅销精品图书的研发力度，以畅销图书为基础，积极开展相关产品的IP运营，实施效益最大化。

（二）强化出版发行主业，实施主营优先战略

出版行业的主业是图书出版、印刷与发行业务。湖北出版业在主营业务经营上实力不足，大宗商品等物质销售业务占比较高。但大宗商品贸易等业务具有受宏观政策、行业环境影响较大，价格易大幅波动、需要客户信用审核等方面的特点，因而存在一定的经营风险。出版发行主业是出版传媒类企业发展的基础，只有依托自身优势，强化出版发行主

业经营，才有可能实现可持续发展。因此，湖北出版业应实施主业优先战略，进一步加大出版发行主业上的投入，强化主业实力。

第一，教育出版仍是出版业主营利润的核心来源，湖北出版业要加大对 K12 教育类出版的投入，并逐渐延伸到相关的教育领域，如高等教育、成人教育、职业教育等。

第二，二胎开放政策对于少儿类图书的发展提供了机遇，要以少儿出版、幼儿及青少年教育为依托大力发展。

第三，在发行主业上，应加速转型。可以通过对旗下新华发行集团的几百家门店进行升级改造，引入文创产品、时尚咖啡等文化因素，强化新卖场的阅读体验服务以及多元文化消费功能，打造融合时尚、创意、休闲、个性设计的文化综合体，降低运营成本，实现利益最大化。

（三）积极向大文化拓展，实施产业链延伸战略

随着社会的进步、经济的发展、科技的创新，出版业的边界正在不断向大文化领域发展。

从宏观政策层面看，党的十八大报告中提出了加速文化产业的文化强国战略，2014 年中央全面深化改革领导小组审议通过《关于推动传统媒体和新兴媒体融合发展的指导意见》，大文化业的融合发展成为一种趋势。

从出版业外的企业看，包括 BAT 在内的大型互联网企业都在文化领域进行战略布局，万达集团等大型企业更是将大文化发展战略作为其转型发展战略中的重要支柱，在包括出版在内的大文化领域投入巨资，进行战略布局。

从出版行业内的企业看，由于出版产业与文化产业密不可分，出版在向文化领域的拓展方面具有天然的优势，因而大型出版传媒集团都在加速向相关的文化产业领域拓展。从业务布局上多以 IP 为主线向影视、游戏等领域拓展，如皖新传媒 2016 年 3 月出资 1 亿元与蓝狮子共同设立“头头是道”新媒体基金，专门用于布局优质 IP 内容，打造新媒体矩阵；中南传媒旗下博集天卷与郭敬明旗下最世文化合作开发 IP 衍生品，2015

年11月与潇湘资本共同投资5亿元成立了泊富文化产业投资基金（其中中南传媒出资4.5亿元），聚焦于文化产业并购和投资。

湖北出版业在大文化产业链的延伸方面还应该加大力度。第一，要加快对优质IP核心资源的谋划与布局；第二，在条件成熟的情况下建立专门的文化产业投资基金，加大对文化产业的投资；第三，加强与国内外大型企业的合作，加大对文化领域的战略投资。

（四）数字化引领融合发展，实施产业转型升级战略

互联网技术的发展，已给传统出版业带来深远影响，数字出版、电子商务等新兴业态在出版领域所占的比重越来越大。数字出版近年来一直保持高速增长，已成为产业发展的主要增长极。在出版业融合发展加速的大方向上，湖北出版应该在出版数字化、网络化方面加大布局，进行产业升级。

第一，加强数字化产品，尤其是教育类、少儿类相关产品的深度开发，实现在库资源覆盖小、初、高全学科全学段并向全国拓展，并积极布局智慧教育业务，打造体系完整、结构合理的智慧教育产业链。

第二，加紧内容资源库的建设，内容资源是出版的核心竞争力，湖北出版要进一步挖掘自身独特的内容优势。

第三，加强内部平台的数字化、网络化建设，以出版的信息化促进出版的现代化，创新内容生产和服务。将传统出版的专业优势、内容资源优势延伸到新兴出版，积极推进出版业务流程数字化改造，建立选题策划、协同编辑、结构化加工、全媒体资源管理等一体化内容生产平台，推动内容生产向实时生产、数据化生产、用户参与生产转变，实现内容生产模式的升级和创新。顺应互联网传播移动化、社交化、视频化、互动化趋势，综合运用多媒体表现形式，生产满足用户多样化、个性化需求和多终端传播的出版产品。以数字化转型带动产业升级。

（五）加大资本运作并购重组，实施多元化拓展战略

多元化经营是企业为了获得最大的经济效益和长期稳定经营，开发

有发展潜力的产品，或通过吸引、兼并其他行业的企业，以充实系列产品结构的一种经营模式，多元化是中国出版企业做大做强的重要选择。从出版业总体情况来看，以传统的出版、发行为主业的增长已经趋于平缓，因此各家出版传媒集团都在积极寻找新的利润增长点，通过加大转型升级力度，积极探索出版多元化方式，通过并购、合作等多种方式实现跨行业、跨媒体、跨区域发展。

湖北出版要以资本运作为依托，有效实施多元化拓展。

第一，要积极开展对外并购，加大资本运作力度。湖北出版业的主力军长江传媒近年来也有所动作，目前投资参股公司达到65家，2015年新增投资项目涉及金融投资、影视行业、数字出版行业、互联网教育行业以及大健康行业等。但从总体来看，并购或投资的规模都不大，尚不能形成规模效应。湖北出版应该从战略的角度全面思考，通过详尽的分析制定相应的资本运作规划，加大资本运作力度，在条件成熟的情况下，建立专门的文化产业投资并购基金，以加大文化产业拓展力度。

第二，在实施多元化发展时要有明确的战略定位和方向，围绕着战略定位进行有效拓展，多元化经营如果过于分散化发展会影响资源的集中与优化，同时会加大经营风险。如凤凰传媒以把传统教育出版商向教育综合运营商转变作为其公司的核心战略，围绕此战略进行多元化产业布局，向智慧教育、影视、职业教育、云计算、大数据、游戏、娱乐等产业方向拓展，形成了新旧媒体有效融合、新老业务相辅相成的产业布局。湖北出版业的多元化战略定位一定要明晰而且可行。

第三，要注意妥善处理多元化与专业化的关系，逐步实现以出版主业为核心、沿大文化产业链进行多元化拓展的态势。一是要培养出版主业足够的品牌影响力，强大的主业品牌力会降低多元化经营的风险；二是多元化经营要与主业密切相关，出版企业如果仓促进入出版以外的其他行业，过快地进行混合型的多元化经营，势必会分散精力，导致主业不强，增大主业风险；三是多元化必须为巩固和加强以主业为基础的核心竞争力做出贡献。

（六）改革理顺体制机制，实施人才兴企战略

通过对现有的体制机制改革，建立健全出版人才培养、选拔、引进和激励机制，形成良好的发展环境，聚集大量高素质的人才，实施人才兴企战略。

第一，人才引进方面的改革。从引进方向上，要进一步适应媒体融合发展的大趋势，大力引进产品研发人员、产品生产加工制作人员、平台运营维护人员、新型市场营销人员、对外合作人员、数字出版管理人员，以及业内高端领军人才，包括领军式经营管理人才、高水平的产品策划人才、复合型的数字出版开发人才、数字时代的市场推广人才、外向型的国际出版人才以及数字平台运营维护人才等，这样高水准的、具有国内甚至国际影响力的领军人才将有助于快速带领团队实现跨越式发展。

第二，人才培养与选拔。一是与开设编辑出版专业的高校合作培养、培训员工。二是安排相关人员到互联网企业或者是发展较为成熟的数字出版公司、领先出版社、电商平台、运营商 SP 等企业进行短期培训、实习或工作。三是通过提供更多的出国考察培训，向欧美发达国家学习数字出版技术、硬件终端制造、平台运营，把国外先进经验带回来，缩短探索路径。

第三，人才激励机制。深化国有出版企业的改革，创新人才激励机制，形成能上能下、合理流动的氛围。一是实施优秀出版人才奖励制度，创造出版人才脱颖而出的环境。二是可以考虑以高于出版社平均值的薪酬吸引复合型人才。三是探索尝试职业经理人制度和核心员工持股计划，给出版领军人物和关键岗位人才以股权或期权。

参考文献

〔奥地利〕魏申巴特，吕迪格，2016，《2016 全球出版业排名报告概述》，百道网（http：//www.bookdao.com/article/268260/），最后访问日期：2017 年5 月1 日。

长江传媒，2016，《2016 中报净利润 3.01 亿同比增长 19.82%》，http：//

stock. 10jqka. com. cn/20160820/c592647763. shtml。

国家新闻出版广电总局规划发展司，2016，《2015 年内地上市出版公司经营情况分析报告》，《中国新闻出版广电报》7 月 6 日。

蓝有林，2016，《上市年报比比看 | 百亿阵营扩容助推营收新高》，《中国出版传媒商报》5 月 6 日。

张玉玲等，2016，《第八届“文化企业 30 强”发布》，《光明日报》5 月 13 日。

中国新闻出版研究院，2016，《2015 年新闻出版产业分析报告》，《中国新闻出版广电报》8 月 8 日。

中文传媒，2016，《2016 年半年度报告》，http：//app. finance. ifeng. com/data/stock/ggzw/600373/15958944。

Opportunities and challenges

—A Comparative Study on Development Strategy of Hubei Publishing Industry

Zhang Qi

Abstract: Publishing industry has entered an era of integrative development, facing with huge challenges as well as great opportunities. It is crucial to seize the opportunity to transform and upgrade in the period of development. This paper has taken Hubei Changjiang Publishing & Media Group as an example, analysing the development of the national leading publishing groups. It analyses the crises and the reasons behind and then proposes several constructive suggestions.

Keywords: Integrative development; Emerging business pattern; Industry chain

About the Author: Zhang Qi (1978 –), Associate Professor at School of Chinese Language and Literature, Hubei University. Research interests and specialties: publishing industry study, media fusion development. E – mail: 33861059@ qq. com.

[illegible]

Opportunities and challenges [illegible]

[illegible]

Zhang Qi

Abstract: [illegible]

Keywords: [illegible]

About the author: Zhang Qi [illegible]

七纵八横

汉口码头与码头汉口

——汉口老码头回眸

彭建新*

【摘　要】五百年前一荒洲，五百年后楼外楼。自明崇化年间汉水改道由龟山北入江，将原属于汉阳府的一部分地域“切割”开来。这一片南临汉水北通府河的广袤地域，经八方先民经营垦殖，广袤的湖荡芦洲，仅五百余年，出落成“天下四聚”的名镇大汉口。在汉口城市化进程中，以汉水码头为基础的经济活动，是重要的动力，而由码头经济为圆心形成的汉口文化，常被称为“码头文化”。何谓码头文化、码头文化形成的缘由及要素等，一向是学界的话题之一。因此，在汉口老码头大都消失、原沿江码头旧址化茧成蝶以美丽江滩展示于世的今天，翻检汉口老码头生态，检索其间的文化原味，可望直面汉口文化的昨天，有助于解析武汉文化的多元。

【关键词】汉口　码头文化　文化原味

笔者虽是武汉“土著”，对武汉这座城市，当作一本书来读，还是大学毕业后在一家新闻单位工作开始的。那几年，在武汉三镇到处跑，

---

* 彭建新（1947～），中国作家协会会员，先后任武汉作家协会秘书长、武汉作家协会副主席。已出版系列长篇小说《红尘》三部曲《孕城》《招魂》《娩世》及都市文化随笔集《凝固的记忆：武汉老街巷》《模糊的背影：武汉老行当》《人间情话：彭建新散文随笔选》等。电子邮箱：1474029991@ qq. com。

不停地接触大量的人和事，不停地写各类消息、通讯、评论。退休之前，带着两部相机一瓶水，我几乎跑遍了武汉的大街小巷：寻访过往掌故出处，感受三镇里巷风情、方言之异同。公务之余，描摹城市形象，写出长篇小说《红尘》三部曲：《孕城》《招魂》《娩世》——算是“读城”的一个小结。退休之后，反思三十多年以各类文学样式为主的写作生涯，自觉当年年轻气盛，舞文弄墨胆子大，回头一看，文海浩瀚，海滩拾得二三贝，竟有喜意，然而实在浅薄，故多年不敢再为小说之事，大有近文情愈怯的感觉。自知拙于思辨，于是整理碎片，成书两部——《凝固的记忆：武汉老街巷》《模糊的背影：武汉老行当》，仍是散文随笔样式，离“学术”二字尚远。

但是，对武汉这座城市的研读，我还在继续——

武昌、汉阳、汉口，一城分三镇，三镇有异同。搁置同的一面，异在何处呢？武昌、汉阳、汉口，从城邑形成及社会形态或者说总体文化细节上，各有些什么特点？三镇之间的影响及融合有哪些社会学意义？武汉三镇过往发生的可歌可泣可叹可感的人和事，对一座城市的过往、现实乃至未来，有哪些参照价值？

这里，笔者试图对武汉的码头——主要是汉口的汉水老码头及码头文化，做一点粗浅的解析。

汉水码头——汉口和汉正街从这里起步

码头，本意是搭建在江河岸边便于船只装卸货物、上下船客的建筑设施，故又称为船码头。码头有大小之分，小的简陋的码头，通常也就是由一艘趸船和两张木的或竹的跳板组成而已。大码头就比较复杂了，不仅趸船大且多，跳板设施也坚固安全得很。讲究些的大码头，哪艘趸船泊哪种船，装卸哪种货，都分得很细，且岸上有大容积的专用仓库和专业行栈与其配套；船到码头，装卸、分拣、库存、发卖一条龙，很是气派的。

不知从什么时候起，汉口，这偌大一座城镇，也被称为码头了——所谓天下四大名镇之首的汉口，就是个大码头！从这个角度出发，回顾汉口早年成镇的历史及其与码头的关系，当是颇有味道的了。

本文所涉汉口码头，主要是汉水码头，就地界而言，亦即上自宗关，下至龙王庙，不涉及汉口沿江码头。

身为盐商且又颇具文人气质的范锴，当年在他那部极有味道的《汉口丛谈》里，是这样描绘汉口这个大码头的："人烟数十里，贾户数千家""千樯万舶之所归，货宝珍奇之所聚，洵为九州名镇"。后来，汉口这个大码头越来越有名了，像香味四溢的饴糖，高鼻子凹眼睛的洋人也似乎闻到了它甜滋滋的味道，漂洋过海地来了，面对当年汉水码头繁忙的景观，大为惊叹："载货物则有二十余处，所有船舶俱湾泊于港内，舳舻相衔，殆无隙地，仅余水中一线，以为船舶往来之所也。"（皮明庥，2005：125）也就是说，汉水码头外停泊的货船，密密麻麻的，一艘挨着一艘，宽阔的汉水，被塞得只剩下一条线了！照洋人的描述，可以粗略地估算出来，当初在汉口码头停靠的船只，应该常有2万多只。

汉水从如今硚口以下，直至集家嘴一线，南岸处是一个大弯流，常年遭水冲刷，北岸恰好相反，多数河段水平流缓，适合泊船，所以，汉口这边多码头，且格局大致是这样的：横的河，码头的趸船和直的跳板，连着岸上的横的河街——这，就是最初的汉口了。后来，汉口发展扩大了，从河街往里，是一条条鸡肠子样的曲巷，曲巷里有人家、有货栈、有会馆，从曲巷里出去，就是横的汉正街——这三横被串起来形成"王"字，当是在有袁公堤之后了。

那么，汉口最早的码头在哪里呢？

据相关资料，汉口最早的码头，大致是建在天宝巷一带，时间大约是清乾隆元年（1736）；紧接着，第二年，就修建了杨家河、老水巷、新茂巷、彭家巷几个码头；再接着，第三年，又建了大硚口、小硚口、大王庙、五显庙等码头；又接着，第四年，又建了沈家庙、关圣祠、鸡窝巷、接驾咀（集家嘴）、龙王庙这几个码头。四年之内，竟一口气建起近20个码头。后来，道光八年（1828）陆续又建起报驾巷（鲍家巷）、新码头、流通巷等码头，直至同治七年（1868），这百余年的时间里，汉口的汉水码头，从上而下、从硚口至集家嘴，共建了35处！可见当时汉口水运物流的规模和汉口经济发展的能量之大。

当然，汉水北岸即汉口这一边，从硚口至集家嘴，也不是所有河段都适宜建码头的，比如，靠近入江口亦即集家嘴至龙王庙这一段，江汉汇合处，不同力道的水相互涌激，常是水流湍急，巨大的漩涡一个接着一个，漩涡里头暗藏着杀机。可也正因为处在江河交汇处，如果建有码头，内河的物资沿江上溯和下行，则更能在运作上抢得先机。所以，乾隆四年（1739）建起了龙王庙码头。由于河段水势特殊，这龙王庙码头的建造也就特殊得很有创意：扎起硕大的木簰，用粗大的铁索将其固定在岸边，木簰之外可以泊船，木簰内以木跳板连接岸上。对龙王庙码头，叶调元在他的《汉口竹枝词》里有很精彩的描绘："龙王庙口汉江连，急浪惊泷似箭穿。水果行开飞阁上，渡江船舣木簰前。"这位叶诗人是个细心人，担心日后沧海桑田，后人不明白当年的情景，在诗后批注道："庙在汉江交应之所，陡岸飞流，不能停泊。有木簰数丈，广半之，用大杙、铁索系于江岸，外以泊船，内以长跳接岸，李祥兴力也。水果行聚集于此，飞阁凌空，货物山积，燕巢幕上，居危若安。"

按范锴在《汉口丛谈》里说，汉口的繁盛"肇于有明中叶，盛于启正（祯）之时"。也就是说，汉口在明代天启崇祯年间，有过一段繁盛时期。照此说法，那时节汉口就应该有不少码头，可惜于史无载。同样，照此说法，可以推断，由于社会动荡、战乱频仍等原因，明代汉口的繁盛曾一度被中止，直到改朝换代至清乾隆年间，汉口的码头经济才又重现生机。还是照此说法，可以得出这样的结论：汉口，的确是个发展码头经济的宝地，恁外部环境如何恶劣，只要稍有机会，就会重振雄风——汉口其后的历史也充分证明了这一点：太平天国、民国军阀战乱等不利于经济发展的事件，多次降临汉口，但没过几年，汉口的码头又建起来了，汉口的物流又繁忙起来了——码头汉口的生命力，真有点"野火烧不尽，春风吹又生"的韧劲。

当汉口的城市经济具有一定的规模之后，必然以汉水为主的水运码头经济为起点，走向城镇化综合发展之路。一座城市，要维持正常的生态循环，依靠单一的经济模式肯定是不行的。汉口在其发展过程中，从来没有把自己定位在纯消费性都市的位置上，尽管汉口的消费规模在三镇中一向是领先的。汉口本质上是一座以水运码头经济起步的城市，是靠大规模的物流转口和门类齐全的极其活跃的商业贸易制造繁荣的城市，是在此基础上不断创新产业模式、更新产业链，从而朝产业综合化发展的朝气蓬勃的城市。汉口的水运、陆运物流经济发展到相当规模的时候，丰富的自身资源和四方汇集的资源，必然诱发在汉口当地兴办工厂的欲望。尤其是1911年辛亥革命前后，仅以硚口一带为例，就兴建了既济水电厂、申新纱厂、福新面粉厂、太平洋肥皂厂等一些颇有规模的现代企业。这些企业一反早先汉正街前店后厂小本经营的平庸和粗放，其生产手段、技术含量，令作坊老板们难以置信；厂房规模、生产规模、从业者规模，更让作坊主们咋舌。由此一来，陆地上的带有相当集约化规模的经济态势，反过来促使水运码头朝规模化、专业化发展。比如，以上那些地处硚口一带的当年汉口的大型企业，为了生产的需要，都建造了自己的专用码头，专一为企业运进原材料、运出产品服务。专业码头的出现，从一定程度上可视为汉口经济发展由小作坊经济形态向现代大企业发展的一个标志。

除了这类“专业”码头之外，当年直通汉正街的还有一些“专用”码头，如接（集）驾嘴的薪炭市场码头、沈家庙的大米码头、杨家河的杂粮码头等。其中，较著名的是龙王庙码头，供水果行栈在此集散水果，是当年汉口最大的水果专业码头，“南荔枝北苹果东甜梨西龙眼”，业务运作繁忙得很，在众多的汉水码头里，很有点独领风骚的意味。

汉水老码头——汉正街市井圈的圆心

码头，对于寻找发财机会、拓展生存空间、探寻活命路子的任何人，仿佛花蜜之于蜜蜂。围绕着码头，形成一个极有层次的生活圈。同理，汉口，作为连接全国商贸网络枢纽的大码头，向四面八方辐射出金钱的甜丝丝的诱惑，招引得想发财、求发展、要生存的各色人等，来汉口寻找机会。码头生活圈的圆心，就是泊在岸边的那艘黑乎乎、脏兮兮的趸船，还有，就是连接趸船和河岸的几条长长的、颤颤的跳板。货船停靠在趸船边，通过跳板往返于趸船和河岸货栈仓库、活动着的，就是一群肩挑背驮的男人——码头工。历史上汉口的码头，造就了汉口的繁荣，造就了好些个行业：码头建造业、码头行栈业、船舶修造业……尤其是，造就了码头工这样一个人数众多的行当。

码头工旧时叫挑码头的，或云扛码头的。

在老汉正街、老汉口的记忆里，烙着这样一些画面——

汉口集家嘴码头，这个以卸载粮食为主的码头，又有粮船到了。扛码头的鱼贯而上，两个彪形汉子，站在粮食包堆上，一起弯腰，各自抓起重100公斤的粮食包的两个角，喝一声："唉呀么喳呢——喂!"荡一荡，拎到腰际，另一候在边上扛码头的，就在那"喂"声响起之际，腰一弯，借彪形汉子向上荡包之力，伸肩就力扛起，颤颤地往岸上走。

流通巷码头，专一卸载食油、皮油的码头。旧时装油没有如今"奢侈"，用些什么合金桶之类，而是用油篓。油篓以竹篾作骨架编成，内外糊以油纸，再用桐油反复涂抹得严实了，每只可装油一百多公斤。运油船来了，挑码头的两人一组，用绳子将油篓兜得稳妥了，前头的那个喊一嗓子："嗬！嗬！嗬——嘿子哟!"抬后头的，立马跟上喊一声："嘿哟，嗬——嗨子哟!"就这么一前一后，"呼嘿呼嘿"地吆喝着，朝岸坡上去了。

沈家庙码头，以卸载中药材为主的码头。正是装满药材包的船只到了。这些中药材包，个头狼犺沉重，每只少则150公斤，重则250公斤。卸这等笨重货物上岸，又是另一种法子。从岸坡到船头，搭两块跳板，每块跳板不到一尺宽，空手走在上头，也是颤颤的。挑码头的用抬杠抬起一大包，两人各走在一块跳板上，一人呼："起呀嘛哎嗨哟——!"另一人则接上："嗬哟！嗬哟！嗬呀嘛嘿——!"由于货物沉重，号子亦沉闷压抑，两张跳板弯成两张弓，两个挑码头的腰板子也弯成两张弓。

宝庆码头，算是旧日汉口鼎鼎有名的湘籍大码头了，相比其他码头，宝庆码头设施相应完善一些，有一套相应的管理程序。宝庆码头把扛码头的分作三等，名之曰"工会"，分别是"甲班工会"、"乙班工会"和

“丙班工会”。这工会与工人的工会组织可完全是两码事。具体而言，“甲班工会”负责码头接洽回来的各个行栈的货物装卸。这部分工作活路重，自然赚钱也多。扛包挑码头的，只怕没有活做，哪个怕活路重呢？因此之故，要进入“甲班工会”，就要先交入门费100块大洋——谓之曰“买条扁担”。“乙班工会”负责装卸纸张一类货品，活路稍轻，赚钱相应也比“甲班工会”少，但也要交“入门费”，这费当然也比“甲班工会”少——50块大洋。“丙班工会”负责装卸煤炭这类货物，活路脏还不说，赚钱还比乙班工会少。虽然如此，这丙班工会的成员也有两桩好处：一是免收“入门费”；二是在进码头的头三天，还由“工会”招待客饭，工资照付。这样，“丙班工会”就传出这样一句话“二米、三酒、六肉、十足”。意思是，挑一担煤，赚6个铜板，挑两担煤，就可买一升米，挑三担煤，就可用其中的5个铜板买壶烧酒，挑6担煤，就可以“开荤”——买半斤肉吃了。由于“丙班”人数多，有活大家做，一天下来，平均每天每人有挑10担煤的机会——这就是“十满足”了。当然，俗话说得好，“人往高处走，水往低处流”，尽管都是挑码头的，哪个又不想“跻身”“甲班工会”呢？于是，码头上就规定，“丙班工会”的人，攒够50块大洋，可“进步”至“乙班工会”，“乙班工会”的人，攒足100块大洋，可“荣升”“甲班工会”。进了“甲班工会”，就意味着天天有肉吃，甚至可以抹点小牌，赌点小博，逛野窑子嫖歪妓——真能如此，对于挑码头扛码头的苦力人来说，这就是“盼头”，这就是“理想”，这就是“小康”了！

紧贴着扛码头的，还有另外一些层次的人。比如，双手叉腰，在跳板边吆喝着的小工头。此人虽不挑不扛，可粗喉咙大嗓门地吼，也算是辛苦的。他的吼，多半是催促那些出力气的快一点，有时也提醒注意安全。比这小工头轻松得多的，是在岸边工房里的藤椅上半躺半坐的那一位，将穿着青布白底布鞋的脚跷在桌子上，手摇着大蒲扇养神的，是该码头的小头佬。他的工作，就是养神，他的职责，就是监督。其实，出力流汗的，都是无须监督的——“买条扁担”，还得托人找关系走路子，哪个愿意把好不容易买来的饭碗砸碎呢？靠近堆栈仓库的，往往站着个

"小虾子"工头。他的地位，与眼前被沉重的麻袋油篓压得弯着腰的人相比，也高不到哪里去，用武汉话来说，顶多是"从草席子滚到竹片床上——也就高得一篾片"。可就因了这"一篾片"高度的优势，他不停地呼喝，嘴巴不停地朝外吐出一连串不堪入耳的汉味粗话，一边臭骂，一边发放计数计酬的筹码。那些詈骂，在扛码头的听来，仅仅只是发放筹码者嘴皮子的习惯性动作，只是一种声音。也许，等到散工，适才骂人的和被骂的，会无视那"一篾片的高度"，就着一碟子卤猪耳朵或一把花生米，或者干脆就是一碗凉面，一起蹲在麻包堆旁喝几两呢！

说到吃喝，就说到码头生活圈内层的基本点上来了：白汗流成黑汗，为的就是一张嘴。于是，在码头货栈周围，小酒馆里头流淌出来的味道，对扛码头的来说，就算是很奢侈的了。更多的是在小酒馆边扎堆的小摊小贩供应的吃食：煨藕汤、炒豆丝，油炸枯鱼、臭干子，热干饭、凉稀饭，凉粉凉面热干面，炒蚕豆、炸黄豆，馍馍花卷蒸发糕……码头上的大佬，是不屑于在这些小摊子上消费的，他们的消费点在汉正街上。那里有的是正儿八经的酒楼菜馆，与汉正街连通着的众多曲巷里，多的是青楼卖笑的去处。那些"嘿哟嗬哟"流汗的，荷包里暖和的，家里没有很多拖累的，二两汉汾一碟凉菜，下到肚子里，再填进两碗干饭，半天的力气就又长回来了。而那些荷包里虽然有几枚铜板，却惦记着家里老的老小的小的人，摸了摸荷包，睃一眼别人的碟子，闻着他人的酒香，喉咙里头的喉包上下滚几滚，咽下馋涎，踅到一边的树荫下，从褡裢里摸出早晨堂客塞在里头的两个老面馍馍，用一碗花红叶子茶冲下肚去，也就罢了。

这大致就是汉正街沿河码头"内圈"的生活场景了。

汉正街码头持久不衰的繁盛，催生了整个汉口城市类型向大码头的方向发展。地域和地理的优势，水运兼及陆运的物流经济，直接间接地将汉口这个大码头从消费型城镇向生产消费综合型城市发展。汉正街、汉口的码头经济形象，形成了一种品牌，其巨大诱惑力和强大辐射力，对华中地区乃至全国的商业贸易网络都举足轻重。因经济吸引力而形成的巨大凝聚效应，吸引各方力量不断加入，从而又不断地充实着汉口这个大码头的能量。汉正街以汉水码头为圆心的经济实力，日渐壮大，由此加速了汉口从“镇”到“市”的城市化进程。这种良性循环，对于汉正街和汉口的芸芸众生来说，看得见的好处，就是物质财富和精神财富在汉正街、在汉口、在自己家门口的不断聚集，行业发展机遇和个体就业机会的不断增加。汉正街和汉口码头的从业人员，围绕着码头工、水手、船夫这些“基本”工种，“汪玉霞茶叶、大通巷馓子、狗肉巷豆丝、祖师殿汤圆，皆俗所引重者”，“馆有苏馆、西馆、金谷、会芳、五明、聚仙”（叶调元，2007：111），如此这般门类众多、人数众多的各式商家商贩，日夜不停地活跃在汉正街和汉口的大街小巷，让汉口这个大码头，变得灯红酒绿，光怪陆离，既有朱门酒肉臭的奢华，也有路有冻死骨的凄凉。

汉正街沿河码头，是汉正街生活的圆心。在圆心处拼命出力流汗的人，肯定不是赚得多的。可圆心处的运作，如同水面荡起涟漪的那个原点，原点亦即涟漪荡起处倒是风平浪静的，随着涟漪越荡越开，扩展面越大，影响所及之处就有更多的生活层次，当然也就有更多的生活色彩——

那些不出力气的货主，船靠趸船，他也就像是一件货物——无须扛码头者搬的货物，自己把自己搬上岸去了。上岸之后，直奔对应的行栈。货主及买家，对于行栈来说，就是衣食父母，行栈对两者都是不得罪且会尽量“招呼”周全的。安排住宿、请酒饭是一般程序，往往还安排一些别的节目，比如安排到汉正街沈家庙听听戏。“沈家庙里戏酬神，一节入宫二百文。求福人多还愿众，戏台押得一包银。”（叶调元，2007：110）花费也有限得很。如果这客户老板有吸两口的嗜好，汉正街那些小巷子里，明为戒烟所实为鸦片馆的处所，也多得是。“卖烟不敢挂招牌，暗地机关刷满街。发卖镇君丸戒引（瘾），戒烟人是吸烟来。”行栈老板叫个小伙计把客户送去，“破房歪炕一灯燃，过引人来竦两肩。几口呵完神气爽，带头捋下押衣钱”。鸦片烟瘾过足了，若客户老板还爱好“妙字的左边绝字的右边”，行栈老板也会精心安排，直接服务到客房：“趋承富客与豪商，无过行场与栈房。小轿频抬陪酒妓，卧房常住浣衣娘。”（叶调元，2007：112）对于常年在外跑船的客商来说，这也就相当于眼下所说的“休闲”之类，对于当年的汉正街乃至汉口码头周边的行栈来说，这项服务，大多是行栈主动提供的。所以，创作《汉口竹枝词》最有成就的叶调元特意指出：“行栈生意，嫖赌不禁。”如果是超大客户，在汉正街哪条巷子里有行帮会所或同乡会馆，这些处所什么休闲项目都齐备，而且有专司其事者，行栈老板以上那些殷勤，也就可以免了。除货主之外，靠码头吃饭或云“吃码头”的，还有专一在买家和卖家两边的袖笼子里捏指头“发暗码子”砍价钱的牙行经纪人，还有坐在柜台后头等着借贷信托生意的票号钱庄老板，还有离码头的汗臭更远的各级行帮会所的大佬，还有各级管理衙门的老爷们，等等。唯有不尽的江河水和码头上那些“嘿哟嘿哟”扛码头的人的汗水，是汉正街和汉口码头高速运转的真正润滑剂。

打码头——汉口码头的生存法则

从某种意思上说，生存，就是竞争。

生物学家对亚马孙河流域的生物链进行探索之后，在前人“物竞天择”规律的基础上，又总结出“弱肉强食”这四个字来，作为生物界生存竞争的基本规律，谓之丛林法则。

在汉口长江汉水沿线，尤其在汉口开埠之前，长江码头还不是很多。汉口水运的繁盛集中在汉正街一带汉水码头的岁月里，从硚口至龙王庙，在这仅 10 余华里的汉水北岸，聚集着 30 多个码头，真可谓码头林立。如此多的码头，相对于 10 多里的河岸，显然是太拥挤了。当然，拥挤的码头，造就了汉水北岸的繁盛，造就了天下闻名的汉正街，也孕育发展了天下名镇大汉口。但是，空间毕竟太狭窄，因此，生存竞争也就在所难免。

汉口码头的生存竞争，反映在两个层面：一是码头工人亦即扛码头的为争取工作岗位或争取薪酬更优厚的岗位，或相互之间，或与码头主之间展开的竞争；一是码头与码头之间为争取更多的业务量和争取扩大码头地盘而展开的竞争。前者往往体现物竞天择法则，岗位竞争，在旧日码头上，实际上就是要取得扛码头的资格，用汉口码头上的行话来说，就是“买条扁担”。这扁担一旦“买到”，不仅自己可以在码头“上岗”，还可以子孙传袭，也可以转卖他人。一般而言，汉口码头岗位的优劣，以活路轻省、报酬多少、所搬运货物脏臭干净与否等条件而定。干扛码头这行当，以“身大力不亏”为竞争的首要条件。“杂货扛抬到晚休，外班气力大如牛。横冲直撞途人避，第一难行大码头。”（叶调元，2007：110）

汉口码头，是个层次分明的生存圈，每个码头，都有老板亦即头佬，而这些头佬不是青帮大爷就是洪帮弟兄。“青帮一条线，洪帮一大片”。为拉拢扛码头的苦力人成为自己码头的“骨干力量”，码头头佬们往往将扛码头的拉进帮内，这样，煽动扛码头的操起扁担撬杠相互拼命，就比较容易了。

俗话说，“人为财死，鸟为食亡”。旧日汉口各码头之间，经常为地盘、货源之类起纷争、生械斗，这已经被汉口码头人视为家常便饭了。对于凭劳力、凭块头、凭白汗流成黑汗的扛码头者来说，尽管码头是战场、是地狱，但码头也是刨食的所在。在某一码头“买条扁担”，就算是捧到只饭碗了，哪个不珍惜呢？所以，械斗虽多半是码头老板们之间的利益之争，但其中似乎也掺杂有扛码头者的利益之争。

以汉正街一带沿河码头为例，从硚口至集家嘴一线30多个码头——

流通巷码头是个大码头，多以卸载食油为主。食油用油篓装，每件至少380斤，也有460斤的，业务量大，利润也厚，所以，企图觊觎染指的势力也多。于是，这个码头的头佬力量就格外“雄厚”，竟然组成了“八大罗汉”为头目的“头佬集团”，以刘文雄为大头佬，统领着100多扛码头的在这里找食吃。

大新码头以卸载煤炭、石灰为主要业务，全是脏活，也有少量药材搬运业务，头佬两人——童麻子和姚老大，带领50多码头工在这里讨生活。

肖家巷分大码头和小码头，小码头一般朝岸上运江西瓷器，大码头装运湖荡方向来的芦柴，其头佬是肖月生和姚大喜。

沈家庙是个有名的大码头，连通着有名的药帮巷，药帮巷是汉正街一带的药材集散地。这个码头的头佬叫胡玉清，属下扛码头的有 100 多号人。在沈家庙码头卸载的药材，多是笨重的大药包，每包少则 300 斤，重则 800 斤。除药材外，沈家庙码头还兼代搬运附近槽坊的酒，那硕大的酒坛子，搬运起来，也够壮观的。

大水巷码头的头佬叫杨花子，手下有 80 多名搬运工。这个码头的业务主要是卸载从老河口、汉川和天门沔阳运来的棉花。这些棉花包每个至少重 180 斤，搬运时不用扁担绳索，全凭扛码头的肩扛背驮，其辛苦状况可想而知。

永宁巷、五彩巷、石码头这几个小码头，头佬是李凤山、刘正大。这两个人除了在码头当头佬，还经营着茶馆业务。这几个码头的“对口业务”，主要是对应码头附近的永丰、顺丰、玉隆、义大、祥昌等八大粮食行，卸载从荆门、天门、襄樊等地来的粮食。

此外，还有小新巷、利济、泉隆、竹牌、武圣、三圣、遇字巷、邱家巷等码头。

凡此种种码头，都是在各自的大头佬或小头佬带领下，按照帮派势力划分的区域范围，搬运货物，起坡下坡，绝不能有半点“越雷池一步”的行为。否则，一点小小的鸡毛蒜皮的“不轨”，就很可能酿出一场血腥的打码头的械斗来。“码头大小各分班，划界分疆不放宽。喜轿丧舆争重价，人家红白事为难。”（叶调元，2007：110）

宝庆帮的何元崙挑头，1856 年利用同乡关系请湘籍将领曾国荃撑腰，把徽帮赶出了宝庆码头，这成为汉口历史上打码头最著名的个案。在汉口，徽帮可是个大帮口，虽然一时间被逐出了宝庆码头，却从来就没有放弃对宝庆码头一带地盘的觊觎。其后的一百多年时间里，在汉口，宝庆帮与徽帮之间打码头的械斗从来就没有停止过，此消彼长的争斗，一直延续至 20 世纪 40 年代。抗战胜利之后，宝庆码头一度成为招商局和民生轮船公司的停泊码头。看到宝庆码头也可以被非湘籍人所用，于是，一些杂七杂八的商帮民船也来此停泊。很快，宝庆帮的船舶要停泊宝庆码头，反倒难以插足了。为夺回被他人“侵占”的地盘，宝庆会馆效前辈何元嵛故事，拎着重礼，拜访驻扎在武汉的国民党73军55师师长、湘籍新化人梁子禄。这一招很灵。国军师长调来他的机枪连，在宝庆码头周边架上轻重机枪，摆出如临大敌的架势，逼迫非湘籍船舶统统撤离码头。慑于其威势，非湘籍船舶只好乖乖地离开了宝庆码头。国军机枪连亲临“战场”打码头，成为汉口级别最高、动静最恢宏的打码头“战例”。

在生产力还欠发达的往日岁月，汉口码头上屡见不鲜的“打码头”，是汉口城市化进程中的一种难看的现象，也是以码头水运商贸为重心的都市经济初始阶段的一根软肋。从经济学原始积累的观点出发，汉口的“打码头”，或许可以看作是生存竞争从无序到有序的一个过程。在国人眼里，生存空间的拓展，常常是“打”出来的——历代的朝代更迭，江山易主，要靠打；物质生活相对贫乏的时代，“打”往往被视为生存法则中最为简洁明了的手段。即便是以尊重人权自诩的美利坚合众国，立国的进程中，每一个阶段，哪里又离得开以“打”字为核心的血腥征服呢？其实，值得美国人骄傲的不是他们的人权观，而是他们在每一步血腥脚印的后面，都及时地反思反省，并在反思反省后制定出相应的法律法规。只是，旧时汉口码头上迁延日久的“打码头”现象，并没有朝更高级的经济运行模式进化，这是旧汉口的遗憾，也是时代的遗憾。汉口的“打码头”，留给汉口后人的，只是给汉口话里增添了一个沿用至今“打码头”的词条：凡仗恃人多势众恃强斗狠、强占地盘、欺侮人、占人便宜的，都可称之为打码头。旧时武汉的打码头，背时吃亏、死人添孤儿寡妇的，不是码头大佬，总是出臭汗扛码头的。如果要修《汉口码头史》，这“打码头”估计要用专门的章节，而且，那章节里，肯定满是淋漓的血腥、丑陋的行规、苦涩的况味。

汉口码头，造就汉口文化万花筒

早年的汉水码头，创造出一个“天下四聚”的名镇大汉口。“石镇街道土填坡，八码头临一带河，瓦屋竹楼千万户，本乡人少异乡多。”这种“九分商贾一分民”的城镇，虽以极其世俗化的面孔示人，但不能说没有文化。那么，如何给汉口文化取名呢？比较多的观点是：汉口文化，不就是码头文化吗?！汉口文化被戴上“码头”的帽子后，似乎“殃及池鱼”，连武汉文化也被戴上“码头”俩字了。

“码头文化”，很有点“欲言又止”的余味，在乡邦情怀很重的老武汉人听来，似乎有点“皮里阳秋”的不爽。其实，对像笔者这样在武汉土生土长七十多年，关注武汉民俗社会生活细节，以武汉城市发展为题材的写作者而言，对早年的汉口文化是“码头文化”这一观点是认同且引以为傲的，至于推而广之把武汉文化定位为“码头文化”，笔者则持保留态度。武汉城市文化中有码头文化因子，但并非传统意义上的码头文化。再说了，长江流域的大都市，上自重庆，下至上海，哪个不是广义上的码头？哪个又没有码头文化因素？

那么，何谓码头文化呢？不妨这样理解：市民生活以码头经济为圆心开展各自的谋生之路，由此而形成的都市生活格局，并由此彰显出来的文化意味，似乎可以姑且称之为码头文化。

处在“互联网 +”的时代，面对集装箱走向深蓝的辽阔大海，臆说码头文化的含义和复制旧日的码头形象，自然会将其与“粗鄙”“粗俗”“脏乱差”连在一起。

应该说，早年汉口的码头，是造就大汉口的基础，早年汉口的码头文化，也不仅仅只有“粗鄙”、“粗俗”和“脏乱差”。准确客观地说，早年汉口的码头，是汉口文化之根，即以早年的汉口码头为圆心，由今硚口一带向汉水下游荡漾开去，涟漪起处，形成整个大汉口社会生活色彩斑斓或曰“光怪陆离”的万花筒。

汉口码头文化的形成与发展，基本上是这样的：起初，码头文化的重心以硚口至集家嘴沿河码头区为原点，随着城市规模的扩展，汉口文化圈在不断地扩大。汉口经济重心的下移，经过了两个阶段。第一次移至集家嘴下游一带，形成以六渡桥为圆心的经济圈；再后移至江汉路下游租界区，以江汉路为圆心涵盖六渡桥、下至当年称之为沙包亦即现在的一元路一带。

有趣的是，汉口经济重心的下移，虽然标志着汉口政治经济文化诸方面的繁荣也在移动，但是，原有的文化“基点”比如早先的硚口一带，其文化氛围并没有消失，而且很顽强地固守着原有的文化韵味。比如硚口一带汉水码头周边，汉正街沿线的茶馆文化、青楼文化、前店后厂的商贸文化等等，一直持续到20世纪50年代。由此，汉口的码头文化就形成了有趣的“三节头”：硚口一带以汉正街为轴心的汉水码头文化，以六渡桥一带亦即花楼街、黄陂街为轴心的长江汉水交汇处的码头文化，以江汉路为界的租界区长江码头物流经济为主的码头文化——在这个意义上，码头的发展见证了汉口城市文化的发展。

汉口有条黄陂街。黄陂街承续由硚口流淌下来的“码头文化”最为典型。这话头还得从明代嘉靖年间说起。早先，与汉口紧邻的黄陂县，隶属于黄州府。汉口的发展与繁荣，对于它的近邻来说，颇像一块香味浓郁的饴糖，朝周边释放着生活与生存的诱惑。老话说得好：“近水楼台先得月。”于是，黄陂人，沿着滠水到汉口来的，就近在汉口现江岸辖区内定居了；沿着黄孝河来汉口的，在四官殿起了坡；于是，在汉口，就有了以黄陂人为主的聚落地，就有了现在汉口江岸区的黎黄陂路、江汉区内的黄陂街。

黄陂街繁盛时节，曾有盐、茶、药、杂货、油、粮、棉、牛皮——八大行集于一街，尤以药材、参燕、布匹等名店林立而名显三镇。在过去相当长一段岁月里，汉口的黄陂街，罢了日间的市声鼎沸之后，就显出它文化的另一面来：街面的茶馆、酒楼上，草台班子上场了，胡琴咿呀，檀板噼啪，锣鼓铿锵，有着丰厚文化积淀却以俚俗面孔示人的黄陂花鼓戏，闹热了黄陂街，闹热了黄陂街周边，闹热了一个大汉口，并终至成就了我们武汉的一个地方剧种——楚剧。叶调元在他的《汉口竹枝词》里曾有这样的咏叹——

俗人偏自爱风情，浪语油腔最喜听。
土荡约看花鼓戏，开场总在两三更。

很显然，如果说得绝对些，没有黄陂街，汉口就没有黄陂花鼓调，武汉就没有楚剧。而围绕着黄陂花鼓调这一乡土味十足、土得掉渣的地域艺术文化样式，又有多少茶楼、酒楼、青楼诸般娱乐休闲场所存在？又有多少内容繁杂的市井文化在这一带生长呢！

如论汉口码头文化的特色，方家专著甚多，此处亦不敢弄斧。仅提及一点，那就是汉口码头文化有很强的包容性。仅就籍贯而言，“本乡人少异乡多”；就行业而言，山西的钱庄、陕西的皮货、两广的药材、江浙的盐业丝绸……无不在汉口开枝散叶生意兴隆。汉口人即便对汉口租界揣着复杂的感情，但汉口的码头文化对租界也是既浸润亦包容的，由此，汉口租界文化中，亦可寻找到汉口码头文化的影子。

自然，过往汉口的码头文化中，“粗俗”、“粗鄙”和“脏乱差”，的确是有的。由此，外地人对武汉人的印象就有“粗”的评语。不容讳言，由于汉口码头文化“粗”的一面的影响，武汉人的确有“粗”的一面。但武汉人尤其是汉口市井里巷人的粗，只是粗在嘴上。总体来说，武汉人说话还是很有礼貌的——用武汉话说，还是“蛮讲礼性”的。而给人粗的印象，主要缘于两方面。一是武汉人说话嗓门高，对话像吵架，而且不分场合，也不管人家是否讨厌，即或两个蛮亲热的人见面打招呼，也是粗喉咙大嗓门的：“早哦，您家！过了早冇，您家？”“过了咧，您家！您家过了冇咧，您家？”二是语言中夹杂着太多的属于骂人的内容。比如，一对很要好的朋友，有段时间没有见面了，在一个偶然的场合邂逅了，相互间高兴亲热的情绪常常是像如下这样表达的。

“哎呀，伙计，你个把妈这些时到哪里去了哦，硬是把老子欠死了咧，个把妈！”

“诶嘿，老子还不是蛮想你——你婊子的么样在这里咧？真是巧巧的姆妈生巧巧，巧到一堆来了咧，个把妈！”

“哎呀，你的姆妈我这些时忙吵！忙得硬是像你的姆妈个陀螺样的，连你的姆妈屁股沾板凳的功夫都冇得哪！”

“诶，你的姆妈么样那忙咧？个把妈的三条裤子破了两条，你忙的哪一条吵？”

这不是夸张，这是真实的。看这段对话的文字，骂人的脏字实在太多，几乎是充斥其间。但是，这俩朋友的自我感觉，实在是亲热得很，互相听得异常地舒服！因为，在武汉市井的“原生态”语言里，诸如“个把妈”“个婊子”已经没有任何咒骂的意思，完全是打招呼、表示随和或亲热语的前缀或后缀。对话中“你的姆妈”，与各自的妈妈一点关系都没有，完全是一种“语气助词”，只有那个“欠”字用得地道，相当于“惦记”“牵挂”之类。

类似这样的对话、谈话，汉口市井里巷随处可闻——这虽是我们武汉市井语言“土特产”，但实在是羞于见诸文字，难以入外地人之耳，尤其不值得称道，更难肯定它是一种地域方言的常态。

值得庆幸的是，武汉人尚有自我批判的自觉性，把说话中使用不雅语词称之为“带渣滓”。于是，在大量的社会交际场合，尤其是正规的社交场合，武汉人还是蛮文质彬彬的，像“您家”这称谓，就是武汉方言中使用频率最高的，且使用对象不分男女老少，均称之为“您家”，相当于北方话中的“您”“您哪”“您们”——当然，“您家”在大部分场合表示尊敬，也有表示不耐烦、挖苦嘲讽意义的，关键看对话场合及听话人的感受，这已经不是粗口细口的问题，而属于“人情练达”的范畴了。

可喜的是，随着国家西部开发之风渐劲，武汉人认为自己的城市真的可称为大武汉了，认为在西部大开发战略中，大武汉真正可发挥九省通衢的优势，起到“中部崛起”的作用了。于是，武汉人越来越自觉地审视自己，越来越不避讳自己的短处包括陋习，包括“码头文化”中的杂质。在奔小康的大棋盘上，武汉，开始越来越清醒地明确自己的位置，越来越珍惜机遇，越来越健康积极地朝前走。一如千流万溪，虽粗细不等，曲曲折折，终归汇入长江；一如汉口的老码头，出落成美轮美奂的江滩；一如长江，虽泥沙俱下，逶迤曲折，却不失豪迈地奔向海洋。

参考文献

皮明庥，2005，《武汉简史》，武汉出版社。

（清）叶调元，2007，《汉口竹枝词》，载徐明庭等编《湖北竹枝词》，湖北人民出版社。

Hankou Docks and the Dock Culture: A Retrospective Study on the Old Docks in Hankou

Peng Jianxin

Abstract: Being deserted five hundred years ago while being prosperous nowadays. Since Han River's diversion from North Guishan Hill into Yangtze River in Chonghua Period of Ming Dynasty, the areas which once belonged to Hanyang Government were separated. The wide area which is a lake reeds island near Han River in the south and directs to Fu River in the north has finally become one of the four important business center – the famous town Hankou – by the reclamation of the previous generations. During the evolvement of Hankou's urbanization, the economic activity based on Han River docks has been an important driving force. Hankou culture formed by dock economy has usually been called the "dock culture". The definition, the reasons and the elements for the dock culture have always been the heated issues in academic circle. Therefore, although nowadays many old docks in Hankou have disappeared and the former sites of the docks have changed into the beautiful river beach, it is still necessary to examine the ecology of the old docks in Hankou and explore the original culture, because it is helpful to directly face the history of current Hankou culture and understand the diversity of Wuhan culture.

Keywords: Hankou; Dock Culture; The Original Culture

About the Author: Peng Jianxin (1947 –), Member of China Writers Association, Secretary General of Wuhan Writers Association and Vice – president of Wuhan Writers Assocation. Novels: *Hong Chen*, *Yun Cheng*, *Zhao Hun* and *Mian Shi*. Essay collections of urban culture: *Frozen Memory: the Old Streets and Lanes in Wuhan*, *The Vague Shadow: the Old Tricks in Wuhan*, *Whispers of Love: Essays of Peng Jianxin*, etc. E – mail: 1474029991@ qq. com.

笑洒江城

——《都市茶座》18 年漫谈

叶大春[*]

【摘　要】武汉电视台方言喜剧栏目《都市茶座》2000 年由著名艺术家夏雨田、著名湖北评书表演家何祚欢、著名独角戏演员田克兢与著名导演马昌桥创办，经过 18 年来全体演员、栏目组坚持不懈的努力，拍摄综艺节目与栏目剧总计 3000 多集（期），创造了武汉的艺术传奇与屏幕佳话。《都市茶座》始终坚持正确的舆论导向与雅俗共赏的艺术趣味，注重喜剧性、故事性与新闻性，贴近生活与市民，叙说江城故事，展现百姓情怀，获得了口碑与奖杯。先后获得全国电视文艺“星光奖”（优秀栏目奖）、“武汉市宣传思想文化工作创新奖”，还连续多年被评为“武汉市广播电视十佳栏目”，被誉为武汉的文化名片与市民的乐园。

【关键词】方言喜剧　《都市茶座》　雅俗共赏　市民乐园

一　四个男人办茶座

《都市茶座》的诞生，靠武汉的四个男人：夏雨田、何祚欢、田克

---

* 叶大春（1956 ~ ），武汉电视台主任编辑、《都市茶座》文学统筹与编剧。发表长篇小说《铜脊将军》《惊天旧案》，中短篇小说集《胭脂河》、笔记体小说《醉翁谈录》，散文集《朋友如蝶》，报告文学集《大爱擎天》《江夏之光》《教坛怪杰》《职教师魂》等，创作电视剧 1000 多集，获得过飞天奖、星光奖、金童奖和意大利国际儿童电视节大奖。电子邮箱：yedachun@ aliyun. com。

兢、马昌桥。

夏雨田，曾任中国曲艺家副主席、湖北省曲艺家协会主席、武汉市委宣传部副部长、武汉市文联主席。他开创了歌颂型新相声，其代表作《女队长》经著名相声演员马季演出脍炙人口，还被法国巴黎第七大学选译为教材；他创作的《难忘一课》《农老九翻身记》《吃不了兜着走》《借电话》《家庭诗会》等获得全国相声创作一等奖；有20多部相声作品在央视春晚、曲苑杂坛等栏目播出，著有相声作品集《无限青春》《花花世界》等；曾获得中央电视台、中国曲协颁发的全国相声创作杰出贡献奖，被中国文联、中国文化部评为“中国十大杰出文化人物”之一。夏雨田患肝硬化腹水，本来只有100来斤的体重，腹水后重200斤，腹部肿得像孕妇，肝部常常让他痛得彻夜难眠，但他很乐观坚强，自嘲：“我现在是硬件发软，软件发硬。腿部该硬却发软，肝部该软却发硬。”

何祚欢，自喻“活着欢”，是著名湖北评书表演家。图1为何祚欢。成名作是湖北评书《双枪老太婆》，长篇评书《杨柳寨》获全国优秀曲艺（南方片）观摩演出创作一等奖，短篇评书《挂牌成亲》获全国优秀曲艺作品一等奖。何祚欢不光能表演评书，还能写评书、戏剧和小说。他写的湖北评书紧贴老百姓的喜怒哀乐，说起武汉的历史掌故，文气充沛，如数家珍，他将湖北评书与武汉风土人情融为一体，颇受观众喜爱。他写的戏剧《穆桂英休夫》《养命的儿子》频频得奖。其“儿子系列”三部曲《养命的儿子》《失踪的儿子》《舍命的儿子》，既是耐读的系列长篇小说，又是说书的最佳蓝本。

图1 何祚欢

田克兢，从汉口小巷里走出来的草根明星，曾在基层舞台摸爬滚打多年，后因模仿陕西王木犊表演武汉方言独角戏崭露头角。夏雨田赏识他，特地为他写独角戏《吃不了兜着走》，这部作品经他演出一举夺得全国曲艺小品大赛一等奖。后夏雨田为他量身定做了《阖家转移》《整容》《麻厂长》《小店夜话》《棋迷》《中奖》《鹊桥热线》，田克兢表演的这些独角戏，深受武汉观众追捧。央视《见证》栏目推出《找乐》专辑，选取全国 8 个有代表性的城市，以及 8 个最能代表该城市民风民俗的笑星，其中武汉的代表是田克兢。田克兢记录着武汉，将武汉的社会万象、街坊是非、时代变迁在他的嬉笑怒骂中熔为一炉；田克兢也从一个层面代表着武汉，外地人想了解武汉这座城市的性格，就得去看田克兢的独角戏。

马昌桥时任武汉电视台综艺栏目《民众乐园》编导，不仅寂寂无闻，而且是个临时工。他当过知青与工人，能吃苦耐劳；又当过文艺骨干学过表演，有梦想激情。在《民众乐园》“一末带十杂”，一干就是七八年，他撰稿、导演的专题片《影视追踪在西藏》荣获过全国电视文艺“星光奖”。当初，就是他看中了夏雨田撰稿、田克兢表演的独角戏，力荐在《民众乐园》中新增一个“岔巴子”的子栏目，收视率很高。这个子栏目就是《都市茶座》的源头，“岔巴子”也成为后来《都市茶座》剧中的主角。进入 21 世纪，武汉电视台进行大改版，推行创新创优机制，不拘一格用人才，马昌桥提出了创办方言曲艺栏目的策划方案，获得台领导赞赏。于是他信心满满地来找夏雨田、何祚欢、田克兢商议。

当时夏雨田病重住院，在病榻上欣闻要搞方言曲艺栏目，异常欣喜，表示全力以赴。夏雨田一贯智慧超群，思维敏捷，在文艺圈以“来得快”著称，想象力丰富，新点子多，当即提出方言曲艺栏目的构想。构想分两大块：一块是田克兢的独角戏，延续他在《民众乐园》里的“岔巴子”系列故事，本子由夏雨田来写；另一块是何祚欢讲湖北评书，讲武汉的民俗风情、历史文化，他是“老武汉”“活化石”，又是汉味作家，本子他自己写。

夏老一锤定音，大家齐声叫好。夏雨田灵感大发，想好一副对联：岔巴子田克兢岔七岔八神谈鬼侃笑话连篇演绎着江城故事；评书家何祚欢评天评地说古道今讲述着武汉沧桑。横批就是栏目名称。夏雨田让大家集思广益，马昌桥想出一个名称——都市茶座。大家一致赞成。

后来，《都市茶座》还搞了一个主题歌，夏雨田写的歌词：“舀瓢汉江水，泡杯香片茶，夸夸九头鸟，说说武汉伢。办事脑子灵，说话喉咙喳，人好脾气犟，天热火气大。长江波涛涌，生活翻浪花。江城故事多，酸甜苦麻辣。褒贬由人说，主意自己拿。武汉美与丑，连着你我他。”主题歌由武汉戏曲作曲家李连璧谱曲，他不仅创作过多部京、汉、楚剧音乐，还谱写了一些京腔戏歌，大受歌迷戏迷追捧。李连璧不负厚望，精心谱写出了楚腔汉调特色浓郁的《都市茶座》主题歌。这首主题歌随着《都市茶座》的热播，很快风靡江城，成为市民耳熟能详争相传唱的歌曲，许多市民将它下载成手机铃声，编成广场舞曲，还有单位将它作为晚会压轴节目，拿它去参加汇演、比赛，甚至有人向市政府建议将它定为武汉市歌。

《都市茶座》开拍前就遇到一个大难题：没有录制场地。台里只有两个演播厅，本来就紧张，不可能让《都市茶座》搭景长期占用。大伙儿跑了多处都无果，或租金太贵，或场子太小，或环境太闹。眼看开播时间逼近，无处搭景开拍，大家真是心急如焚。费尽周折，他们终于在武汉艺校找到一个小剧场，稍加改造，简单搭景，就紧锣密鼓地开拍了。

《都市茶座》开头几集，何祚欢评说江汉路开街、武汉的厕所、小吃、桥、车与路、旅游、园林等，田克兢演“岔巴子”系列故事《棋迷》《舞迷》《酒迷》《歌迷》《戏迷》等。栏目一开播就引起观众强烈反响，好评如潮，卷起江城快乐的旋风，栏目跻身于武汉电视台收视前列。

开播8集后，台里召开了《都市茶座》座谈会，著名民俗学者皮明庥、著名教授王先霈和一些观众代表都对《都市茶座》大加赞赏，认为它办出了鲜明的地域特色，有明显的武汉烙印，更有雅俗共赏的喜剧特色，让观众喜闻乐见。当然，大家对栏目主持人“老板娘”的表演不够满意，本着“边办边改，越办越好”的探索创新原则，《都市茶座》毅然换掉“老板娘”，启用了尹北琛。当时她是茶客之一，听何祚欢讲评书时就使劲鼓掌，看田克兢演独角戏时就起哄傻笑。她刚刚出道，在演艺圈没名气，但她的外貌与气质与“刀子嘴豆腐心”的老板娘有几分契合，于是栏目组大胆启用了她。

还有一个“变”：打破《都市茶座》“湖北评书 + 独角戏”常规模式，加进了湖北曲艺、话剧演员的演出，如张明智的湖北大鼓，陆鸣、李道南、许勇的相声，马启厚、余信杰的小品，还邀请全国明星来捧场助阵，如邀请中国著名相声演员、“洋教头”丁广泉和他的一帮“洋徒弟”来说相声，邀请著名小品演员大兵来演小品，邀请马季、姜昆、冯巩、侯耀文、侯耀华等明星来茶座献艺。有了全国明星的加盟，提高了收视率和知名度。

《都市茶座》不仅“请进来”，还“走出去”，三次与央视著名栏目《周末喜相逢》联合录制“五一特辑”“夏雨田作品演唱会专辑”“汉味作品专辑”，在央视播出后反响强烈，展示了汉派演员的实力。

二 沉着应变、痴情坚守

正当《都市茶座》办得风生水起之时，夏雨田又一次被病魔击倒，腹水上涨，压迫呼吸，肝痛锥心。有天深夜，他疼得直冒汗，打止疼针也不管用。他突然大喊：“拿纸笔来！”护士以为他要写遗嘱，没想到他灵感来了，要写独角戏。护士大惑不解：“连止疼针都不管用，您怎么还写得出来？”他笑着说：“这叫创作止疼法，我的专利哟！”

多次挣脱死神、创造生命奇迹的夏雨田在意识到大限将临时，决定做一期《都市茶座》特别节目，跟观众谢幕。面对镜头，他坦言：“我生命的计程车正在向终点疾驶，但我无怨无悔，生命有限，笑声永恒，我希望我的生命在笑声中延续，我希望在笑声中燃烧我的生命！”2004年7月30日，夏雨田与世长辞。弥留之际，他挣扎着断断续续喊出四个字：“都市……茶座……”

夏雨田的逝世对《都市茶座》是致命一击。夏雨田是《都市茶座》的灵魂，没有了灵魂，《都市茶座》面临散摊子的危机。大家只得靠重播、“扒带子”（改编）、东拼西凑节目来勉强支撑，但栏目每况愈下，质量下滑，收视率低迷，令观众既痛惜又怨怼。

《都市茶座》在低迷两年后，由曲艺版改为方言剧版。之所以改版，一是迫于曲艺创作后继无人；二是曲艺版茶座节目形式单一，观众产生审美疲劳；三是方言剧方兴未艾，盛行荧幕（上海台的《老娘舅》、广东台的《外来媳妇本地郎》、重庆台的《生活麻辣烫》都是风靡荧幕、成功火爆的方言剧）；四是武汉演员、编剧队伍强大，适合搞方言剧。

经过两个多月紧锣密鼓的筹备，《都市茶座》方言剧版出炉了。主要人物有岔巴子（田克兢扮演）、老板娘（尹北琛扮演）、尹教授（马启厚扮演）、姐夫（后改为窦布隆，李道南扮演）、郑麻木（郑志方扮演）、郝主任（茅贵娴扮演）、李户籍（李四顺扮演）等，剧情是连贯的，角色固定不变。方言栏目剧的编剧队伍庞大，当年在作家田天的领衔下，召集了近30名作家为《都市茶座》撰稿。

2006年11月1日，《都市茶座》举办了开播6周年暨方言剧开播文艺晚会，马季应邀请前来祝贺，表演了相声，还亲笔题写了“都市茶座”作为贺礼。

《都市茶座》当年雄心勃勃，搞的是“天天播”，每周播7集。坚持了半年，因为时间实在太紧张，几次差点“开天窗”，只好改成每周播4集。后根据剧情需要，又增添了农民工王发泡（周锦堂扮演）、王发泡之妻陈三丫（冷佳华扮演）、打工妹小芳（邱玲扮演）、陆德亨（陆鸣扮演）、陆妻（杨鸣秋扮演）、岔母（黄道胜扮演）、肖太婆（肖慧芳扮演）、服务员露露（吕婧扮演）、谈得来（刘志鹏扮演）、张锅铲（喻军扮演）等角色。这些演员大都是武汉著名的话剧、曲艺演员，因为有他们的抱团演艺、痴迷坚守，才打造出了《都市茶座》的知名度和影响力，创造了18年久演不衰的艺术传奇。图2为《都市茶座》剧照。

《都市茶座》走过18年，靠的是创作团队对艺术的坚守的精神。夏雨田用他的“生命不息、奋笔不止”的人生经历，为“都市茶座”精神做了最好的阐释。

相声大师马季先生也曾感慨夏雨田的拼命精神，赞赏武汉的《都市茶座》坚持数年搞喜剧艺术的执着精神。正是“都市茶座”精神感动了马季先生，多次应邀来汉参与《都市茶座》活动和演出，直至生命的最后，用他对艺术的痴迷为“都市茶座”精神增添了艺术佳话与人格魅力。

图 2 《都市茶座》剧照

一度，《都市茶座》落入收视率不高的窘境里，这时有人怀疑《都市茶座》到底还能坚持多久，甚至有人呼吁干脆停办《都市茶座》，但电视台领导力挺《都市茶座》，决定举全局之力保住这个有一定知名度和影响力的自办栏目。

田克兢、周锦堂、尹北琛、陆鸣、余信杰、李道南等演员对《都市茶座》坚持不懈，无论他们演出多频繁，工作多忙碌，只要接到《都市茶座》演出任务，都满腔热忱地投入其中，不谈条件，不讲报酬，不论得失，尽心尽责地塑造人物，打造角色，为《都市茶座》增色添彩。有的演员为了参加《都市茶座》演出，推辞了走穴演出，拒绝了电视剧邀请，婉谢了其他电视台的节目录制，甚至忍痛割爱放弃了参加央视春晚的竞争。

三 《都市茶座》“三性”

《都市茶座》为什么久播不衰、惹人喜爱？因为它注重了喜剧性、故事性和新闻性。

《都市茶座》定位于喜剧栏目，自然要在喜剧上下功夫，无论是在剧本创作上，还是在导演风格和演员表演上，他们都注重挖掘喜剧因素，发挥喜剧效果，让喜剧性成为栏目剧的艺术魅力和成功激素。当然，他们注重喜剧是有分寸与尺度的，不是无聊的搞笑，不是庸俗的插科打诨，不是低俗的无厘头，不是哗众取宠的瞎闹。他们把喜剧性定位在真善美的基础上，把握在健康向上的原则上，不迎合少数人的低级趣味，不为单纯追求喜剧效果和收视率而搞喜剧性。在《都市茶座》一度陷入收视率低谷时，有人曾好心劝他们放开手脚，大胆去搞婚外情、包二奶、大款吃喝嫖赌、荒诞离奇故事、凶杀案件等内容来吸引眼球，他们都没动摇，一直坚守健康有益的喜剧原则，让喜剧既为栏目剧增色，又为生活添光。

故事性是《都市茶座》令观众喜闻乐见的重要因素。故事性可以说与喜剧性相辅相成，并驾齐驱，“讲一个好故事”成了《都市茶座》同人们潜心琢磨、痴迷追求的目标。编剧为了琢磨一个好故事，可以废寝忘食、日思夜想，想不出时烦恼得抓耳挠腮，想出好故事时兴奋得手舞足蹈；导演与演员也参与到故事的构思与修改中来，群策群力，集思广益，努力完善故事，尽量让故事更巧妙，更有感染力，更具有喜剧魅力。一次，著名演员周锦堂在飞机上偶尔看到一张外地报纸上登载了一则消息，讲述海南有个缉拿逃犯的专业户。他觉得这个故事蛮过瘾，于是把这张报纸讨要过来，回来后交给编剧构思故事，编成了两集栏目剧《通缉犯》，播出后收视率很高。《都市茶座》的故事性注重贴近都市脉搏与市民生活，追求平民化，大众化，不搞稀奇古怪的东西，不追求荒诞离奇的故事，更不讲述低俗下流的故事。《都市茶座》的故事就是要让百姓看得懂，喜欢看，看了有所愉悦和教益。

《都市茶座》还注重新闻性。它虽然是个喜剧栏目剧，但也要讲究新闻时效，与时代同步，贴近百姓关注的热点和社会的焦点，以短、平、快来反映生活，记录历史，在配合形势、注重新闻性上做过许多努力。在政府号召全社会关爱农民工时，栏目团队搞了关于农民工的系列栏目剧，成功塑造了农民工王发泡的形象。扮演王发泡的著名演员周锦堂深有感触：演了二三十年话剧，扮演过许多角色，没想到演个农民工王发泡却出了大名，只要上街就有人追着他喊“王发泡”，要他签名，请他合影。在2007年武汉“1+8”城市圈被国务院批准为“全国资源节约型和环境友好型社会建设综合配套改革试验区”之际，他们又及时推出了反映城市圈题材的栏目剧，反响较好。在汶川大地震时，《都市茶座》更是投入热情去表现、去记录这一重大事件相关故事。汶川大地震本是悲剧，用喜剧形式怎么去表现，确实是一个难题。编导人员的确动了一番脑筋，在把握喜剧分寸、不给人以拿悲剧搞笑的误会等问题上进行了探索，终于推出了基调为“含泪的笑”的《爱心谎言》《献血卡》，反映武汉市民心系灾区、奉献爱心的动人事迹。在北京奥运期间，《都市茶座》搞了《开幕式票》《茶座奥赛》《奥运梦想》《趣味运动会》等栏目剧，展现了武汉人享受奥运、支持奥运的精神风貌。在武汉争创文明城市的活动中，《都市茶座》更是义不容辞，积极行动起来，搞了一系列的栏目剧，并例外拍摄了公益宣传广告片，配合武汉市创建文明城市活动的主题宣传。庆祝武汉解放六十周年，栏目团队也以喜剧的形式创作出《寻找幺妹》《红色文物》，在红色喜剧的路子上做了探索尝试。注重新闻性不仅使《都市茶座》跟上了时代步伐，紧扣了生活脉搏，而且拓展了题材，开阔了视野，通过抓住新闻时效，抓住了观众的收视心理。

四 故事源头揭秘

“问渠哪得清如许，惟有源头活水来。”许多人得知《都市茶座》播出栏目剧2000多集，都感到惊讶：你们怎么有那么多故事讲呀？纵观全国电视台，能播出2000多集的栏目剧寥寥无几。而《都市茶座》创造了“故事接龙”的荧屏最高纪录。

《都市茶座》故事的源头在哪里？

第一，从热点新闻中去找题材。这是他们摸索出来的一条事半功倍、不吃力而讨好的捷径。在四川橘子、海南香蕉遭遇网上流言和手机短信谣言，造成橘农、蕉农惨重损失时，他们及时拍出了《爱心橘子》《香蕉悲喜录》，澄清事情真相，给予受损农民道义援助；在成都公交车纵火事件后，他们很快拍出了《安全锤》，以喜剧形式告诫人们重视安全，珍爱生命；在全社会关注农民工的大背景下，他们拍出了农民工系列剧——《扁担》《擦皮鞋》《户口梦》《捐骨髓》《团圆房》《相亲会》，反映农民工的精神风貌与生活状态；在甲流感肆虐之时，他们推出了《流感》，告诫人们流感并不可怕；在邻居权、隐私权成为热点话题之时，他们推出了《邻居权》《隐私权》，呼吁人们重视这“两权”；在我国把清明节作为法定节日的第一年，他们拍出了《清明节》来纪念；在武汉市严厉打击黑车、种房子之时，他们以《黑车》《种房子》来配合；在武汉市恢复中断26年之久的失物招领、严打诈骗犯罪、号召拍客举报违反交规的举措下，他们拍了《失物招领》《梅花案》《撞猴子》《拍客》来宣传；在全民掀起节能减排热潮中，我们及时推出了《体验低碳》《节水趣事》……

第二，在策划中去找构思。《都市茶座》有过许多次成功策划，导演、编剧、演员在一起吹点子，侃故事，往往能启发编剧的思路，碰撞出灵感的火花。第一次成功策划，就是让岔巴子与老板娘结婚，从操办婚礼到度蜜月，前前后后拍了几十集，掀起收视高潮；第二次成功策划，是在茶座搞了一个家事演播厅，增添了“扁担”王发泡，新角色带来新视觉；第三次成功策划是让岔巴子演古岔巴子，在魔幻喜剧上做了有意义的尝试；第四次成功策划是给余信杰量身定做的“爷爷系列”——《爷爷的雕像》《爷爷的画像》《爷爷的坟》《爷爷的貔貅》《爷爷的老房子》，喜剧效果很好；第五次成功策划是推出谈得来系列——《医托》《婚托》《墓地》《道歉公司》《找人公司》《出气室》《星探公司》《美梦手机》等，拓宽了社会生活面；第六次成功策划是王发泡与徐慧慧、小芳的感情变异，让剧情跌宕起伏……

第三，到生活中去找素材。生活是创作的源泉，也是茶座故事的源头。茶座演绎的故事大都是生活中的鲜活故事，只不过他们用喜剧来包装了，变形了。图3为演员们正在表演。像《神奇丸》《猜彩骗术》《车牌》《虎骨酒》《抓住他》《看相大师》《风水大师》《骗怕了》《教授惊魂》等等，再现了活生生的案件；像《拿手菜》《梦话与鼾声》《私房钱》《到哪里去过年》《搀扶》《面子》《躲债》等等，演绎了原汁原味的市民生活；像《肖太婆的心事》《许老爹的鹦鹉》《租个儿子过年》

图 3 演员们正在投入演出

《偷跑》等等，反映了老人的生活状况；像《丁克家庭》《忧郁症》《空调病》《出气筒》《情绪中暑》等等，诉说了现代人的烦恼与心病；像《吃狗肉》《学车》《新手上路》等等，都是从酒桌牌桌上听来的笑话；像《出歪嘴》，是直接从编剧患面瘫的生活体验中信手拈来的……

第四，在小小说里去找故事核。栏目剧颇像电视小小说，都有短、平、快、少等相似特点。短，指的是篇幅短、故事时间跨度短；平，指的是相对连续剧而言，故事情节和人物命运平稳些，不是跌宕起伏，大悲大喜；快，指的是情节发展快，制作播出快；少，指的是主题少，人物少，情节少，投入少。于是，栏目成员用小小说的故事核加上喜剧要素，创作出了大量栏目剧。

第五，到书刊中上去找点子。当合格编剧就要做有心人，平时多跑图书馆、书店和书报摊，多阅读，多搜集，等灵感不如找点子，好记性不如烂笔头。

第六，在网上找噱头笑料。网上信息鱼龙混杂，仔细分辨也可淘到宝，找到蛮过瘾的噱头笑料。像《躲猫猫》《打酱油》《常回家吃饭》《百元周》《网恋》《网婚》《AA 制》《开心农场》《山寨春晚》《人肉搜索》《慢生活》等等，都是从网络笑话和流行语中得到启迪，编成的喜剧……

五 演员的心声

著名评书家何祚欢在日记里写道："在《都市茶座》之前，我一直在寻求娱乐与传播知识的自然结合方式，感谢《都市茶座》让我找到了这种方式，延续了我的艺术生命，让我走向了更多的观众。我喜欢《都市茶座》，它就是我们大家一起养的一个儿。还有茶座这帮年轻人都肯缠我玩，我觉得很安慰了。这不是客气，也不是玩笑，而是几十年悟出的一点道理：一个人不管有几大本事，终究是要几个朋友的，走一处交一批朋友，干一件事交几个朋友，老了还有同龄、不同龄甚至隔代的朋友，那就会活得有滋有味。"

著名独角戏演员田克兢诙谐地说："在舞台上摸爬滚打40多年创造了许多角色，走在路上常被人喊'田太婆''麻厂长''老馋'……后来，人们只喊我'岔巴子'了。从独角戏到栏目剧，我演了18年岔巴子，武汉人也喊了我18年'岔巴子'。几岁小朋友喊我'岔巴子'，爹爹婆婆也喊我'岔巴子'；工人农民喊我'岔巴子'，省长市长也喊我'岔巴子'……岔巴子成为武汉人的标签。我喜欢大家喊我'岔巴子'，我感谢打造岔巴子的《都市茶座》。岔巴子是《都市茶座》给的，是老百姓给的，他讲述的是真善美，鞭挞的是假丑恶，江城父老喜欢看，我就喜欢演，我要将岔巴子演到底……"

著名话剧演员肖慧芳深情地说："我在《都市茶座》演的是空巢老人肖太婆，角色小，戏不多，但我从不敢怠慢偷懒，每次接到拍摄任务，都要认真推敲剧本，琢磨怎么把肖太婆演好演活些。我一辈子演戏，无论大角色还是小角色，都认真，生活可以马虎，演戏是决不能马虎的。有时为了一句台词，一个动作，我觉得不理想，尽管导演说可以过了，我还是恳求再拍一遍。我不敢说我演肖太婆怎么成功，可我敢说我演肖太婆是很认真的。演我喜欢的角色，是我晚年最大的快乐！感谢《茶座》让我老有所乐！"

曾多次荣登央视春晚舞台的著名演员尹北琛在《都市茶座》扮演老

板娘，她动情地说："回想在《都市茶座》里的往事，仿佛放电影一样浮现在脑海里，我心头会涌起幸福快乐的暖流。可以说，《都市茶座》是我演艺生涯中伴我成长、助我成功的重要驿站。拿时髦的话来说，我的青春，茶座做主。不管有多忙，我都要腾出时间来参加拍摄《都市茶座》。如果时间有冲突，我宁肯推掉一些演出与会议，也不耽误演老板娘。就算在我参加央视春晚小品《五十块钱》的紧张排练中，我也偷跑回汉参加《都市茶座》拍摄。我爱《都市茶座》，她已成为我生活的重要部分，我要全身心地去珍惜她，呵护她。即使哪一天我不能演老板娘了，《都市茶座》也将成为我美好的人生记忆和宝贵的精神财富。"

著名话剧演员周锦堂感慨道："王发泡在武汉已经家喻户晓深入人心，成为武汉人评头论足的对象、茶余饭后的话题。我对王发泡这个角色充满了感情，从王发泡的方言、造型，到他的性格特征和喜剧风格，我都下了苦功夫。王发泡的影子，伴随在我的思想、工作、生活中，我经常在回家路上、出差途中不由自主地琢磨起王发泡这个形象来……"

六　茶座的粉丝们

《都市茶座》到底受到观众怎样的喜爱呢？讲几个故事就明白了。

十年前，《今古传奇》杂志在张家界景区召开全国笔会，散会前夜主办方举行了一场联欢晚会，要求来自全国各地的作家拿出各地的拿手节目参演。其中能歌善舞的作家不少，他们大都有家乡荣誉感、地域自尊心，都想好好表现一番。湖北打工作家王恒绩演唱道："舀瓢汉江水，泡杯香片茶……"豪迈大气，节奏明快，楚腔汉调，声声入耳，博得全场掌声。不过主持人报节目时把这首《都市茶座》的主题歌错报成了武汉市市歌。其实，这还是王恒绩的错，从将军县红安来汉打工多年的他向主持人报节目时就把这歌当成了武汉市市歌，他就是《都市茶座》的忠实粉丝，满口正宗的武汉话就是从《都市茶座》中剽学来的。

2006 年《都市茶座》栏目剧开播晚会上有个特殊节目《江城岔巴子》，是在 100 多个田克兢粉丝中挑选 7 名粉丝扮演男女老少版岔巴子，与田克兢同台表演，他们模仿田克兢表演独角戏，赢得满场掌声喝彩声。殊不知，在挑选岔巴子演员时，出现了许多喜剧化情景。一位 80 多岁的爹爹门牙掉了，说话都不关风，却自称是田克兢的铁杆粉丝，还自称比田克兢的黄陂话说得还地道些。他软缠硬磨要参加晚会演出，甚至还使出了“贿赂”手腕，要请剧组人员去吃火锅，搞得我们哭笑不得。一名 10 岁的小朋友居然也是田克兢的小粉丝，学习成绩不怎么样，学起岔巴子来却无师自通，惟妙惟肖。他不顾家长的强烈反对，偷偷逃学跑到初选现场，家长听到老师的告状，跑来了要抓他回学校去上课，他竟然抱住田克兢的腿不肯放手，央求田克兢帮忙劝劝他爸妈。有个卖鸭脖子的夜市女摊贩，对田克兢的独角戏喜欢得不得了，张口就来，学得蛮像，社区人都戏称她“女岔巴子”。她边卖鸭脖子边学岔巴子，招来蛮多顾客，生意蛮好。还有一个小伙子，剧组人都认得他，每次拍摄时，他都准时来观看，不声不哈的，后来才得知他患有抑郁症。挑选岔巴子那天，他也来了，剧组人员紧张了：挑选他吧，实在不够资格；不挑选他吧，又怕刺激了他。好在他爸爸来了，说他不是来参加挑选的，而是来看热闹的，剧组人员悬在心头的石头才放下了。他爸爸还告诉我们，自打他儿子喜欢上岔巴子后，抑郁症减轻多了……

2008 年 5 月，《都市茶座》策划了岔巴子与老板娘结婚的故事，武汉几家报刊都在炒作这个“虚构”的喜事，甚至刊登了田克兢与尹北琛的“结婚照”，搞得像真的一样。许多观众打来电话询问这个事的真假，还有人为田克兢与尹北琛是不是真夫妻而打赌。尹北琛的邻居还以为她真的结婚了，跑去送贺礼讨喜糖。有一个老婆婆是《都市茶座》老粉丝，打听到尹北琛所住的宿舍小区，在门房前等候了好几天，终于见到了尹北琛，送上了自己的贺礼——两双绣着鸳鸯的鞋垫。尹北琛哭笑不得，拒绝了又怕伤了老粉丝的心，只得含糊其词，代表《都市茶座》收下了这份特殊的贺礼。

前年，我们应运输管理部门之邀做了两集鞭挞黑车现象的栏目剧，剧中有个情节，讲有个残疾人脚上绑了两根棍子开黑车拉客赚钱。这是根据真实案例写的，可接着就有几个开黑车的残疾人跑来找我们扯皮，威胁要到电视台门口静坐示威。后来这件事发生了喜剧性逆转，他们提出条件：只要能让他们到茶座去看看拍戏，就不闹了。其实，他们就是为这个结果闹的。我们不但让他们看拍戏，还邀请他们当群众演员参加拍戏。这个“化干戈为玉帛”的故事说明了《都市茶座》在观众心中的分量与地位。

还有一个更离奇的故事。一个男青年激愤下杀死了女朋友，男方父母为保住儿子一条性命，苦苦哀求死者父母签订一份谅解书。可死者父亲在老板的授意下迟迟不签。男方父母多次上门求情，男方律师也找死者父亲与老板斡旋，都没奏效。男方律师打听到那个老板是田克兢的粉丝，抱着死马当作活马医的侥幸心理，硬着头皮来央求只在屏幕上见过的田克兢，帮忙说说情。田克兢去了，谅解书签了。《都市茶座》喜剧居然与人命官司这么蹊跷地联系上了，也是蛮值得玩味的。

七　武汉的文化名片

从开创到转型，从创新到坚守，从辉煌到低谷到再攀高峰，《都市茶座》18 年一路走来，印证了一个道理：好钢须百炼，好戏须多磨。

《都市茶座》获得了口碑与奖杯，先后获得全国电视文艺“星光奖”（优秀栏目奖）、“武汉市宣传思想文化工作创新奖”，还连续多年被评为“武汉市广播电视十佳栏目”。

《都市茶座》走的是一条武汉特色的电视品牌之路，追求的是“立得住、留得下、传得开”的艺术境界。在武汉，这个品牌家喻户晓，男女老少喜闻乐见。要活得快活，去看《都市茶座》；要学武汉话，去看《都市茶座》；要了解武汉风情、民俗世道，去看《都市茶座》。《都市茶座》堪称展现武汉风情民俗、讲述江城百姓故事的“电视之窗”，武汉的文化名片。

借用田克兢的那句话：只要江城父老喜欢看，我们就喜欢办，把《都市茶座》一直办下去，开出更灿烂的花，结出更丰硕的果。

Laughter Spreading over Wuhan: Discussion on the 18 years' History of *Urban Teahouse*

Ye Dachun

Abstract: *Urban Teahouse* is a dialect comic section presented in Wuhan TV Station, which produced by famous artist Xia Yutian, famous Hubei Pingshu artist He Zuohuan, famous stand – up comedian Tian Kejing and famous director Ma Chanqiao in 2000. After 18 years' effort, *Urban Teahouse* has been presented more than 3000 episodes, including both variety shows and column plays, which has created a legend in Wuhan art history. *Urban Teahouse* always holds the correct guidance of public opinion, keeps both refined and popular artistic taste, pays attention to the feature of being comic, story – telling and news – related, stands close to the life and residents, describes stories happening in Wuhan and shows the thoughts and feelings of residents. *Urban Teahouse* has won both reputation and awards. It has successively won National TV Literature Art Xingguang Award (Outstanding Column Award) and Wuhan Creative Award of Propaganda on Ideological Culture. Besides, it has also been awarded one of Wuhan Best 10 Radio and TV Columns, and been honored as the cultural name card of Wuhan and the paradise for Wuhan residents.

Keywords: Dialect Comic; *Urban Teahouse*; Both Refined and Popular Taste; Paradise for Residents

About the Author: Ye Dachun (1956 –), Associate Senior Editor in Wuhan TV Station, Literature Arranger and Playwright of *Urban Teahouse.* He has published two novels which are *General Tongji*, and *Earthshaking Old Court Case*, an anthology of medium – length novels and short stories *Yanzhi River*, a literary sketchbook *Zuiweng Tan Lu*, a prose collection *Friends like Butterflies*,

Reportages which are *Deep Love for Qingtian*, *The Light of Jiangxiang*, *Jiao Tan Guai Jie* and *Zhi Jiao Shi Hun*, and more than 1000 mini novels. He has produced more than 1000 episodes for TV series, and has won Feitian Award, Xingguang Award, Jintong Award and Italy International Chirdren TV Festival Award. E – mail: yedachun@ aliyun. com.

用镜头为武汉立传

李炳钦*

【摘　要】武汉是一座有故事的城市。它不仅拥有3500年的悠久历史，也有着一大批著名的人文景观、独特的风土人情和厚实的文化底蕴，在其山水街市之间还产生了无尽的故事和传说。大型电视系列片《话说武汉》、《武汉百年》和《武汉三千五百年》致力于讲述武汉故事，用镜头为武汉立传。《话说武汉》精心遴选100个选题，说历史，讲景观，道风情，被誉为“乡土教材”；《武汉百年》全景式讲述武汉自汉口开埠以来140年间的城市变迁史，获得较多奖誉；《武汉三千五百年》则纵向梳理了武汉自盘龙城以来3500年的发展脉络。

【关键词】纪录片　武汉故事　历史文化　立传

用镜头为武汉立传的念头起于一次雨中漫步。

那时作为一名新入职的电视编导，在给中央电视台《夕阳红》栏目“打工”一年多之后，心里急切想找到新的方向。《夕阳红》栏目许多节目取材于武汉，我得以经常出没于武汉三镇的老街深巷和郊县乡村的田

* 李炳钦（1958～），博士，武汉广播电视台高级编辑。主要著作有《镜悟镜语》《纪录片叙事研究》《小说萃》；主要电视作品有《中国钱币史话》（9集）、《武汉百年》（13集）、《科技与奥运》（35集）、《与湖泊共存》、《香港科技大学的故事》等。电子邮箱：451263051@qq.com。

间地头，对武汉的辉煌历史渐渐有了些零星了解。那是夏天的某个日子，我和湖北大学聂运伟教授约好一起走走“老汉口”。

初夏的汉口不冷不热，风物宜人。记得我们的漫步是从江汉路开始的，一排排欧式老建筑、一条条中西合璧的里份巷子切入我们的视野，走着走着就像走进了老汉口的历史深处。武汉的夏天风云多变，忽然骤雨倾盆，雨中的老街道愈发透出历史感，反倒别有一番况味，让你感觉有无尽的沧桑和故事就藏在你眼前的这些街头巷尾、青石红瓦之间。驻足凝视，目之所触似乎都在告诉你：这是一座有故事的城市。这里，两江交汇，因水而兴。从盘龙城开始，历三国烽火，经唐宋繁盛，至汉口开埠、张之洞督鄂、民国风云际会，有太多的故事等着我们去讲述，我想我的镜头应该聚焦于此，系统地说说武汉的故事。此后，便陆续有了《话说武汉》《武汉百年》《武汉三千五百年》等大型系列片的诞生，断断续续历时八年之久。

《话说武汉》：为大武汉说点什么

说起北京，你会想到天子脚下的文采风流；说起上海，你会想到商业都会的繁华；说起深圳，你会想到工业时代的文明神话；说起武汉，你会想到些什么？

九头鸟，太粗野；热干面，不正宗了；老鸡汤，变味啦；汉正街，多水货……老听见人们这样叹息。

难道这就是被誉为“九省通衢”的我们的生息之地？当然不是。

那次雨中漫步之后，拍一部百集系列片《话说武汉》的构思渐渐清晰起来，于是很长一段时间，我们经常出没于武汉方志馆、图书馆，踏破了“汉味”专家的门槛，或者徜徉于通衢大道，流盼于老街深巷。所有的寻寻觅觅，都在印证着我们的一个感觉：我们应该扛起摄像机，为武汉说点什么。

当这个感觉传递到有关领导专家那里，经过几番碰撞，经过几方切磋，感觉迅速升华为一种理性：让我们来话说武汉！在专家论证会上，皮明庥、何祚欢、严昌洪、徐明庭等知名专家纷纷发言，高度肯定选题的意义；80 高龄的龚啸岚先生说到激动处，竟用拐杖敲击地板，语气铿锵有力："武汉是该说话了！"

这是老武汉们共同的心声。在他们的记忆里，有"紧走慢走一天走不出汉口"的自豪，有豆皮面窝热干面名扬四海的骄傲，有"人到武昌心自大，货到汉口自然活"的优越感，就连夏夜满街满巷的竹床阵都让他们留恋不已。而且，在他们的青春岁月里，武汉还一度成为全国的政治中心，那时天下英雄毕聚于此，演述过多少惊心动魄、可歌可泣的故事！如今，那些曾经舒卷天下风云，举足轻重的所在，仍旧坚实地存留在我们的城市里，在日益繁华，日益长高的楼宇森林中依旧透发着它们特有的沧桑气息。红楼、农民运动讲习所、武汉国民政府大楼、"八七"会址……每当我们匆忙地穿梭于街市偶一瞥见这些地方的时候，一种庄严神圣的感觉便悄然袭来，然后便有一种使命感迫使我们不敢片刻懈怠，不敢随心所欲苟活于这座伟大的城市。著名作家姚雪垠在一首诗中说他"虚负金黄小米饭，愧居碧绿大城池"，平庸如我们岂不暗自汗颜！

我们挽起袖子，涉江渡汉，浪迹于三镇街头，不舍昼夜，不避寒暑，追逐往事萍踪和生活浪花。作为主持人的评书表演艺术家何祚欢先生，推掉了无数次演出活动，跟我们在一起，总在我们还来不及感到疲乏烦躁的时候，以他特有的幽默和风趣让我们开心地笑个不停，诸如"火车睡着跑都这么快，要是站起来跑那还得了"之类。我们的摄像师杨德萱先生，在一个拍片周期中"衣带渐宽"，掉了 10 斤肉。我们心疼，他却十分得意于这种特殊而有效的减肥方式。

如此这般，虽苦虽累又何足道哉？力量的源泉全在于一个共同的信念：让我们为武汉说点什么！从 3500 年前商代先民在武汉建立盘龙城以降，顺流而下至孙权来此开辟夏口城，又至汉水改道而产生汉口镇，再到改革开放后沌口汽车城的崛起，两江交汇，三镇鼎立，四城雄踞，该有多少光荣梦想等着我们慢慢道来。

根据题材的不同，《话说武汉》大体分为三大部分：《名城沧桑》

《物华天宝》《汉上风情》。这三个部分包括100个选题。放鹰台、盘龙城、卓刀泉、楚王府、红楼、江汉关、起义门这类选题放在《名城沧桑》里，旨在追溯悠久历史；东湖、黄鹤楼、古琴台、晴川阁、汉阳树、归元寺、木兰山、龟蛇锁大江这类题材归入《物华天宝》部分，意在展示人文景观；老字号、茶社、热干面、汉口的里份、武汉名人路、汉阳庙会、汉剧、楚剧、武汉渡江节、武汉杂技节、旧街花朝节这类选题则列入《汉上风情》部分，重在介绍风土人情。按照市委宣传部的要求，本片要拍成一部武汉市加强精神文明建设、开展爱国主义教育的“乡土教材”。彼时，武汉正在全市深入开展“知武汉、爱武汉、建武汉”活动。

《武汉百年》：给新世纪献礼

每逢世纪之交的临界点，总会让人类频频回首又不断放目远眺，好像所有的悲情与壮怀、怅惘和期许都会在这一刻定格、凝结，然后升华成一种新的希望。

那是1999年7月的一天，台里将大型历史文献纪录片《武汉百年》的摄制任务交给我，让我们为近代以来的武汉百年史作一个总结，拍成系列电视片，以襄人类共举的世纪之庆。

我几乎怀着一种世纪情怀迅速投入了工作状态。从此，一座古老的文化名城，一段风云激荡的历史，成了我寤寐思服、朝夕挂怀的对象。

百年，这是怎样一个令人感伤又让人感奋的概念啊！所谓“生年不满百”，它冷酷、苍茫而又易逝；然而，就在这苍茫易逝的时间段落里，我们所居处的城市武汉却在轰轰烈烈地拔节成长，就像一棵生机勃发的参天大树，又像一位活力四射的翩翩少年。几乎一开始，我和我的同事们就被深深打动了。我们怀着诚敬之心，日夕环绕在城市早已亭亭如盖的绿荫之下，细察城市的年轮，寻觅她成长的履痕。

那么，我们的笔触将起于何年，是整整一百年前，或是稍前和稍晚？这是一个颇有意味而又耐人寻思的问题。起先，我们考虑过将武昌起义作为叙述的起点，可是这样一来，没有早先湖广总督张之洞种豆得瓜般训练新军的那段特殊历史背景，武汉作为辛亥革命的首义之区就得不到完整而准确的表述。理所当然地我们又考虑将叙述起点定为张之洞督鄂，这样时间上倒是大体吻合百年的跨度，但是武汉城市发展的转型过程仍然得不到完整的表现。

武汉这座城市，有它特殊的发展段落。当我们把叙述起点往前推至汉口开埠的时候，问题就变得明朗而清晰起来。1861 年，这是让武汉人伤心的年份。这一年英国侵略者用炮舰轰开了武汉的城门，大批物质财富流向了侵略者的海盗船；然而在西方侵略者给武汉带来屈辱与剥削的同时，也带来了先进的西方文明，譬如租界内的一批欧式建筑、汽车、远洋轮船和洋行银行等，客观上造成了武汉的开放格局和城市功能的转型，武汉的近代化进程由此拉开序幕。由于西方的刺激，张之洞洋务救国的思想才有了诞生的基础，武汉恰好有幸成为张之洞洋务新政的试验特区。回首武汉历史的这一百四十年历程，历史的两端都坐落在一个开放的格局上，那一端是屈辱的被迫开放，这一端是武汉主动融入世界经济的改革开放，一个是民族孱弱的表现，一个是民族走向强盛的标志，这正是中国历史螺旋式上升与波浪式前进的一个生动形象的缩影。将这样两个“点”置于全片的一首一尾，前后呼应，对比鲜明，使我们平添一股历史自豪感。因此，选择这一叙述起点本身也就决定了《武汉百年》必须具备深邃的历史眼光，具有透视客观复杂的历史过程的深长意味。

当然，“百年”只是人为划分的时段，而未必是历史演进的准确段落。历史的段落有时更长，有时稍短，只要八九不离十，均可以“百年”视之，就像“诗三百”未必就是恰恰三百首诗一样。我们的《武汉百年》，叙说的就是这样的“百年”史，实际跨度为一百四十年。

那么，这是怎样的一百四十年？它在武汉三千五百年的历史进程中到底意味着什么？

也许我们还得把话题暂时说远一点，去追溯一下武汉这座历史文化名城的“发家史”。仿佛是为了印证柳青的那句名言：“人生虽然漫长，但要紧处只有几步。”一个城市的历史其实也是如此。

据考证，武汉生长的第一步是在距今3500前的商代中期迈开的。一支先民在古老的长江之滨府河之畔，也就是今天黄陂叶店那个地方垒石夯土，建起了盘龙城，他们烧陶炼铜，转草运粮，盘龙城可谓盛极一时！从此，万里长江流域有了第一座初具城市意义的古城池。不过继盘龙城之后武汉一直湮没无闻，后继无城，这一情况达千年之久！没于洪水，还是毁于战乱？这是一个待解之谜。

如果说盘龙城时代是武汉的开创时期，那么东汉末年至三国时代就该算作武汉的重建时期了。那时，天下纷争，英雄并起，军事集团由于某种战略原因，在今汉阳和武昌的位置上陆续建起了卻月城和夏口城，武汉开始有了夹江而立之势。这是武汉建城历史的一次大跨越。从此武汉就得以稳定地发展，直到唐宋时期成为市井繁盛、商贾云集的码头城市。因此这一步对武汉古城的发展具有重建和再造的意义。

第三步该是明代成化年间的汉水改道了。这时候一场毁灭性的大水灾却带来一次凤凰涅槃般的再生，天下名镇汉口由此诞生。从此武汉结束“双城并峙”的历史，进入“三镇鼎立”的新阶段，成为华中地区最重要的中心城市。

第四步就是汉口开埠以来的这一百多年了。这一时期，武汉步入了历史发展的快车道，裂变式地发展壮大，成为功能齐备、通江达海、享誉国际的大都市。

如果说前三个时期，武汉从一城到双城再到三镇，其发展更多地呈现为一种量的积累，那么，这最后一个时期则表现为一种质的飞跃。在这一百余年里，武汉经历了汉口开埠和张之洞洋务新政带来的城市近代化运动，使近代武汉成为内联九省外通欧美的国际性城市；武昌首义、国民政府建立、二七罢工、武汉会战等一系列震惊世界的大事件，使武汉屡次成为全国的政治文化中心；中华人民共和国成立后，武汉又以一系列重大项目的建设而成为全国重要的工业基地、交通枢纽和教育中心城市。

我们《武汉百年》的工作就是要全景式地展现这一百余年间武汉历

史的质的飞跃过程，冷静而理性地揭示其发展脉络和演进轨迹。所幸这一时期还比较适合通过电视进行表现，因为清末时影像技术已经诞生并日益成熟，影像技术由外国人带进武汉，并留下许多珍贵照片和录像资料，让我们得以一睹历史的真实面貌。

当清末以来的1000多幅老照片和累计数十分钟的历史胶片终于摆到我们面前的时候，我们几乎兴奋得流下了泪水。说实话，搜集这些资料，并从这些资料中寻觅历史的踪影，又从历史回到现实印证武汉的百年沧桑，真不是一个轻松的课题！有一段时间，我们简直就像书虫一样，整天泡在各种资料室里，在散发着霉味的故纸堆中摸爬滚打，试图梳理城市演进的轨迹；有一段时间，我们又像街头流浪者似的，扛着笨重的摄像器材在街头巷尾寻寻觅觅，尽可能捕捉历史的每一个踪迹；有些时候，我们仿佛变成纵横家，四处游说，或是走访于江南江北的专家学者和各种见证者之间；又有时候，我们宛如闺中少女，把自己软禁在一个叫作剪辑房的小笼子里，与那更小的屏幕“眉来眼去”“相亲相惬”。就这样，时光荏苒，日月如梭，一晃竟是一年多光景！

我们用这一年多的时间，丈量了武汉一百四十年的历史；然后，把我们所有的激情、感悟和思索连同历史的碎片一起放到剪辑台上去碰撞、融合、聚变，最后凝结为十三集历史文献纪录片《武汉百年》。时任中共中央政治局委员的王兆国和时任全国政协副主席的王文元欣然为本片题写了片名。本片在国家广电总局当年的影视评比中，荣获中国广播电视节目二等奖。

此时，20世纪已如一位历史故人依依谢幕。目送旧世纪最后一抹落霞，心中不觉涌起无限留恋、盘桓和新的憧憬。

《武汉三千五百年》：向老武汉致敬

百年一瞬。风云激荡的20世纪刚刚过去，武汉的历史意识愈发强烈。国家文物局宣布20世纪中国100项考古大发现，武汉盘龙城考古名列其中。一场高规格的武汉建城3500年庆祝活动隆重举行，距今3500

年的盘龙古城被确定为武汉的“城市之根”。

在众多考古学家和历史学家数十年的艰辛劳作下，武汉这座古老的历史文化名城终于显露出清晰的发展脉络；这时，电视人该整理衣冠拿起装备上场了，拍一部《武汉三千五百年》历史片也就是顺理成章的事情。时任武汉广播电视局党组书记的唐惠虎先生郑重嘱咐我：“你们拍了一部《武汉百年》，梳理了武汉百年史；这次，一定要组织拍摄好《武汉三千五百年》。”

俨然，拍摄《武汉三千五百年》成了一项“政治”任务，以此向我们的老武汉致敬！

古老的武汉，作为地球上的一小块土地，三千五百年历史似乎只是一瞬间的过程；但是对于个人生命来说，要用我们的镜头去丈量这旷古时空，又是何其漫长而悠远！好在此前我们早已有了些基础，对武汉的发展源流相对熟悉，心里不慌：我拍过《话说武汉》和《武汉百年》，陈为军拍过《大钟上的武汉年轮》，我们的学术顾问皮明庥先生主导梳理过武汉千年吉祥钟上的10幅历史浮雕，画面感极强。闭目思之，老武汉的历史画卷似乎历历在目，我们的工作就是把它们变成电视镜头生动呈现出来。

武汉的历史长河奔腾千里，我们只能要略言之，撷取其中10朵关键处的片段浪花，以构成电视片《武汉三千五百年》的10集内容：殷商南土，盘龙古城（商代中晚期，公元前1500年左右）；楚拓江汉，屈子行吟（西周至战国，公元前800多年~公元前200多年）；夏口城堡，三国鏖兵（三国，公元223年~265年）；南宋重镇，岳飞驻军（公元1127~1279年）；商兴汉口，都会崛起（明清时代，1465年以后）；武昌首义，举国景从（1911~1912年）；抗战军兴，保卫武汉（1923~1938年）；武汉解放，工业重镇（1949~1977年）；改革风来，世纪新篇（1978年以后）。片子拍成播出，领导和观众都很满意。武汉3500年来的辉煌历史跃然于荧屏之间，如在目前。

大江东去，逝者如斯。这些历史片带着浓郁的时代印记已经远去，今日武汉也已经变了模样，可谓日新月异，每天不一样。我们的电视，也该有新的武汉影像传了。

Writing a Biography of Wuhan by Documentaries

Li Bingqin

Abstract: Wuhan is a city with stories, which has not only a long history of 3500 years, but also a lot of famous human landscapes, unique local customs and rich cultural deposits. There are numerous stories and legends about the nature and the marketplaces in Wuhan. The maxi - series *Talking about Wuhan*, *Last One Hundred Years of Wuhan* and *The* 3500 *Years History of Wuhan* are trying to tell stories about Wuhan and write a biography of Wuhan by documentaries. *Talking about Wuhan* has carefully selected 100 topics, talking about the history, landscapes and customs of Wuhan, which is honored as "the local textbook"; *Last One Hundred Years of Wuhan* has panoramically described the historical changes of Wuhan for 140 years since the time when Hankou became a commercial port, which has won many awards; *The* 3500 *Years History of Wuhan* has made a longitudinal description about the development of Wuhan since Panlong City Period.

Keywords: Documentaries; Stories about Wuhan; History and Culture; Biography

About the Author: Li Bingqin (1958 -), Ph. D., Senior Editor at Wuhan Radio and Television. Magnum opuses: *Thoughts and Words from Camera Shooting*, *A Narrative Research in Documentary*, *A Collection of Novels*. Main TV Works: *The History of Chinese Money* (9 Episodes), *Last One Hundred Years of Wuhan* (13 Episodes), *Science Technology and Olympics* (35 Episodes), *The Co - existence of People and Lakes*, *The Story of Hong Kong University of Science and Technology*, etc. E - mail: 451263051@ qq. com.

沙湖古今

追溯武昌沙湖园林建设的文化渊源

——从任桐对武昌沙湖的历史贡献谈起

任汉中 *

【摘　要】 一百年前任桐在沙湖建造的琴园是武汉城市建设中的第一座城中园林，虽然存续时间不长，但开启了沙湖建设的文化渊源，对今天沙湖文化建设具有重要意义。任桐在琴园建设和《沙湖志》的编写过程中体现出的园林美学思想、山水和谐的生态理念，以及文化休闲功能的实现等，将成为我们在城市建设中必须重视的文化遗产。

【关键词】 任桐　沙湖　琴园

提起沙湖，人们往往想到的是“塞上江南”的那颗明珠，提起武汉的湖泊，人们大都会对东湖如数家珍，而本文中所述的武昌沙湖却少有人知晓。在这一百年间，沙湖却因一个人和他所撰的一本书开始了兴衰起伏的坎坷命运，直到走向新生，成为当前城市建设中人水和谐的典范。

沙湖原本是武昌城外的一个湖泊，连通长江和东湖水系，相传明太祖朱元璋封其第六子朱桢为楚王，朱桢就统治武昌长达五十多年。沙湖因景色秀丽、环境优美，很受朱桢的喜爱。他精通音律，命人在沙湖边

* 任汉中（1959～），湖北大学历史文化学院教授。主要从事档案文化研究。著有《中国档案文化概论》《档案文化学》。电子邮箱：rhzjs@ hubu. edu. cn。

取芦苇制作出音质优美的芦笛，因此湖边总是歌声悦耳、笛声悠扬。故沙湖又曾名“歌笛湖”。歌笛湖与长江相通，又因有人到湖边采沙，渐渐被人改称为沙湖，但它直到 20 世纪初还不被人关注。辛亥革命在武昌首义成功后，从浙江来汉任职的前朝官员任桐，转至武昌商埠（今武昌徐家棚）经商，闲时漫步郊外，见一座大湖山水秀色，顿时联想到了家乡的西湖，无限感慨道：“谓景物之美不减西湖，而天然韵致有过之无不及，谓西湖为名妓，斯湖为闺秀。”① 他深深地爱上了这片湖水，从此，一生忘情山水的志向终于找到了一个落脚点，成为他实现志向和发挥才学的平台，让人生散发出光芒。同时，他也让荒僻的野湖得以焕发光彩，将其打造成为精美的园林，为后人留下了沙湖的远景构图，在百年后，它仍然发挥了重要的作用。直到今天，我们都难以分清，是沙湖因任桐而获得新生，还是任桐因沙湖而留下美名？或者是两者已经浑然一体了。

一　智者乐水：慧眼识沙湖

1869 年 3 月 21 日，任桐诞生于浙江温州永嘉县。原名任洞，长大后，改名“任桐”。之所以改名，一是“桐”与“洞”音相似，但与其姓“任”字搭配更觉悦耳，二是桐木是制作古琴的上好材料，任桐雅好音乐，他的字即为“琴父”，名与字和谐一致，能够完整表达他的人生情趣。

任桐的祖上原籍福建，后迁到浙江永嘉任桥。经过几代人的苦心经营，任家成为当地望族，家产达百余万。在太平天国农民起义过程中，任家这样的富豪自然成为农民起义军的打击对象，因而家道中落。其少年求学经历颇为艰难，为了博取功名，任桐参加了三次乡试，都以落第而告终。他 32 岁时，听说湖广总督张之洞在鄂改造书院，兴办学堂，便

① 任桐著《沙湖志》影印本，馆藏于武汉市档案局。下文引文未注明出处者，皆出于本书，不另注。

筹集了500元川资往武昌而来。几经周折，任桐到武昌后，早已过了学校报名的期限，他只好找旅馆住下，等来年再考。一年后身上的500元花得干干净净。眼看生活无以为继，经人介绍，任桐到江夏金口局去办文牍。可在金口给人写文案收入微薄，养活不了一大家人。任桐找了一个机会回到省城武昌，通过纳捐，买了一个“候补”的小官资格，然而一直到辛亥革命在武汉首义成功，“候”了十年，也未候到“知县”的官位。可见，任桐在遇见沙湖前，人生颇为不顺。

1911年，辛亥革命爆发，震碎了任桐的官场梦，他开始弃政经商，于武胜门外沙湖西边（今武昌徐家棚附近）的沟口开辟商场、招商置业。任桐通过做生意逐渐发家。他在沙湖旁买了一处房屋隐居下来，从此不问时事，自号“沙湖居士”。他“幼时钩游，每与山水为缘”，喜爱名山大川，嗜画山水，“遇一丘一壑必纵览而毕登”，对园林艺术颇有造诣。一日，他闲步出武胜门外，沿东北行至沙湖，远望洪山、灵泉、九峰诸山，星罗棋布，沙湖一衣带水，掩映于诸山之间，若隐若现；近看湖水清澈见底，湖面宽广，令任桐不由得想起浙江的西湖。沙湖虽无楼台亭榭，却具有天然之秀质。站在沙湖边，任桐思绪万千，从而萌生在沙湖建立可与西湖相媲美的现代园林的想法。

如果任桐与沙湖的不期之遇，仅仅是萍水相逢，也就没有了延续百年的故事。而恰恰他深谙园林艺术，书画技术俱佳，兼具深厚的文史功底，加上经商也颇有成效，具备了一定的财力，早年抱有的“枕石以听泉声，迎风而寻松籁，鸣琴在天，画图入目，旷然写远，乐以忘忧”的志向在沙湖有了实现的充裕条件，也因此让他与沙湖之间构成了浓得化不开的情结。任桐得遇沙湖，确“以因缘偶合，人与地相得而益彰”。任桐在仕途坎坷之后才发现自己原来毕生酷爱山水的情结是上天刻意造化于己，从小生活在江南园林，长大以后遍览山水，到底还是为了有朝一日蒙受上苍之恩，吸自然之灵，亲自动手设计修造一座工程伟大、前无古人的宏大园林。他的诗、书、文、画等诸多方面的艺术造诣在这过程中得到了充分的表现，让他成就了自己人生的辉煌事业。

实可谓天生我材必有用。任桐的人生志向，以及经历和才学使他发现了沙湖朴拙的美，沉寂多年的沙湖终于迎来了知音。周之莲在《沙湖叙》中写道：“夫士之才识优长，蕴蓄宏富而怀利器。”任桐在《沙湖记》中自述：“余素嗜画山水，昔日太史公游览名山大川然后能文章，窃以为作画亦然，是以足迹所经或遇一丘一壑亦必纵览而毕登焉。”眼前的沙湖，“湖侧犹多芦，其水清而浅，周围约三十里，仿佛浙之西湖，虽无楼台亭榭，然天然之秀质不以榛莽而掩者”。任桐充分展示了他在园林景观方面的美学造诣，既是殚精竭虑也是极尽才华地提炼出了“沙湖十六景”：琴堤水月、雁桥秋影、寒溪渔梦、金冢桃花、东山残碣、九峰晨钟、虎岩云啸、卓刀饮泉、泉亭松韵、兰岭香风、青山夜雨、石壁龙湫、沟口夕阳、夹山咏雪、梁湖放棹、鸥岛浴波。以此为蓝图，任桐倾其所有，精心营造沙湖园林，命名为“琴园”。琴园之内，亭台楼阁、曲折回廊所有景点之楹联题咏，都由任桐一个人自作自书。建成后的琴园成为江城一大盛景，琴园在他的精心构筑下于 1924 年左右形成规模，1927 年 ~ 1928 年，这座具有现代特征的园林达到鼎盛。然而，任桐“不私于己，而公于人，务求斯湖之盛名腾跃于全世界，是有大造于斯湖也”。1931 年前，琴园向市民开放，门票 5 分大洋。康有为就曾为之作联：“琴谱茶经，轮换风雅；园花池月，悟彻禅机。”国民党元老、时任武汉国民政府代理主席的谭延闿署题了“园林春色”四字。琴园因此而名声大噪。《东湖史话》载：“民国六年，武胜门外五里许，黄鹤楼之北、歌笛湖之西沟口地方，有琴园，占地百亩。”

武汉虽为百湖之城，当时却没有如江浙一带的园林建设，这一现实给予任桐施展抱负的广阔天地。任桐的理想是宏大的，他着眼的是大沙湖的建设，是包括今东湖、严西湖、汤逊湖、梁子湖等在内的庞大水系，方圆两百余里，然而这显然超过了他的能力所及范围，“余心犹睠睠于此湖，始终未尝稍馁也，噫，天下事固有不可得而兼者，犹山水耶”。因受时局动荡和财力不足等多方面因素所限，琴园建设并不顺利，1931 年后，琴园建造未能继续进行。同时，任桐将精力集中于《沙湖志》的编撰之中，“余虽无其力，然今且竭吾力之所能者，搜求之，点缀之，编成一书曰沙湖志，以供雅好者之披览”。积十年之功，他修撰了《沙湖志》，将其沙湖园林建设的宏远构想传之于世。[①]

任桐对沙湖的热爱，并非如一般的文人骚客那样只为满足自身的身心愉悦而附庸风雅，而是投入了全部的心血与感情。他全面挖掘和展现沙湖原始质朴的自然之美及文化内涵，并以志书和建造园林的创造性成果给后人深刻的启示，达到了乐水智者的至高境界。1932 年，任桐带着他的未尽理想病逝于上海。

今天看来，任桐对于武汉这座历史悠久的文化名城来说，贡献是巨大的。武汉三镇虽富有湖光山色，然而城市屡被毁成废墟，园林建设远落后于江浙一带。任桐以深远的目光在历史的尘埃中打捞有关沙湖的经典故事，他睿智地发现了沙湖的自然之美，以不懈的努力精心打造琴园，以深厚的文史功底和美学思想设计了大沙湖的建设规划。任桐从理论与实践上为我们建造现代城市园林留下了丰厚的文化遗产。今天我们谈起沙湖，不能不提及任桐和他的《沙湖志》。

二　营造琴园：开武汉园林建设之先河

在任桐的心目中，曾有一个包括东湖、严西湖、梁子湖、汤逊湖在内的大沙湖水系的整体建设构想，这是一个远景规划，而他力所能及的，仅是在 30 余里湖面的沙湖营造具有现代特征的园林。他深受江浙一带园林建造美学理念的影响，对杭州西湖、温州雁荡山赞美有加，认为二者“山水秀绝奇特”，兼具“奇伟峭丽之观，汪洋恣肆之势”，是园林建设之典范。他在将沙湖与西湖进行对比研究后，仍然充满信心，“此湖之所由自其湖山风景纵不能画如西湖，然安知不可作未来之西湖观”。任桐在其《沙湖记》中写道：“鼎革后，余隐居湖上，自号沙湖居士，于沙湖之西筑琴园。”琴园于 1917 年开始建造，此园是“琴父筑之，琴父居之，乃以己字字之”，从而开武汉园林景观建造之先河。

沙湖虽处武昌城郊，但道路崎岖。“环湖皆山，交通不便，犹之宫

① 参见沙湖公园官网之“老琴园十个故事”（http：//www. shahupark. com/news/37）。

墙数仞，宗庙之美，百宫之富，莫得窥也”。于是，任桐先从武昌商埠（今徐家棚）修筑一条道路（即琴园路，今讹为秦园路）直通湖边，建引胜桥以利交通，人员车马往来始得方便，而沙湖的山光水色豁然呈露，“一衣带水，若隐若现掩映于山水之间”，“山水秀丽，无与伦比，绝未粉饰，一任天然，殆如村女之乱发粗服，别饶风致也”。沙湖之美渐为世人所认识。

任桐深谙浙之西湖园林的成功之道，非常明白自然山水与人文意识的高度融合对于园林建设的重要意义。他不仅在发掘沙湖自然景色的过程中具有匠心慧眼，更在发现沙湖的文化内涵和提升其文化品位上，表现出过人的智慧和才学。他在《琴园叙》中有详细说明，他认为江南的园林“非常致密而少空气”，北京的颐和园，虽然装饰精美，但过于华丽，规模大而无结构，“犹嫌有富贵气”，这些都不是他所中意的园林。武昌城东郊一望无垠的天然湖泊群，为他提供了创造理想园林的天地。在琴园建造的过程中，他按照自己多年游历名山大川的丰富经历所凝结而成的园林美学理想亲自设计，全程监造，未尝稍馁。

他虽然谦称“就湖中原有之胜略加补葺，计十六处，名之曰十六景”，但每一景他都要进行仔细考证，将自然属性与人文意蕴高度融合，题写景名，并亲撰楹联，既使其横溢才情附着沙湖山水而呈现，也使沙湖的文化品味得以高度提升，是琴园意境、旨趣深层次的揭示，使琴园充满文气与灵气。为使琴园更具游玩休闲的功能，任桐营造了永嘉别墅、望书亭、白鸥亭、念西居士林等园林景点；园内按四季造景，春景有花柳塘，夏景有荷塘，秋景有月榭，冬景有梅岭；园中还有“乐乐厅”等建筑，以及茶楼、戏院、照相馆、花园、假山、天桥，并有大小池塘等。园内凿有十几米宽的人工河，绕园而过，还配有两艘机械游艇供游人使用。审美功能与使用功能巧妙地结合，从而使沙湖成为具有现代文化特征的精美园林。任桐对自己的杰作非常满意，乐在其中，“沿湖满种芙蓉垂柳，中蓄红鱼，时而泛舟，时而步月，时而共二三朋友题诗饮酒笑谈啸傲于其间”。建成后的琴园坐北朝南，西是长江、北是青山、南是江夏，位于长江和大沙湖之间，西面长江东居沙湖，在地理方位上也颇具匠心。琴园大门有横额“琴园”二字，楹柱上有任桐自己撰写的楹联：“伯牙鼓琴，子期听琴，琴台原不远。得三五知己共此优游，曷让古人谈风月；简斋随园，荫圃曲园，园圃本无他。有一二林泉可以楼止，莫从异地念湖山。”1931 年前，琴园已向市民开放，据后来任桐的孙子任世铎回忆，当时琴园甚至备有渡江小轮船，船壳漆白色，船名“白鸥”，往来接送长江北岸的游客。可见，琴园为当时聚居武汉的各路文人雅士必游之地，其成园要略早于周苍柏先生在东湖之滨创设的“海光农圃”和汉口的中山公园。在武昌城，甚至是三镇之内可谓一胜景。任桐对琴园“自其湖山风景纵不能尽如西湖，然安知不可作未来之西湖观”的赞誉与朱德同志“东湖暂让西湖好，今后将比西湖强”有异曲同工之妙。

任桐曾邀友人扬铎三次游琴园。我们可随扬铎所写《沙湖游记》去领略琴园的绮丽风光。“以琴园为首途，乘舆东行，渡一小溪，可五六里许，湖光在望，有一亭翼然湖畔，擅全湖之胜，询之琴父，则即其所题湖山第一处也。据亭远眺，但见湖水浩淼，远山苍岸，而湖之中有一长堤，约数里，堤之尽处，为一大平原，宛在水中，如海上蓬莱。近而方之，若西湖之白堤及孤山也。”“而建一楼于平原处，曰宛在楼，颜其桥曰雁桥秋影，堤曰琴堤水月”，“渡湖南行，俯视湖水清浅，游鱼与水草相驰逐，均历历可数。日光下彻，尤著奇观。抵南岸至落伽山（原文如此，笔者注），怪石嵯峨，呈铁色”。“此而东，有一城廓曰东湖门，为古武昌城之一角。唐睿宗（李旦）未帝（睿宗曾两度即位）时曾驻兵于此。其东有山如屏，高低起伏，蔚然深秀，有摩山、龙宫诸胜。”直至暮色苍暝，晚烟四起，才恋恋不舍而返。扬铎在游记中把沙湖与西湖相媲美，将西湖比作风尘美人，把沙湖比作大家闺秀，环绕在山港之间，深藏不露。二湖际遇虽不相同，但各擅其妙。看此湖山美景，扬铎也心动了，“欲分一隙地，建静园，作为息游之地”。他表示“将与琴父争此湖山快婿而为神仙眷属”。

然而，琴园实可谓生不逢时，建成后一直处于多事之秋。任桐以一己之力建造琴园，已属不易，因火灾、拆除重建等，耗资巨大，在按最初计划实施建造的过程中，便已“经济困难，除夕索债者满座”。更为不幸的是，美丽的琴园红颜薄命，在经历了短暂的辉煌之后，便接连遭受了一连串的厄运。1928 年，军阀的败兵进入园内，毁坏了大批建筑，乐乐厅、听雨楼、留香水阁、香雪亭、卧雪轩、问渔亭等都已不存；1931 年，被洪水浸淹；1938 年日军入侵武汉，琴园成为日军兵营，惨遭涂炭，毁之殆尽。一座浸润着任桐全部心血的现代园林在短短的几年时间里屡遭磨难，最终消失在了历史的烟云之中。

三 修《沙湖志》：展沙湖文化魅力

琴园的建造其实只是任桐打造沙湖景观的一个起点，烟波浩森、广阔无垠的城东郊湖泊群给予他无限的遐想。任桐自知一己之力有限，还难以全面实施自己的远大理想。在营造琴园的同时，他先是听从好友扬铎的建议，筹建沙湖建设会，在名人骚客间广播沙湖之美名，集聚社会力量整理和挖掘沙湖之文化底蕴，并由扬铎亲撰《沙湖征文启》，但因时局动荡，这一举措并未取得实质性的成果，在困顿挫折之中，他着手进行另一项重大文化工程，即修撰《沙湖志》。

任桐的《沙湖志》着眼的是大沙湖水系的规划与建设，志书凡例载：“本志所载湖之面积三十余里专指湖面而言，而言其周围山水风景之广达二百余里。”他沿用琴园坐北朝南的方位视角，将其背靠长江、纵横二百里的湖光山色、遗文古事、风俗人情、人物胜景尽揽书中。开创了武昌沙湖风景建设的文化渊源。在十多年的时间里，他翻阅了众多的历史典籍，考证诗文家谱，研读残碑断碣，收集手卷抄本，然后，跋山涉水从实地考察，记录山水地貌、自然风光、名胜古迹、特产风俗、人情世故。在此基础上，编撰而成的《沙湖志》，分设沙湖十六景、湖景、山景、名胜古迹、人物、寺观、村集、出产、风俗、杂俎十个篇章，包括友人周之莲撰写的《沙湖志·叙》和自序《沙湖记》，并附沙湖居士小影、沙湖名胜全图，共 180 页，3 万余字，竖排版，文言文，无标点，由“周文郁署印”出版。

《沙湖志》开篇写道："本志以提倡风雅保存古迹为宗旨。"表达了任桐的文化志向与追求。为发掘沙湖的历史底蕴，他沿用自然山水因名人而显的传统思维，从古籍中整理出自汉至明共66位与沙湖有渊源的历史人物，其中的几个人物他还亲自撰写了人物小传，融入了自己的文化理念和价值观。虽然大多数人物记述过于单薄，但为后人进一步研究提供了重要线索和思路。

而《沙湖志》最大的贡献在于，任桐遍访沙湖水系二百余里，挖掘出大沙湖地区许多名胜古迹，如湖山第一、万卷书楼、瑞芝堂、银瓶井、寻乐斋、桃溪、清风洞、云游洞、闻泉亭、望书亭、水心亭、白鸥亭、羡鱼亭、惜阴亭、镜川台、永嘉别墅、琴堤、引胜桥、恨石、浪淘石、浴鸥岛、玉锁岩、静春台、九峰山正觉寺、东岩、洞宾仙迹、长山烈妇碑、念西居士林等等，提炼出沙湖十六景，分别是琴堤水月、雁桥秋影、寒溪渔梦、金冢桃花、东山残碣、九峰晨钟、虎岩云啸、卓刀饮泉、泉亭松韵、兰岭香风、青山夜雨、石壁龙湫、沟口夕阳、夹山咏雪、梁湖放棹、鸥岛浴波。每一景，任桐都在发掘其历史渊源和文化内涵，使自然风光与历史故事和人文情怀紧密关联，并赋予其诗意的名称，高度提升各景点的文化品位，使置身其中的游客能感受到历史文化的陶冶。我们将书中的景点与名胜与该书附录的沙湖名胜全图相对应，不难看出这是一个大沙湖的长远规划蓝图，涵盖了今天东湖风景区、沙湖公园和汤逊湖、严西湖、梁子湖等广阔水域，几乎与今武昌城区建设面积相当，为建设山水园林城市提供了重要的借鉴与参考意义。可见，任桐当年谋划之深远。

值得我们仔细玩味的是，任桐不仅具有发现沙湖自然之美的慧眼，更具有赋予沙湖文化意蕴的文史功力。在他为沙湖十六景亲撰的楹联中，他才思如涌，尽情挥洒，尽得佳句。如"故乡亦有湖山都亏几段柳堤锁住烟云，此处正多水月忽听数声芦笛吹断夕阳"，抒发思乡之情，亦把此乡当故乡；"富贵功名都是一场春梦，烟波钓隐亦诚千古知音"，正是他此时心境的真实写照；"偃月岂无光天上飞来凿凿大声惊万卒，通江宜有脉地中涌出源源不竭几千秋"，浓缩了一段历史故事；"钓艇归来高唱一声姑放斜阳西坠，花影收去抬头四望又将明月东升”，描绘了一幅沙湖游玩的忘归图；“我非羽化真人何竟有缘至此，谁是凌波仙子乃能自在若斯”，意境深远，让人沉思品味。我们可以想象，倘徉于规划中的沙湖园林之中，不仅仅是一次休闲之旅，更像是一场文化之旅。

在《沙湖志》中，任桐虽对西湖、雁荡推崇备至，但并没有刻意去模仿，而是在发挥沙湖自然山水之魅力的基础上，尊重自然，因势造景，发掘其固有的文化渊源，绝没有牵强附会之举，展现出人与自然和谐相处的生态文化理念。

四 百年圆梦：人湖情未了

然而，随着琴园的消失，沙湖逐渐成为一道逝去的风景线。不仅如此，沙湖的命运也每况愈下。抗战期间，沿湖居民骤增，纷纷围湖造田、建房，湖泊开始大面积萎缩，自然生态遭到严重破坏；新中国成立后，沙湖更是沦为周边工厂、居民、机关的排污水池，水质急剧恶化，失去了城市之肺的价值和功能，成为非人体接触的劣五类水质，人们唯恐避之不及；在城市化建设的过程中，沙湖优越的地理位置，成为开发商们不断蚕食的“唐僧肉”，违章填湖屡禁不止，沙湖处于被填埋的重围之中。

《沙湖志》的重新发现，再一次改变了沙湖的命运，沙湖那些湮没的故事、逝去的美景，才又渐渐为今人知晓。地处沙湖湖畔的湖北大学肩负起传承沙湖文化的使命，为延续任桐肇始的沙湖文化而不懈努力。20世纪90年代湖北大学就曾以《沙湖志》的规划为蓝本，在学校滨湖处建设了一个新琴园，为校内师生提供一个学习和休闲的场所。校园内一条通往湖边的道路被命名为琴园路。学校教师自发组织的诗社也取名“琴园诗社”，创作了一大批以沙湖为素材的诗歌词赋等文学作品。学校科研人员发挥各自的专业特长在沙湖的治理和建设中发挥了重要作用，并取得了一批科研成果。学校将新建的教师公寓也命名为“琴园小区”，琴园已成为湖北大学校园文化的一个重要元素。湖北大学文学院教授杨建文先生深情赋曰："弄琴园之箫笛兮，怀往岁之扬帆；鼓琴园之筝瑟兮，祈来日之远航。"

令人欣慰的是，武汉城市建设的决策者从《沙湖志》中感受到了强烈的责任感与使命感，果断划定沙湖湖岸的红线，并将其建设成环境优美、交通便捷、配套完善、滨湖风貌特色的城中园林。沙湖地理位置之优越，休闲功能之全面，生态效果之显著，在城市建设中表现尤为突出。沙湖正在恢复往日的秀美，成为武汉这个特大城市中心的一颗耀眼的明珠。

今天的沙湖公园将分为 5 个各具特点的区域：历史人文区、市民休闲区、文化艺术区、湿地观赏区、运动游乐区。新置"沙湖十景"为：石壁龙湫、泉亭松韵、琴堤水月、东山残碣、雁桥秋影、雁山晨钟、兰岭香风、寒溪渔梦、欧岛浴波、沙湖放棹。武汉大学经济与管理学院经济学系教授吴传清认为："沙湖文化发展到今天应该赋予它新的内涵，不仅有周边以湖北大学为代表的高校文化，也有以楚河汉街为代表的时尚国际文化，但沙湖文化最根本的还在于贴近自然、保护自然的生态文化。"① 任桐的重外孙刘敦诏在游览了沙湖公园后激动地写道："琴园的历史正是武汉的历史缩影，琴园随武汉兴而兴，随武汉衰而衰；而今随着武汉的兴起，琴园得以重建，东湖和沙湖也终于连通，琴园里的记忆，将得以复现，百年圆梦。"② 更让他感到高兴的是，人们并没有忘记沙湖园林建设的先驱的历史功绩，他们将任桐的铜像安放在新建的沙湖公园的任桐广场上，让他见证新一代的"沙湖居士"把沙湖建设得越来越美丽。

今天的沙湖是城市中的一块湿地，其实更应该是一块文化高地。环绕着沙湖聚集着湖北大学、湖北省图书馆、湖北省社科院、湖北省博物馆、湖北省档案馆、湖北省广电局等省一级的文化事业机构，以及汉秀

① 转引自吴先丽《沙湖，武汉内环的城市瑰宝》，《楚天都市报》2013 年 8 月 23 日。

② 转引自徐蔚《武汉老琴园重现古沙湖风雅　新景区首创五星级服务》，《楚天都市报》2013 年 9 月 12 日。

剧场、万达影视城等现代时尚的文化设施，汇聚了省内高端的文化资源。以沙湖为平台，整合资源，定能打造出以沙湖为品牌的文化航母。

Tracing the Cultural Origin of Shahu Lake Garden Construction in Wuchang Area: Starting with the Historical Contributions of Ren Tong to Shahu Lake in Wuchang Area

Ren Hanzhong

Abstract: Qin Yuan, built by Ren Tong one hundred years ago, is regarded as the first city garden. With a short – time survival, Qin Tuan has initiated the cultural origin of Shahu Lake construction, which has a great significance to modern cultural construction in Shahu Lake Area. Ren Tong's construction of Qin Yuan and his writing of *Sha Hu Zhi* have revealed the ecological ideas of garden aesthetics and landscape harmony, as well as the realization of cultural and recreational functions, all of which should be regarded as the great cultural heritage in our city construction today.

Keywords: Ren Tong; Shahu Lake; Qin Yuan

About the Author: Ren Hanzhong (1959 –), Professor in School of History and Culture, Hubei University. Research interests and specialties: archival culture study. Magnum opuses: An Introduction to the Archival Culture in China, Study on Archival Culture, etc. E – mail: rhzjs@ hubu. edu. cn.

沙湖古今谈

彭忠德*

【摘　要】 今日武汉市内，沙湖公园是最大的城中湖泊公园，由历史人文、市民休闲、文化艺术、生态湿地和运动游乐等五大功能区构成。其中，历史人文区亦即新琴园是重点，当人们徜徉其中时，如果对沙湖的古今沿革有所了解，那就能在欣赏自然风光之美的同时，体会到那厚重的人文内涵，由衷地热爱它、热爱武汉，从内心深处感谢那些建设、美化家乡的有心人，为远离家乡的游子，增加了激发乡愁的物质和精神文化的内容。

【关键词】《沙湖志》　《沙湖三唱》　沙湖公园

沙湖之名的沿革

武汉号称百湖之城。沙湖所在的武昌区内，湖泊既多且大。揭开历史的面纱，可以清楚地看出沙湖的巨大变化。据明代方志记载，武昌府城的东边有大大小小的几个湖泊，平时低处的联通或有或无，待到大雨滂沱时，这些湖都连成了一片，难分彼此。这一大片水域，原本没有什

* 彭忠德（1948～），湖北大学历史文化学院教授。研究方向：中国历史文献学、中国史学史。在《历史研究》《古汉语研究》《文艺研究》及台湾《汉学研究》《孔孟学报》等刊物上发表论文百余篇，著有《秦前史学史研究》《居官警语》，参与点校整理《皇清经解》等书。电子邮箱：pzdlzr@126.com。

么名称，只是因为在武昌府城之东，人们便称它为“东湖”。后来，明太祖朱元璋的第六个儿子被封到楚地做藩王，此人附庸风雅，喜好乐舞，因为湖滨颇多芦苇，经常派人到此挑选优质芦膜供其笛箫之用。文人雅趣多，就因此事为这片湖泊取了个雅号：“歌笛湖”。①

又因为这片水域有沟渠与长江联通，人们经常在湖江处取沙，于是民间人士称它为“沙湖”。②

对于今日游览东湖风景区的人来说，这一湖而多名的历史，不可不知。

时移而世异，随着人烟的稠密、生产的发展，不断有人围湖造田，久而久之，湖区之间的分隔逐渐扩大并且固定下来了，东湖于是被分成了几个湖。

离府城较远处的一个大湖叫“沙湖”，即今日之“东湖”③，直到今天，东湖仍然保持着“全国最大的城中湖”这顶桂冠。武汉市有一句宣传口号是“大江、大湖、大武汉”，其中的“大湖”，如果要确指的话，非此“东湖”莫属。

靠近府城较近、稍小的湖叫“小沙湖”，即今日之“沙湖”。

随着城市建设的发展，诸湖都在缩小，“沙湖”自莫能外。因为近代时修建了一条经过沙湖的粤汉铁路，就将小沙湖西部分隔出了一个小湖，人们习惯称它为“内沙湖”，于是东边的那一大片“小沙湖”同时又被称为“外沙湖”。

今天，已在东湖和沙湖之间开挖了一条人工河——楚河，又将它们联通起来了，沙湖的水质因此而得到了很大的改善。

沙湖之名的变迁，任桐《沙湖志》《园林春色》④、扬铎《沙湖三

---

① 任桐《沙湖志·沙湖记》：“沙湖旧名歌笛湖，明楚藩种芦取膜为笛簧处，故今湖侧尤多芦。”

② 任桐《沙湖志·二·湖景》：“沙湖旧名东湖，又名歌笛湖，方三十里，在武昌商埠东。”

③ 今日之“东湖”是个总名，据其湖汊分割的情况，分别叫作郭郑湖、汤菱湖、喻家湖、庙湖等。

④ 《沙湖志》油印版、《园林春色》铅印版今存武汉方志馆，系任桐嫡孙任世铎所赠。其书扉页寄赠题词曰：“今将先祖父所著《沙湖志》原本一册敬赠武汉地方志编纂委员会惠存任世铎寄自上海一九九七年六月廿九日”（见《沙湖志》扉页）、“建华先生惠存任世铎敬赠二〇〇二年七月寄自上海”（见《园林志》扉页。周建华先生，时任武汉方志馆资料处处长）。以下引文凡出自任桐《沙湖志》《园林春色》二书者，不再出书名。

唱》等书所记景物文字和《沙湖志》书末所附任桐手绘之《沙湖名胜全图》（图1）可证：《沙湖志》所称之“沙湖”，实指今日之“东湖”；所称之“小沙湖”，才是今日之“沙湖”，按图索骥，一一吻合。

任桐为什么选定“沙湖”这个名称，他没有说明原因，或许当时本地人都称此湖为沙湖，或许是因为“东湖”这个名称太普通了，江南一带的城市湖泊，大凡城东的就叫“东湖”，城西的就叫“西湖”，如鄂州也有东湖，杭州、惠州、泉州城西之湖都称为西湖，任桐为文雅计，遂以沙湖定名。

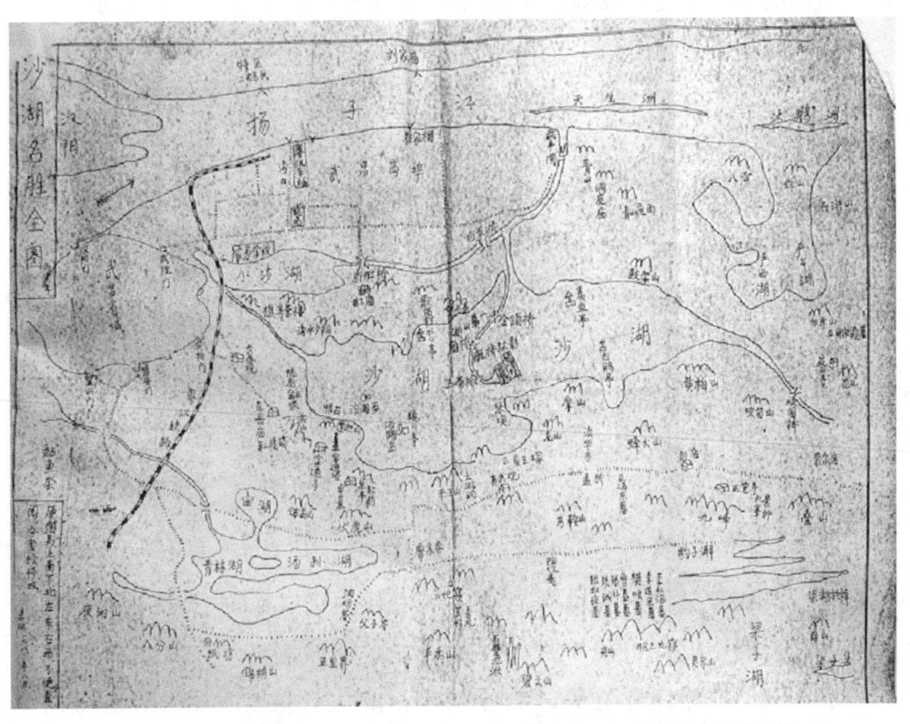

图1　武汉方志馆藏《沙湖志》书末所附任桐手绘《沙湖名胜全图》

沙湖风景区·琴园·沙湖公园

说到沙湖风景区的开发，不能忘记任桐。

任桐（1869～1932），清末民初浙江永嘉人。任氏初名“洞”，后以近音字“桐”为名，遂以“琴父”为表字，桐乃制琴佳木，故以“琴”表“桐”之义，“父”则系男子之美称。因晚年于武昌沙湖筑琴园颐养天年，任桐又以“沙湖居士”为号。

任桐年轻时曾三次参加乡试，惜乎落第而归，“三十二岁废科举，遂勉筹川资五百元赴鄂，入校求学”（《园林春色 · 琴父六旬自述》），此后一直留鄂谋求发展，后因友人提携，“办捐得力，奏保知县，时在光绪二十七年四月”（《园林春色 · 琴父六旬自述》）。辛亥革命推翻清朝帝制之后，这奏保的候补之职已无缺可补，他便“专心武昌商埠，经营实业，不闻时事”（《园林春色 · 琴父六旬自述》）。

任桐深受浙江山水文化的熏陶，自称“幼时钓游，每与山水为缘。尝思举宇内丘壑之幽雅者罗列左右，昕夕晤对以为乐”，后遂乘便“游览海内名胜，足迹所至，必留心讲求，如袁子才随园、俞荫甫曲园、姑苏留园、都门之万牲园，以及中外各公园”（《园林春色 · 琴园自述》），比较之后，他认为这些园林建筑虽然各擅胜场，但亦皆有未尽人意处，非所乐观。

据宋人《舆地纪胜》记载，武昌城之东郊，湖山风景颇佳，早有识者欣赏，建有“东园”，成为当时游人登览之胜地。因年代久远，东园业已毁弃不存[①]。加之环湖多山，又无道路通向城内，颇为不便，因而少有游人，日渐荒僻。当爱好游历的任桐与友人畅游沙湖及周边山水之后，对沙湖的纯朴自然美赞赏不已，不禁将沙湖与自己游历过的各地山水名胜一一比较。他认为风景当以山水俱佳为优，然而“天下山水有得于此者，莫遗于彼，山则如庐阜、衡岳，水则如洞庭、太湖，虽各擅奇伟峭丽之观、汪洋恣肆之势，然皆有其一偏，不能如西湖、雁荡得而兼也”。他认为“梁湖面积百余里，规模之大，风景之佳，实湖山中之五岳，即与全世界较，亦觉不遑多让也”，而“梁湖乃沙湖风景之一”，自己心目中的沙湖“湖山风景，加之以梁湖方百里山水兼优，如一幅画图，别饶风味，吾必谓其有胜于西湖、有胜于雁荡，而不可以作寻常观

① 《沙湖志 · 二 · 湖景》：“《舆地纪胜》谓湖上有东园，为近城登览之胜，今莫知所在。”

也”（《园林春色·沙湖记》）。辛亥革命之后，任桐赋闲，隐居湖上，便着手设计规划，并在力所能及的范围内开始建设沙湖风景区。

沙湖面积虽然只有三十里，但有山水修养和书画功底的任桐着眼的却是整个沙湖水系，湖山本来一体，山依湖而立，湖因山而活，他心目中的沙湖名胜风景区的范围因此而极大[①]，沙湖（东湖）及其北方的严东湖、严西湖、鼓架山、待驾山、小沙湖，南方的珞珈山、伏虎山、磨山，再往南的九峰山、江夏梁子湖、灵泉山——整个沙湖水系的地域都纳入了他设想的沙湖名胜风景区中。

实地考察之后，他因地制宜，精心设计出了沙湖十六景，并为它们一一拟出了文情并茂的楹联，以备建设成功之后选用，分别是琴堤水月、雁桥秋影、寒溪渔梦、金冢桃花、东山残碣、九峰晨钟、虎岩云啸、卓刀饮泉、泉亭松韵、兰岭香风、青山夜雨、石壁龙湫、沟口夕阳、夹山映雪、梁湖放棹、鸥岛浴波。（《沙湖志·一·沙湖十六景》）

限于任桐当时的经济实力，他是不可能一次性地投资建设好沙湖风景区的。实际操作中，任桐是先易后难，在沙湖西边之小沙湖（今日沙湖）旁边“购地百亩，筑琴园”。琴园之名何意？琴园遥望江北汉阳，其江边有伯牙、钟期琴台古迹，时人以为任桐琴园得名于此。其实不然。任桐字琴父，曾自云琴园系“琴父筑之，琴父居之，乃以己字字之”。琴园之名虽然与汉阳琴台无涉，但是琴台所含高山流水之知音情谊却也合乎任桐筑园之雅意。

任桐筑琴园以小试牛刀的本意有二：一是作为建设沙湖风景区的实践，在建中学，在建中用，不但供自己“徜徉乎林泉，优游乎岁月”，胸怀宽广的任桐还深知独乐不如众乐之理，建成之后，将琴园公园对外开放，以培育人们的现代游园意识；二是便于向外界推广、宣传，扩大建设沙湖风景区的影响，招集同道，筹集经费。后来他曾倡导征集有关沙湖风景的诗文，号召有心于沙湖建设之志同道合者组织起来，成立

---

① 《沙湖志·凡例》：“本志所载湖之面积三十里，专指湖面而言，其周围山水风景之广，达二百余里。”

“沙湖建设会”，为此，他宣布将先期所筑“琴园亦归建设会保存，而不私于子孙”（《园林春色·琴父六旬自述》），非常之人，方有如此非常胸怀。

从效果和社会反应来看，琴园的开辟，颇为成功。据《沙湖志·四·琴园》记载：“其间花木景致，分为四时，回廊曲折，如入无穷之境，点缀山水，布置楼台，以及题咏楹联，皆自作自书。陈设名人字画、金石古董，无不精致。凡游斯园者，兴会淋漓，似有留连忘返之感。”其中的景点有乐乐厅、镜花台、锁烟桥、千尺潭、留香水阁、平沙水榭、康乐桥、问鱼亭等。琴园建成不久，即对外开放，游人购票之后，均可入园畅游。为了方便汉口、汉阳的游人，琴园还配备渡江小轮船，船体漆成白色，命名为任桐心仪的“白鸥”。

琴园是当时全国都罕见的公众游园，由于领风气之先，成为当时武汉市的著名地标性质的建筑，颇得好评，武汉大学学生春游即常常选址琴园，社会名流、文人墨客雅聚于此，均对它赞不绝口，纷纷撰联题诗。

成功开发的琴园，只是任桐为人们进入沙湖而设计的门户，领略了登堂之妙后，入室之乐还在后面。数年之后，任桐开始一点一点地构筑沙湖风景点，使沙湖美景依次展现在人们的眼前。

聪明的任桐针对沙湖交通不便的顽疾，以琴园为依托，先后建设了如下几个关键的景点、道路、桥梁。

——引胜桥（小沙湖在琴园和沙湖之间，而小沙湖和沙湖通过一沟渠相连之后又与长江相通，引胜桥即横跨此沟渠）。

——湖山第一（该景点在沙湖之滨，是进入沙湖的门户，游人到此，可览全湖之胜，诚如任桐为“湖山第一”所制之楹联：“管领一天风月；别开卅里湖山”）。

——琴园路（连接武昌江边沟口、琴园、引胜桥）。

——湖山路（连接引胜桥、湖山第一景点）。

通过这样两景、两路、一桥之“点”和“线”的连接，武昌、汉口、汉阳的游人就可以在游览琴园之后，进而顺利地流连沙湖了。

此后，任桐又陆续于湖边添置望书亭、念西居士林，于湖中建白鸥亭、羡鱼亭，沿湖满种芙蓉、垂柳，中蓄红鱼，天然风景与人工雕琢相映成趣，沙湖建设，渐入佳境。

从沙湖十六景可以看出，任桐运用他的园林艺术修养对沙湖水系的自然资源和人文资源进行了充分研究，提炼精华，做出了一个合理的景区规划。

这里需要指出的是，任桐设计的沙湖十六景，必然反映了当时那种社会过渡时期文人的思想情趣。在他手绘的《沙湖名胜全图》中，有三个景点与鸥有关：沙湖西部有浴鸥岛、鸥岛欲波，东部又有白鸥亭。在《沙湖志·四·名胜古迹》中，他设计的第一景点就是“天地一沙鸥”（此景在“湖山第一”之前，似乎是准备建立一个大型牌坊以为沙湖风景区门面，任桐着意强调“天地一沙鸥”五字为“任琴父题”）。在“白鸥亭”景点介绍文字中，任桐特别写道：“沙湖多白鸥，渔人惯以网捕，琴父劝止之，鸥愈多”，他拟的楹联是：“听笛隔江头，忆昔仙乘黄鹤去；消闲来湖上，问今谁与白鸥盟。”任桐曾倡议以沙湖游览为题进行诗文唱和，在扬铎为贯彻他的倡议所发表的《沙湖征文启》征稿文中，也特别点明任桐所设计之沙湖十六景是“以杜甫之‘天地一沙鸥’为全湖写照”。任、扬二人何以如此钟情杜甫吟哦之沙鸥？兹对杜甫此诗略作解析：

旅夜书怀

唐·杜甫

细草微风岸，危樯独夜舟。星垂平野阔，月涌大江流。
名岂文章著，官应老病休。飘飘何所似？天地一沙鸥。

杜甫一生流离奔波，颇不得意，曾叹“老夫转不乐，旅次兼百忧”。这次他无奈辞官，只身离开成都，买舟东下，孤舟夜泊旅次，深夜无眠长思。前四句写景，由近而及远，这景不是正常作息之人所能得观的，反映的其实是他那孤苦伶仃、仕途不顺的心情。后四句抒情，有志之人，自应以事功为重，既不病，又不老，自应继续为国家出力，如今却无人赏识，飘零四方，恰似茫茫天地之间的一只孤鸥。

任桐、扬铎两位先生之一唱三叹，是否有所寓意呢？我们今天读《沙湖志》，似乎应该把握、理解那个时代条件下作者的心情及其文字，这样才能做出恰如其分的评价。

今日武昌地区的旅游开发，对于任桐的这一设计，应该结合今天的市政建设汲取其优长，而去其不足，在他设计的“寒溪渔梦”“金冢桃花”“鸥岛浴波”中融入新的时代精神。

自从武汉迈上了发展的快车道之后，已经将建成园林城市作为新的起点。当人们理解到湖泊对城市的重要性之后，建设沙湖（今日东湖）、小沙湖（今日沙湖）成为塑造园林城市的重要内容。任桐的琴园除原来大门前的一对石狮因陷于泥地中尚存于世外①，其余建筑早已毁于兵燹。所幸记载琴园建筑的《沙湖志》《园林春色》还完整保存在武汉方志馆，为今人建设新的沙湖公园提供了极其重要的借鉴作用。

今日之沙湖公园陆地、水域总面积377公顷，在融合了任桐沙湖风景区（今称东湖）的设计内容和琴园的实践智慧之后②，业已建成开放，成为武汉市内最大的城中湖泊公园，号称是“大武汉的客厅”。

从今天沙湖公园诸景点及选自《园林春色》的楹联，可以看出它和任桐沙湖风景区、琴园的如下关系。

沙湖公园大门背面门额是谭延闿为任桐所著《沙湖志》姐妹篇《园林春色》题写的“园林春色”四个镏金大字。

沙湖公园十景分别如下。

1. 泉亭松韵，今在沙湖东北部A区历史人文区即新琴园内琴桐馆附近。（原泉亭为扬铎所建，在卓刀泉。）其楹联为：

大海茫茫，教石上清泉莫混潮流忘本性
深山寂寂，只松间明月不随涛浪作虚声

---

① 戊子年正月，今秦园路与团结路交会之处原琴园大门旧址上的旺家建材商场扩建时，发掘出一对石狮，一狮抱铜钱，一狮抚幼狮，相对而望，神采奕奕，诸商家以为瑞狮吉兆，端置于大门两旁，其上高挂大幅牌匾，说明出处，题诗相贺：“和谐安康，瑞灵天降，金狮喜醒，业兴家旺。”

② 沙湖公园的东北部历史人文区即新琴园，占地23公顷，是沙湖公园的核心区域。

2. 琴堤水月，今在新琴园内。（原设计在东湖北部）

3. 东山残碣，今在新琴园内。（原设计在洪山附近）

4. 雁桥秋影，今在新琴园内。（原设计在东湖北部）其楹联为：

数行雁字齐飞，后后先先，斜对琴堤水月

隔岸芦花荡漾，重重叠叠，正来沟口夕阳

5. 石壁龙湫，今沙湖中部南岸 B 区。（原设计在江夏灵泉山）

6. 雁山晨钟，今在新琴园内。（原设计名九峰晨钟，在九峰山）

7. 兰岭香风，今沙湖中部南岸 B 区。（原设计在江夏灵泉山东二里）

8. 寒溪渔梦，今在沙湖中部北岸 D 区生态湿地区。（原设计在江夏）

9. 欧岛浴波，今在沙湖东部 D 区生态湿地区。（原设计在东湖西部）

10. 沙湖放棹，今在沙湖。（原设计名“梁湖放棹”，在梁子湖）

沙湖公园内许多景点建筑也都是用的老琴园景点之名，如：乐乐厅、镜花台、锁烟桥、千尺潭、留香水阁、竹园吟风、观鱼台、月榭、雁山、雁荡、香雪亭、平沙水榭、渡春桥、康乐桥、问鱼亭（已建成使用后，后拆），等等。

从上面的这些景点建筑可以看出，今日之沙湖公园，是融合任桐设想的沙湖风景区和实践构筑的琴园而成的新型公园，可谓既有继承，又有创新。

如果吹毛求疵，今日沙湖公园也略有白璧之微瑕，如镜花台正面所刻之《琴园叙》文字及其标点，观鱼池畔之《庄子·秋水》石碑标点，都有一二讹误。

任桐是近现代武汉历史上第一个全面踏勘东湖、沙湖自然资源，调查其地人文资源，并付诸风景区建设实践的有识之士。他如果在天有灵，当应该感到欣慰：他苦心孤诣设计建设的琴园在兵燹之后已经得以重建，焕发出新的生机。为了纪念任桐开发沙湖的前驱之功，新琴园中渡春桥湖汊旁安置有任桐的铜雕座像，渡春桥旁还建了一座“琴桐馆”，馆内陈设着任桐的半身铜像以及老琴园内景点建筑照片、门票等有关资料，向广大游园的民众介绍他建设武汉风景区的前驱之功。该馆大门楹联正是大名鼎鼎的康有为题写的琴园藏头联：

琴谱茶经，轮换风雅；

园花池月，悟彻禅机。

在毗邻老琴园的农务学校校址之上的省属重点综合性大学湖北大学也曾专门在校内沙湖畔辟建琴园，一个池塘之上建有曲桥楼亭，另一池塘之上建有水月亭，其楹联即是任桐所撰“沟口夕阳”联，虽然此琴园远远比不上他当年所筑的琴园，但是它的纪念意义还是不容忽视的。

《沙湖志》·《园林春色》

《沙湖志》是任桐建好琴园之后所作的山水小志。

湖北省为千湖之省，武汉为百湖之市，拜江湖之赐，武汉人素以九省通衢自豪，因此对湖有一种特殊的感情。就所拥有的湖光山色而言，武汉人一直在心中暗暗地与杭州较劲。与任桐同时的汉阳人李崇阶就曾将汉阳的月湖与西湖相较：“西湖虽名胜，其实多出于人工所巧构；吾汉阳之月湖，如梅子山、伯牙琴台等，能振而新之，拓而繁之，其附近古迹更疏剔而张之，则月湖亦西湖也。”①

在任桐心目中，武汉之山水风景，沙湖更具有代表性，亦远胜西湖，唯人文内涵较弱，尚待发掘、培植。在小沙湖边筑成琴园并在大沙湖建设了几个景点之后，限于财力，建设难以为继。他就将重点放在大沙湖周边的人文资源的发掘上。记载诸多忠臣孝子、奇闻异事的《沙湖志》就是这一指导思想的产物。

《沙湖志》是一部小型的山水志，据前述“沙湖之名的沿革”可知，这本《沙湖志》其实就是以东湖为核心的大沙湖水系之志。

① 引自徐焕斗《琴台纪略·傅序》，武汉方志馆藏排印本。

任桐深知，与杭州西湖相比，沙湖风景区的人文资源还未得到深入发掘。据他调查所知，“沙湖乃忠臣孝子之乡，历朝人物脍炙人口者，今反湮没于荒烟蔓草间，无人过问”，于是决心编纂一部详尽的山水志，以使沙湖山水自然资源得人文资源的滋润而更加靓丽，因此所记内容除湖景、山景外，重点是名人逸事、名胜古迹。他旁搜博采史乘谱牒，“从残碑断碣、家乘手卷、秘藏抄本以及墓陵寺庙中，十余年搜索备至，编辑成书，署曰《沙湖志》”。

任桐在《沙湖志·凡例》中曾指出：“本志以提倡风雅、保存古迹为主旨”，所谓“提倡风雅”即指领略山水清音风景名胜，从而陶冶性情，于是规划建设诸多景点；所谓“保存古迹”即指感受孝子贤臣英雄事迹，从而提升境界。《沙湖志》不着痕迹地将人文资源与自然资源融为一书，说明任桐对旅游性质的认识远远超过了旧式山水志的诸多作者，书中对景点的规划及丰富的历史资料，亦为今天武汉发展旅游事业奠定了良好的基础。“2009 年，国家发改委批复《湖北省武汉市‘大东湖’生态水网构建总体方案》：在 436 平方公里的土地上，以江、湖、港、渠组成庞大水网，将东湖、沙湖、杨春湖、严西湖、严东湖、北湖 6 个主要湖泊连接，通过水体生态保护与修复，改善水生态环境，构建国内独具特色的大东湖生态水网，成为国内规模最大的城中湿地公园”①，包含琴园在内的沙湖公园已近竣工，对照《沙湖志》，不难发现，任桐的设想与实践已先着一鞭，为武昌地区日后的旅游开发奠定了较好的基础。

作为山水志之书，《沙湖志》还有以下三个特色。

一是作者为诸景点所撰文字优雅、意境深远、情景交融的楹联皆可圈可点。扬铎在《沙湖三唱》即曾为此类文字叫好：“以杜诗之天地一沙鸥为全湖写照，洵可谓风流之雅事也!”游人在欣赏如诗如画的湖山美景时，吟诵这些楹联，自然会体会自己的人生，或发思古之幽情，或触景而生乡愁。

二是书中的“出产”与“风俗”两节具有浓郁的地方特色。如“出

① 引自尹汉宁主编《湖北读本》，湖北人民出版社、九通电子音像出版社，2012 年，第 1 版。

产”中一条云：“武昌鱼，梁子湖所产各种鱼甚多，惟樊口扁鱼，其味尤美，俗称武昌鱼者即此”，澄清了扁鱼即是武昌鱼之误。又一条则以一史事证明了洪山菜苔之神奇：“洪山芸菜。芸菜，俗名油采苔，宝通寺附近最佳。清相国李鸿章带回安徽种之，则味变，嗣将洪山土泥搬回，仍不得法。”① 再如“风俗”中之正月十五灵泉游寝会，三月二十八日东岳庙天齐会，五月十三日卓刀泉单刀会，八月十五日沙湖游湖节，等等，皆如实记载了当时丰富多彩的民俗活动。

三是书末作者手绘之《沙湖名胜全图》既收图文并茂之益，也保留了诸多地形、文物的历史地理位置，如陶侃、张叔夜等名人墓地和东岳庙、真武观旧址。俗语称：“旅游诀窍，不是看坟，就是看庙。”图中所标示名贤坟墓、庙宇如能得到开发，当于武汉旅游事业不无裨益。

《园林春色》是《沙湖志》的姊妹篇，也是任桐六十大寿时的自寿文集。

任桐将自己所撰《琴父六旬自述》、《琴园自叙》（改自《沙湖志》）、《琴园花冢记》、《题琴园楹联》、《沙湖记》、《题沙湖十六景》、《游梁湖记》、《梁湖八景》、《题名胜杂联》等文，联结集而成《园林春色》一书，然后将好友的祝寿诗文置于卷首，并请当时著名书法家谭延闿题书名，一则补《沙湖志》之不足，二则作为庆祝自己六十大寿的纪念。

《园林春色》中为平沙水榭、雁桥、泉亭撰写的楹联，皆已用于今日新琴园的相应景点建筑上。

《沙湖志》与《园林春色》若干游记、楹联文字大同小异，《园林春色》定稿在后，细玩其修改文字，饶有兴味，有心人或又于此雌黄处别有所得，亦未可知。

《沙湖志》为手写油印本、《园林春色》为铅字排印本，均非公开出版物，今藏武汉方志馆，系任桐嫡孙任世铎所赠。

任桐有关沙湖的著作，除《沙湖志》《园林春色》二书外，据黎承

① 据王葆心《续汉口丛谈》记载，任桐此条似乎有误，嗜食洪山菜苔者非李鸿章，而是其弟李瀚章：“光绪初，合肥李勤恪瀚章督湖广，酷嗜此品（洪山菜苔），觅种植于乡，则远不及。或曰‘土性有宜’。勤恪乃抉洪山土，船载以归，于是楚人谣曰：‘制军刮湖北地皮去也。’”

礼所撰《园林春色·叙》云："辑昔贤诗文为《沙湖拾遗》四卷，又手绘《湖山揽秀》图册，征题海内外游旧诗文甚多。"

令人可惜的是，除《沙湖志》《园林春色》外，其余诗文皆遍觅不得。如尚存世，而知者见告，岂非任桐功臣，沙湖益友！

扬铎与《沙湖三唱》

说到沙湖风景区的建设及《沙湖志》一书，还必须提及扬铎。

扬铎（1892～1967），字闻泉，夏口人。他早年参加过保路运动、武昌辛亥起义，任职湖北军政府，曾两次晋见孙中山，可谓辛亥功臣，后来专攻武汉地方文献和汉剧理论，对汉剧的发展有较大贡献，受聘为武汉市文史研究馆馆员，著述颇丰、文笔极佳。

扬铎生平亦喜山水，曾经畅游杭州西湖。一次在与任桐交流观感时，认为家乡武汉亦应不乏此类风景，任桐当即告诉他沙湖之美。于是二人相约数人，同游沙湖。归家之后，颇为沙湖美景所动的扬铎意犹未尽，乘兴写出了《沙湖游记》，热情地向武汉人民介绍沙湖的美景和任桐建设沙湖风景区的工作。

在"湖山第一"据亭远眺时，"但见湖水浩淼，远山苍岸，而湖之中有一长堤，约数里，堤之尽处，为一大平原，宛在水中，如海上蓬莱"，"渡湖南行，俯视湖水清浅，游鱼与水草相驰逐，均历历可数。日光下彻，尤著奇观"。游至名伶金月英墓时，他建议在墓旁多植桃花，并题景点名为"金冢桃花"，以比西湖之苏小小墓，任桐深以为然。二人"直至暮色苍暝，晚烟四起，才恋恋不舍而返"。对于杭州西湖和武汉沙湖，扬铎有一妙喻："西湖如名妓，沙湖如闺秀，其际遇虽各不同，而其面目亦未始不各擅其妙。"更有甚者，扬铎突发奇想："吾将与琴父争此湖山快婿，而为神仙眷属。"此文一出，沙湖名声大振，扬、任争为湖山快婿之事传为佳话，武汉各界人士怦然心动，皆欲一游为快。

从此，扬、任二人结为忘年之交，过从日密，共同策划沙湖风景区的建设。当任桐的《沙湖志》成书之后，扬铎又欣然为之写作了《沙湖志序》，大赞此山水小志意义不小：

> 沙湖之为沙湖，其所由来者旧。……有生长于斯、游息于斯……盖不知其几何人也，从未闻有为之志焉者，……亦未闻有人集其大成，以可传之笔，抱必传之心，期其有传于后，如任君琴父之志沙湖者也。

1925年，为增加沙湖风景区的人文内涵，以促进沙湖风景区的建设，任桐倡议游沙湖的各界人士为文鼓吹沙湖风景。为呼应任桐这一倡议，扬铎在报上发表了《沙湖征文启》，他认为沙湖必将继杭州西湖之后，成为神州著名风景区："雷峰圮，西湖寂，继之而兴者，不为武昌之沙湖，其又将为谁?"为此向社会"征求诗文，以光湖山"，"以沙湖为绍先，结文字因缘"，"意在有造于沙湖"。

为了扩大沙湖的影响，扬铎又将此三文结集成册，以单行本行世。其书由任桐题写书名：《甲子、乙丑之间沙湖三唱》。后来，任桐《沙湖志》定稿时，将《沙湖三唱》全文收录书中。

此外，扬铎还曾身体力行参与沙湖风景区的建设：任桐所拟"沙湖十六景"之"泉亭松韵"景中，"闻泉亭"即为扬铎所建："卓刀泉侧山水清音，久为高人所欣赏。扬闻泉补筑一亭，两旁栽松，夏日可避暑，有松涛声、流泉声，风月之下，恍如琴韵。"任桐与灵泉寺白约山人游"梁湖八景"之奇石景点时，曾在一石台上操缦理弦，故命名该景点为"石台理弦"并以此题石，白约山人则题一石为"山水知音"。扬铎题一石为"龙吟"，邱镜川题一石为"落雁"，这些"风流韵事，一时盛称"。

周之莲在《沙湖志·叙》中曾论及任桐、扬铎对沙湖及《沙湖志》的贡献："尝谓我国幅员之广，必尚有佳山水因未得名流称赏而隐藏不著者。今读任琴父《沙湖志》及扬闻泉《沙湖三唱》，而窃幸余言之有中也。……斯湖之得遇二子，吾因之有感矣"，"二子谓景物之美不减西湖，而天然韵致有过之无不及，喻西湖为名妓，斯湖为闺秀，……二子之于斯湖，殆如陶之菊、周之莲欤?

平心而论，以任、扬二人为沙湖之功臣，诚非过誉之词，沙湖之有今日，任、扬二人首创有功，功莫大焉。

The Ancient and the Modern Evolution of Shahu Lake

Peng Zhongde

Abstract: Shahu Lake Park is the largest lake park within the city in modern Wuhan, which is constituted by five functional areas including historical humanistic function, residential leisure function, cultural artistic function, the function of being an ecological wetland, and entertainment function. Historical humanistic functional area is the key area in Shahu Lake Park, in which people can experience the humanistic connotation of Shahu Lake while enjoying the beautiful scenery if people have a basic understanding on the ancient and modern evolution of Shahu Lake. Therefore, people will sincerely love Shahu Lake and Wuhan, deeply give thanks to those people who have constructed and beautified home environment. Besides, Shahu Lake Park can stimulate the homesickness of people who are far away from home from both physical and spiritual cultural perspectives.

Keywords: *Shahu Zhi*; *Shahu San Chang*; Shahu Lake Park

About the Author: Peng Zhongde (1948 –), Professor in School of History and Culture, Hubei University. Research interests and specialties: the philology of Chinese history, Chinese historiography. Academic essays: academic essays have been published on *History Studies*, *Ancient Chinese Studies*, *Literature and Art Studies*, *Chinese Studies*, *Academic Journal of Confucius and Mencius Studies* and so on. Monographs: *Historiographical Studies on the Period Before Qin Dynasty* and *Proverbs on Being Officials*. He has also been the associate editor of the university textbook *Selected Works of Chinese History* and completed the revision of some books such as *Huang Qing Jing Jie*. E – mail: pzdlzr@ 126. com.

图书在版编目(CIP)数据

文化发展论丛. 2017 年. 第 3 卷 / 江畅主编. -- 北京 : 社会科学文献出版社, 2017. 12

ISBN 978 - 7 - 5201 - 2002 - 9

Ⅰ. ①文… Ⅱ. ①江… Ⅲ. ①文化发展 - 世界 - 文集 Ⅳ. ①G11 - 53

中国版本图书馆 CIP 数据核字 (2017) 第 314569 号

文化发展论丛 2017 年第 3 卷

主　　编 / 江　畅

执行主编 / 聂运伟

出 版 人 / 谢寿光

项目统筹 / 周　琼

责任编辑 / 周　琼　韩欣楠

出　　版 / 社会科学文献出版社 · 社会政法分社 (010) 59367156

地址: 北京市北三环中路甲 29 号院华龙大厦　邮编: 100029

网址: www. ssap. com. cn

发　　行 / 市场营销中心 (010) 59367081　59367018

印　　装 / 三河市尚艺印装有限公司

规　　格 / 开　本: 787mm × 1092mm　1/16

印　张: 21. 5　字　数: 308 千字

版　　次 / 2017 年 12 月第 1 版　2017 年 12 月第 1 次印刷

书　　号 / ISBN 978 - 7 - 5201 - 2002 - 9

定　　价 / 98. 00 元